华为狼性管理丛书

华为

陈彦 刘芳 著

华为人才战争

SPM
南方出版传媒
广东经济出版社
·广州·

图书在版编目（CIP）数据

华为人才战争 / 陈彦，刘芳著. —广州：广东经济出版社，2021. 3
ISBN 978-7-5454-7314-8

Ⅰ. ①华… Ⅱ. ①陈… ②刘… Ⅲ. ①通信－邮电企业－人力资源管理－深圳 Ⅳ. ①F632. 765. 3

中国版本图书馆CIP数据核字（2020）第138631号

责任编辑：郑秋瑛
责任技编：陆俊帆

华为人才战争
HUAWEI RENCAI ZHANZHENG

出版人	李　鹏
出　版 发　行	广东经济出版社（广州市环市东路水荫路11号11～12楼）
经　销	全国新华书店
印　刷	广东鹏腾宇文化创新有限公司 （珠海市高新区唐家湾镇科技九路88号10栋）
开　本	787毫米 × 1092毫米　1/16
印　张	16. 75
字　数	271千字
版　次	2021年3月第1版
印　次	2021年3月第1次
书　号	ISBN 978-7-5454-7314-8
定　价	55. 80元

图书营销中心地址：广州市环市东路水荫路11号11楼
电话：（020）87393830　邮政编码：510075
如发现印装质量问题，影响阅读，请与本社联系
广东经济出版社常年法律顾问：胡志海律师

前言

很多人对华为能够在三十年的时间内超越爱立信、思科等众多行业巨头，一跃成为通信设备行业的领头羊表示惊叹，也有一些企业家和管理人士试图研究华为强大的生命力和取得非凡成就背后的原因。华为的成功绝非偶然，从一穷二白的草根企业走到令人尊重的世界级企业，除了行业红利和市场机遇等因素之外，还有一个非常重要的原因就是华为善于用人，知道如何将一批批知识分子锻造出狼群般的战斗力。

结合我在数家企业的工作经验以及与多位华为人的深入探讨，我发现多数企业还没有建立起一套完整的人才观，更别提基于人才观制定出人才的选拔、任用和培养原则。很多企业管理的随机性太大，在人才的使用上缺乏战略纵深，无法支撑企业的长远发展或快速扩张。

反观华为，华为主张人力资本优先发展战略，重视人才资本的价值，从一开始就形成一套系统化的、稳定的人才逻辑，用以指导企业的人才队伍建设。华为不仅在业内建立起了广泛的压倒性人才优势，而且能够通过有效管理，在保证内部竞争公平的基础上，引导华为人才聚焦于价值贡献。近年来，华为还以“不求人才为华为所有，但求人才为华为所用”的开放的用人理念，广泛吸引全球的优秀人才，为华为进一步扩张市场、实现全球化战略贡献力量。也正是基于这样一套成熟的人力资本主张，华为才能在人才竞争格外激烈的高科技领域站稳脚跟，走在世界的前列。

为了能够更好地给读者提供人才管理方面的帮助，真正帮助读者了解华为是如何打响人才战争，如何管理人才，如何通过绝对的人才优势实现华为的战略目标，又是如何一步步成为全球化企业的，我将根据我在华为多年的人力资源管理工作经验以及对华为的深入研究，从华为的人才战略、人才管理、人才选拔、人才任用管理、人才培养、人才留用以及人才流动管理等方面梳理成册，为读者解疑答惑，以便于各位读者将适用于自己企业的部分应用到企业的人才管理中。

我在本书中将结合华为公司的实际情况，以及我所了解到的或参与过的华为发展过程中的案例、华为人的经验等内容为大家剖析华为是如何通过人才优势迅速成长为行业巨头的。

在写作过程中，我尽量做到贴近企业当下的实际情况，注重将知识理论与真实事件相结合，以便于读者更好地理解华为的人才管理模式。希望各位读者能够通过阅读本书，提高思考和解决这方面的问题的综合能力。

在写作过程中，我有幸得到了众多相关人士的支持，在此深表谢意。同时我还要感谢我的合作伙伴刘芳老师，没有刘芳老师的鼓励和支持，这样的研究工作也无法得以顺利完成。

衷心希望各位读者能够通过阅读本书有所收获，这也是对我最高的奖赏。同时，本书的论述难免有不足之处，还希望读者们提出宝贵的意见和建议。

陈 彦

2020 年 10 月

目录

第1章 华为的人才战略

任正非说：『人力资本的增长要大于财务资本的增长，追求人才更甚于追求资本，有了人才就能创造价值，就能带动资本的迅速增长。』

1. 重视知识资本，与人才共享

华为创立初期，既没有技术优势，又没有品牌优势，更没有什么关系、背景，要图发展，唯一能依靠的就是人才，因此，华为很早就提出要实行人力资本优先发展战略，重视知识资本的价值。

《华为基本法》里明确指出："企业家和知识创新者是企业价值创造的主导因素，人力资本的增长优于财务资本的增长。"华为提出这种理念以及相应的战略之后，除了让人才创造价值，也重视与人才共享价值，从而吸引了众多顶尖人才，华为也因此取得了人才优势。

1.1 将人力资本放在优先发展的位置

在当时的经营环境下，很多管理者对于"人力资本"这个概念是非常陌生的，在他们看来，人力是一种成本，而物质资本才是资本。华为是中国企业中最早打破这种"人力成本"局限思维的企业之一，将资本划分为物质资本和人力资本，并且将人力资本放在优先发展的位置。尤其是在知识经济的背景下，人力资本相较于物质资本有创新性和创造性，具有更大的增值空间，所以，华为非常重视对人力资本的投资，构建了与知识分子共创共享的价值链体系，吸引很多顶尖人才为华为的事业做出贡献。

孙亚芳是第一批加入华为的知识型人才。1982 年从电子科技大学获得学士学位后，她曾在诸多研究所担任过教师和工程师，是当时不可多得的高学历人才，1989 年进入华为之后，在各个部门都担任过重要的职位。

三年之后，工作能力突出的孙亚芳主动申请去一线做办事处主任，要知道在当时华为并不富裕的情况下，有一位能力突出的人才去办事处担任办事处主任能够给华为带来上千万元的利润回报，更何况是孙亚芳主动申请的，但是任正非竟然回绝了她，并且将她调往市场部培训中心担任培训教员。孙亚芳在培训中心待了一年，在这一年间，她成功将数百位"游击队员"轮训为“正规军”，这时任正非才同意她去前线作战。

后来，不仅孙亚芳迅速成长为“市场女杀手”，为华为的市场营销、人力资源、海外开拓、高层培训等各个方面的工作都做出了巨大贡献，成为华为的董事长，被她培训过的那些员工也都成长为华为的中坚力量，共同推进了华为的发展、壮大。

在华为艰难发展时期，任正非不让孙亚芳从事能够直接创造经济效益的一线工作，而是让她去培训中心培养更多人才，体现了华为对于人力资本的重视，而华为随后在众多精英人才的助力下迅猛发展也印证了人才战略的成功。

很多企业只看到华为如今以高薪招揽人才，认为是因为华为的高利润足以支撑华为的人才政策，华为才敢于在人力资本上高投入。但实际上，不管是艰难的发展初期还是辉煌的成功时代，华为都坚持在人力资本上持续投入。据统计，在过去的数十年间，华为仅仅在内部的培训中心的投资就超过了10亿元。任正非将人力资本看成创造财务资本的源泉和动力，坚持在人力资本上“不计成本”地投入，才成就了华为的人才基础。

1.2　构建从知识资本到价值创造的平台

华为在人力资本上的高投入使得华为群英荟萃，但如何管理好这些知识型员工，让他们能够充分发挥自己的才能，为华为创造关乎华为未来发展的价值，也是值得思考的。为此，华为的高层管理者曾多次探讨，他们认为要让知识型员工全力创造价值，除了薪酬要高于行业的薪酬水平外，还要满足他们多元化、多层次的需求。基于这个思考，华为构建了从知识资本到价值创造的平台，建立了客观、公正的评价体系，根据评价合理分配价值、发展机会等。这样一来，华为才将这些精英凝聚在一起，使其齐心协力为华为创造价值，并以此来实现个人价值。

知识管理专家玛汉·坦姆仆提出，激励知识型员工的前四个因素依次为个体成长、工作自主、业务成就和金钱财富，这是他经过大量实证研究后发现的现象。知识型员工的需求是多方面、多层次的，薪酬和奖金不是他们最看重的部分，他们更多追求的是在工作中获得的成就感，以及能力提升、自我实现。

华为抓住这一点，基于人才在事业上能获得的成就感、个人的成长等因素构建相应的职业规划。华为为对知识、个人和事业成长有持续追求的人才安排了更多有发展、有挑战的工作，在一定程度上使得他们对工作更有热情。华为还给予知识型员工一定的工作自主权，让他们能够用自己认为有效的工作方式完成工作任务，只要能够实现公司的目标，就给他们与贡献相称的报酬。一方面，这种自主工作的方式让他们更有满足感；另一方面，这种根据价值创造合理分配财富的方式也让这类知识型员工更有成就感。

华为构建的以知识资本为核心的价值创造平台，在工作机会、工资、奖金、股权、信息分享、学习深造等价值分享要素上全面满足了知识型员工的多方面需求，这也是华为能够集合上下之力实现腾飞的重要原因。

可以看出，华为基于知识资本的价值创造平台会更多考虑价值分配的公正、客观性，这也是知识型员工最为看重的一点。知识分子更追求基于规则和理性的公平，任何安排都要基于数据和事实，而华为科学合理的价值创造和分配体系，让知识型员工的薪酬和奖金的分配、股权的获取、职务的晋升等都有了合理、公正的依据，知识型员工深知自己只需做好本职工作，创造高绩效，并且提升个人的能力，就能实现自己的事业理想，因而全力投入工作。而华为此举也顺利将知识资本转化为实实在在的价值创造，实现了迅猛发展。

1.3 推行获取分享制，让人才持续奋斗

华为通过基于知识资本的价值创造平台激发人才为实现目标而奋斗，但当企业的人才发展到一定的阶段，拥有了一定的地位和财富后，很容易因为贪图享受而腐化、惰怠。为避免繁荣带来的惰怠，华为推行了一种持续动力机制——获取分享制，让每个员工都有个“永动机”，刺激他们持续奋斗。

获取分享制是一种通过分担责任、共享成果来激发全体员工奋斗热情的

活力机制与分配机制。依据华为的规定，每年为华为创造价值的人能够分享当年利润的75%，股东只占剩下的25%，这就意味着，华为全员能够分享华为的整体利润，所有人都是“老板”，都要为公司的成败担责，也因此华为人从“要我干”转向“我要干”，进而实现了全员“一起干”的持续奋斗状态。

华为提出的“获取分享制”这一概念实际上是指组织内任何成员的物质回报都来自其创造的价值和业绩，作战团队根据整体的经营成果获取奖金，后台支持部门通过为作战团队提供服务分享奖金。

任正非解释获取分享制的时候说道：“要管理好员工人力资本所得和货币资本所得的分配结构，货币资本所得保持合理收益即可，其他收益全部给人力资本所得，我们不能通过股票大量分红来过度保障退休员工的收益，而是要切实保障作战团队获得大量的机会。我们已初步确定了员工的激励结构分配系数，这个比例可以继续摸索下去，这就是两个大包的分享机制。具体到每个人的纵向分享机制，可以再来进一步研究。这样，让拉车的人比坐车的人拿得多，‘获取分享’的价值分配理念驱动公司长期健康发展。”

华为通过获取分享制，将“拉车人”和“坐车人”区分开来，让真正创造价值的人获得更多价值，甚至区分“拉车人”在“拉车”和“不拉车”时价值分配的多少，真正将利益所得和个人实现的价值与贡献进行合理的衔接。同时，这种分配机制是非常透明的，组织成员在任务结束之后就能够根据个人的贡献大小推算出自己的薪酬包大小，这也使得华为员工能够持续奋斗。

华为的获取分享制其实也是让员工和公司结成“利益共同体”，华为的发展情况将直接决定员工的个人发展。只有与其他组织成员一起持续不断地把公司的“饼”做大，个人才能获取更多价值。这样一来，华为就通过获取分享制实现在没有任何监督的情况下，员工也能基于与个人利益直接挂钩的利益分配机制自发自觉地创造价值，使得上下团结一致，共同推动华为的长远发展。

2. 聚集优秀人才，提高人才浓度

华为一直秉持一个人才理念，即“大学之大在大师，企业之强在强人”。一个企业是否强大不取决于这个企业是不是世界500强，也不取决于销售收入的多少，而在于这个企业能否凝聚全球的人才。也正是基于这个理念，华为制定了一系列人才政策，吸收了全球众多顶尖人才。到2017年，华为的人才规模已经超过了18万，而广泛吸收人才，使得公司人才浓度一直保持居高不下的人才政策将会一直是华为不动摇的定律。

2.1 提高人才浓度，稳健发展

华为初期为立住脚跟曾用超常规的市场运作手段抢占市场先机，迅速扩大了市场份额，市场的迅速扩张使得华为对人才的需求急剧上升，于是华为在短时间内采用掠夺性的人才战略使得华为的人才浓度不断提高，众多的人才支撑了华为的发展，也让任正非意识到人才浓度政策是华为要长期坚持的政策。

任正非说：“虽然公司聚集优秀人才暂时增加了生产成本，但提高人才浓度的政策是正确的。”华为的发展历程也印证了任正非的这一说法，虽然为了提高人才浓度，华为投入了大量的资金，但企业的竞争归根到底是人才的竞争，华为能够有后来的辉煌，离不开华为对人才的重视。也因此，华为的人才浓度政策沿用至今，人才战略从华为扩充企业业务的人员规模就可见一斑。

2010年，华为决心做大企业业务，虽然华为一直在广泛吸收人才，但当时华为内部还是没有人知道如何做好企业业务，一直在招揽人才的华为一时间更是广纳贤才。虽然华为人对于企业业务这一块感到比较陌生，但还是能够隐隐约约感觉到这个模块和其他工作模块有很大的差别，必须有专业的人才来处理这一部分的工作。于是华为开始大规模招聘，并且聘请猎头在行业顶尖企业内挖人。

当时在华为威望较高的徐文伟被安排到这个新模块统领企业业务，时任华为高级副总裁的洪天峰也“空降”到中国区企业业务，这两位高层管理人员一到企业业务就在短期内召集了 6000 ～ 7000 人，而华为海外各个地区部也纷纷组建企业业务部，在当地大规模招聘，印度的企业业务部几天内就招了近 200 人，西欧的企业业务部更是在短短几天内达到 500 人的规模。前后不过几个月，华为的企业业务就扩充到一万多人的规模，后来还收购华为赛门铁克公司，将原有的 5000 人收编，到 2011 年底，华为的企业业务已有两万多人。

与此同时，华为耗费重金从 IBM、惠普和思科等西方巨头企业挖来了一批高端专家。2011 年，华为的企业业务一派繁荣，企业业务在深圳的办公室每天都是来了一批新员工，又来了一批新员工，后来办公位都不够用，又另租了新的办公室。

华为坚持“人才是企业发展的核心优势，也是推进产业升级的核心力量”这一理念，奉行“精英主义”和人才浓度政策，聚集大量行业人才推进华为的稳健发展，并且以人才优势增创发展优势。

2.2　华为用 5 倍薪水“掠夺”人才

华为一直以来都保持行业内薪酬的最高水平，在人才引进方面敢于出实招、硬招，为了“掠夺”人才毫不吝啬薪酬的含金量，正是通过这种开放有效的人才政策，华为才能够凝聚众多人才，共创华为的辉煌。

任正非强调：“人才的吸引和挖掘，我们要舍得花钱，这样对方活干得又快又好，反过来受益方还是我们自己。看一下电影《阿波罗 13 号》和《太空・美苏争霸》。美国花大价钱把当时搞 V2 火箭的人才全都吸引到美国，带来了美国航天事业的强盛。我们现在有钱，我们也要这么做。”

2000 年开始，华为为扩大公司信息技术人才的规模，实施了“IT 人才掠夺计划”，当时应届毕业生的平均月薪为 1000 元上下，华为直接以 5 倍薪水大肆“掠夺”人才。当年东南大学无线电专业的毕业生中有25人进入了华为，要知道整个专业才有三十几个毕业生，而重庆邮电大学电信专业的全部毕业生都被招进了华为。

经此一役，华为将这一传统延续下来，成为行业内薪酬竞争力最强的公司之一，也正是这种高薪“掠夺”人才的政策，让华为成了众多人才趋之若鹜的宝地。根据2013年美国最大的企业雇主点评网站上的数据分析，华为是唯一一家在“员工眼中最乐观的十大科技公司”一项中榜上有名的中国科技公司。而在中国最大的企业雇主点评网站上，华为综合排名更是高居不下，是名副其实的第一位。84%的员工都对华为的CEO任正非非常认可，74%的员工表示愿意推荐更多朋友到华为工作。

这种以高于行业内平均水平数倍的薪酬吸引人才的方式，使得华为迅速吸收了大量的技术人才，人才浓度不断增长的华为迅猛发展，在众多人才的支持下，在2013年收入和利润全面超越爱立信，成为世界上最大的电信设备供应商。

而伴随华为的成长而来的就是华为新一轮的涨薪计划。2013年，华为投入10亿元提升员工的整体薪酬水平，应届生的薪酬涨到近万元。自此，华为的应聘者纷至沓来，几乎踏平了招聘办公室的门槛。

正如上文提到的，华为从20世纪90年代末开始就一直采取高薪政策，几乎是中国企业中最早将员工薪水提高到外企水平的公司。当时正处于中国增产改革的时期，华为以5倍的薪水吸引巨大的人才洪流，而这些人才又大多是寒门学子，华为无疑是通过高待遇大大激发了这些人才的干劲，如海啸般袭来的人才流支撑华为实现突破性发展，超越了西门子、诺基亚等曾独占鳌头的跨国电信企业。虽然当前华为不再像当时那样大规模吸引人才流，但仍采取最高水准的薪酬“掠夺”真正需要的人才，助力华为的发展。

2.3　人才多多益善，还要有世界级人才

随着华为成长为国际化的大企业，华为希望能够在科技研发上有重大发展，做出超越性的新产品。在这个过程中，华为发现西方先进企业之所以能

够在科研领域有突出的表现，是因为这些企业吸引了全世界的优秀人才，能够集思广益，以更开阔的世界视野和全球化思维共同创造，推进企业的产品研发。

于是，华为除了注重提高人才浓度，也注重获取世界级优秀人才，用华为轮值 CEO 徐直军的话来说就是："利用全球资源和世界级人才的能力，做国际化企业。"

任正非曾说过："我上次去俄罗斯研究所，他们要从无线领域进军有线领域，第一，我要求他们在无线领域的数学科学家从 70 人扩充到 140 人，还要增加俄罗斯有线数学家人数；第二，人员吸纳延伸到博士和准博士，不一定全部都是现成的科学家，因为我们不知道十年以后将碰到什么问题，十年以后这些博士和准博士或许正好成长为我们需要的人才。

"我们在科学家人才领域，不搞田忌赛马。存储的理论构建能力、科学家数量、核心能力，要与 EMC 对比，要拿最好的产品与最好的企业比，要比业界竞争对手在数量上多、水平上高、能力上强。

"若你们赚不到钱就不敢发工资，不敢发工资就招不到人，招不到人，业务不能发展，然后又挣不到钱，又发不了钱，最后你们就衰落了。所以你们要利用好公司内外部一切可利用的资源，而不是关起门来自己搞，加大前瞻性、战略性投入，把握先机，构筑面向未来的技术及人才优势，能够持续地活下去并且还能活得很好。"

在任正非看来，这个世界上，仅凭一个人是不能做到优秀的，要学会把一些优秀的人才用起来，就是要用好这些人的潜质，发挥好他们的关键点。换言之，华为要容纳得下世界级人才进入公司。

3. 内生与外引结合， 吸引优秀人才

随着全球超宽带产业的蓬勃发展，全球所有的电信科技公司都急需在超

宽带时代凝聚全球优秀人才取得人才高地的份额。华为也不例外，为了吸引全球的顶尖人才以他们的智慧帮助华为占据市场优势地位，华为调整了内部的人才结构，把人才金字塔的最顶端打开，以内生与外引相结合的方式吸引全球更多人才进入华为。

3.1 秉持开放的用人态度

华为通过众多行业顶尖人才的帮助实现了快速成长，与众多国外巨头企业抗衡。到超宽带时代，华为发现决定企业未来发展的最关键的因素仍然是人才，因此，华为把人才战略作为华为最重要的战略之一，长期坚持以开放的用人态度在全球广泛招揽人才。

为了能够吸引更多潜力人才和顶尖专家，华为甚至在全球多个国家设立了人才项目，培养更多能为华为所用的人才，打造行业内最高水平的人才队伍，“未来种子”项目就是华为在欧洲设立的一个招揽潜力股的人才项目。

华为一直以来都以开放的用人态度广纳英才，不拘泥于学历、国籍等因素，而是重视人才的潜能。为了培养更多能够为华为所用的人才，华为还在全球推行了“未来种子”项目，这是华为在全球投入规模最大并且会持续投入的CSR活动，为的是在全球各地帮助培养本地ICT（Information Communication Technology）人才，为华为储备优秀的“苗子”。到2016年底，“未来种子”项目已在96个国家和国际组织培养了超过三万名学生，华为还邀请了近三千名优秀学子到华为总部参观学习。

“未来种子”项目除了是华为作为行业巨头的社会责任项目，也为业内培养了众多ICT人才，这些科学技术、工程、数学等领域的优秀学子有很多都被招进华为，由于在项目期间就前往华为深圳总部学习了全球企业文化，接受了行业顶尖专家提供的技能培训，这些人才都能快速熟悉华为的工作环境，迅速熟悉岗位的工作任务，这也得益于华为在全球以开放的心态培养人才。

比利时代表Pedro Felleca（化名）就是华为的“未来种子”项目中的优秀学子，他在项目期间表现突出，在培训后也掌握了多项技能，进入华为之后，华为就为他设计了一个五年的职业发展计划，包括培训、轮岗、承担项目责任等。工作期间，除了具有优秀的业务能力，他还为华为培养了众多技术人才，2016 年，他被提拔为华为比利时分公司的 CEO。

华为公司公共关系部部长张曦波表示：“任何一个行业的发展都离不开优秀的青年人才，华为十分愿意为当地青年提供学习和实践的机会。华为和比利时的合作是着眼未来、鼓励创新的合作。相信双方一定会共同发现、培育出一批批优秀的‘未来种子’。”

正如张曦波所说，任何时代，企业价值的创造者都是人才，决定企业未来发展的是企业能否吸引更多符合企业发展的合适的优秀人才，而欧洲因为对 IT 人才的大力投入，一直以来拥有最丰富的科技人才资源，也为企业的技术创新提供了更多可能性。正是看到这一点，华为也决定以更开放的方式加大对人力资源的投入，主动在全球设立人才项目，为华为培养更多能为其所用的优秀“种子”，以更为开放的用人态度找到优秀人才，助力华为的未来，集众多人才之力将华为打造成全球一流企业。

3.2 要引进“蜂子”，更要内生人才

任正非是个非常善于培养人才的企业管理者，孙亚芳等众多行业顶尖人才都是他一手培养起来的，他的行为也影响了华为的人才管理方式。华为除了以开放的用人态度广泛吸收业内的优秀人才和顶尖专家，更加注重内部人才的培养，并且优先给内生人才创造好的实践机会，帮助他们更快升级，充分发挥组织潜力、奋斗者的潜力。

任正非强调华为在引进人才，让这些“自由电子”激活华为内部活力的同时也要将华为内部的人才放到更合适的位置，帮助他们成长，推进华为的发展：“允许一部分‘自由电子’‘中子’冲击内核，会激活核能，产生更大的能量。人的生命是短暂的，我们要让一些优秀人员，在最佳时段上，走上最佳的岗位，做出最大的贡献。激活组织，焕发个人潜力，充满最大能量。”

华为主张要通过内生外引的方式吸引人才，除了广招全世界的精英，华为也非常重视内部人才，李一男就是最好的例子，抛开后期他个人原因导致

的争议，华为早期的人才激发无疑是非常成功的。

李一男在读研期间就是华为的实习生，实习期间表现突出，华为早早就给他递了橄榄枝，于是他从华中理工大学（现为华中科技大学）少年班毕业之后就直接入职华为，成为华为最受关注的少年俊杰。

李一男在研发和管理方面都显示出超越常人的能力，很快就担负了重任，甚至入职短短时日就得到了任正非的赏识。华为高度重视对他的培养，正式入职后不到两天，李一男就升职成为工程师，不到两周就成为高级工程师。因为在职期间表现出色，短短半年后李一男就被任命为华为最核心的技术部门——中央研究部的副总经理。两年之后，由于在 C&C08 交换机等多个项目上的突出贡献，李一男被任正非直接任命为华为中央研究部总裁以及公司的总工程师。

李一男不到 30 岁就协助华为突破了 200 亿元的大关，除了突出的业务成绩被华为肯定，他提出的程控交换机、几十个 G 的波分传输等技术也被华为采纳，数千人的招聘计划、丰富的市场策划，以及全球性的市场扩张战略等决策华为也让他参与。他在 27 岁的时候就被破格提拔为华为的副总裁，成为当时华为最年轻的副总裁。

任正非曾明确指出，在人力资源管理方面，华为要看到内生的新生力量，在拉长人才金字塔顶尖时，除了引进外来的“蜂子”，也要以内生人才为主。任何企业都是如此，如果不多给内部人员希望，内部人努力就不够。

因此，想要真正让人才为企业所用，就要像华为一样，相信年轻人的力量，承认年轻人有未来，不要认为内部的年轻人不能成为公司的中坚力量。在战略决策过程中，要善于转变。因为未来世界不一定掌握在有资历的人手里，要发现这种善于学习的“苗子”，敢于给他们去“上甘岭”打仗的机会，让企业的人才都充满信心。

3.3 接纳超前于时代的人才

对于人才，华为一直秉持着非常开放的态度，以宽广的心胸接纳各种类型的人才。任正非认为历史上曾出现过很多超前于时代的人才，但他们往往不能被组织接纳，他们因奇思妙想而被认为是“歪瓜裂枣”，不符合组织发展规律，但回过头来看，很多组织正是因为没有接纳这些看似不靠谱的人才才错失了很多机会。因此，华为坚持以平等的态度对待那些一时不被看好的“歪瓜裂枣”，任正非还特别以曾不被看好的两个航天之父的例子说明华为要接纳各类人才。

任正非说：“我们要信任一些引领未来的科学家。世界上有两个航天之父，一个是苏联的卡拉廖夫，另一个是美国的布劳恩，党卫军少校纳粹分子。这两个人中，卡拉廖夫领导了苏联的航天事业，他是曾经被斯大林判处死刑的；布劳恩是纳粹分子，是党卫军成员，按道理也是死刑犯。你想，全世界的航天事业竟然是两个死刑犯在竞争。这两个国家多么伟大！华为的心胸要更加宽广，更加信任走向未来世界、走向不确定性过程中出现的‘黑天鹅’，我们要有更多人理解这些人，我们才有未来。”

1930年，卡拉廖夫加入苏联科学家尼古拉创建的火箭爱好者小组，开始研制火箭与发动机。没过多久，卡拉廖夫就显现出他在航天领域的天才般的过人能力。他在1933年提出要研发出以新式的液体火箭发动机代替螺旋桨发动机组的新式飞机，虽然在当时这是一个非常大胆的设想，但最后卡拉廖夫初步实现了他的设想，将新式发动机安装在PP－1型滑翔机上。

卡拉廖夫当时的主要工作是研制飞航式火箭，但他在工作的同时仍然坚持将液体燃料火箭发动机安装在滑翔机上的探索。正当他的航天梦想有了新的突破的时候，他遭遇了一场无妄之灾，“肃反”扩大化使他被判死罪。幸好著名飞机设计师图波列夫多次向苏共中央提出请求，卡拉廖夫才得以脱离死牢，转到特种监狱，重新开始研制火箭。

卡拉廖夫在牢狱中毫无行动自由，身为囚犯，每天工作时间长达12个小时，航天事业的进展受限，但他仍在这种情况下完成了苏联第一代导弹和中程导弹的研发，他设计的PP-318-1型火箭飞机也实现了2900米高空的自由飞行。

“二战”结束之后，卡拉廖夫终于离开了牢狱，由于他完成了多个超前的火箭、飞机的研发工作，他出色的能力被斯大林认可，于是在十年前被斯大林判为死刑犯的卡拉廖夫得到了斯大林的接见，并且被斯大林奉为座上宾。

也是因为得到斯大林的重用，卡拉廖夫得以领导苏联的航天事业，在1947年到1953年之间，卡拉廖夫仿制和自行设计的近程、中程、远程和战术导弹发射成功。1957年，苏联首枚洲际弹道导弹P-7试飞成功，紧接着卡拉廖夫抢在美国之前以捆绑火箭的办法通过运载火箭成功发射了人类第一颗人造地球卫星，这一事件也成为人类进入航天时代的重要标志。

正像上文中提到的那样，斯大林甚至重新接纳了曾被他判为死刑犯的卡拉廖夫，让他引领苏联的航天事业。要知道一个国家的航天事业直接影响一个国家在全世界的地位，可见斯大林的开阔胸襟，他能够对死刑犯改观，善于发挥人才的价值，以超前于时代的人才的智慧推进国家的航天事业，这正是任正非强调的华为的人才管理必须具备的用人态度。

对于超前于时代的人才，任正非表示："我们要宽容他们，理解他们。当发现这种现象时，华为公司将支持他个人对其想法的扩张，并授予其知识产权，让他没有后顾之忧，也可以给以小额资助，并不以任何利益要求为基础。我们要理解一些'歪瓜裂枣'，并支持他们，这就是一个开放的、社会的'贝尔'实验室。你怎么知道他们就不是这个时代的梵高，这个时代的贝多芬，未来的谷歌……"

4. 高级干部和专家要走出去，与世界交流

华为提倡"一杯咖啡吸收宇宙能量"，意思是管理层的干部和顶尖的技术人才不要局限在企业内的一方天地，要走出去，多和世界级人才在一起喝喝咖啡、聊聊天，在与世界级人才交流的过程中吸收他们给予的能量和智慧，帮助自己建立全新的视野，以更科学的方式管理公司，以更为先进的技术进行产品的研发。任正非强调："其实世界上很多事业上伟大的人，他每天都在和别人喝咖啡和吃饭，怎么他就变成伟大的人了呢？这就是沟通，在一起沟通的时候，就有思想碰撞，就会产生火花。也许你伟大的贡献，可以点燃他

思想的火花；也许他无知的提问，可以给你提供一个新的思路。我们过去僵化的华为文化已经变成了有弹性的华为文化。”

4.1　高端专家与干部要仰望星空

华为在发展过程中曾邀请很多西方先进的顾问公司改善华为的管理，在这个过程中，华为转向更为科学的管理体系，同时也发现西方先进企业能够有众多善于管理的高级干部是因为他们能够对于公司未来的发展有一个开放的构想，并基于这个构想做出战略计划。反观20世纪末的华为，高级干部埋头苦干，沉溺于具体的工作和管理事务，太过于务实而不懂得务虚。

为此，任正非说：“我们是给高端专家、干部讲的，要望星空。高端专家、干部要多参加国际会议，多与别人喝咖啡交流，在宽松的环境下，可能听到世界最高层的人讲话的真谛。向上是大喇叭口望星空，吸收宇宙能量；向下喇叭口传达到博士、准博士……培育未来的土壤。”

1997年，华为在战略管理和项目管理上遭遇瓶颈，高层管理者无法商讨出行之有效的管理手段，任正非在这艰难时期远赴美国，走访了众多企业，希望找到管理的突破口。任正非在贝尔实验室和资深的技术主管玛丁讨论到企业如何制订作战计划之时，玛丁提到了一些机构及企业管理者做出的一些判断。

1876年，西欧联盟提出：“电话作为一种通信工具，有许多缺陷，对此应加以认真考虑。这种设备没有价值。”

1943年，IBM的主席托马斯·沃特森提出：“我认为世界市场上有可能售出五台计算机。”

1949年，《大众机械》杂志提出：“未来计算机的重量可能不会超过1.5吨。”

1981年，比尔·盖茨提出：“无论对谁来说，640K内存都足够了。”

以上这些机构及企业管理者在当时都是行业内最顶尖的，他们基于当下的情况做出判断，并根据这些判断制定企业的发展战略，但时隔多年回过头来看，这些判断都太“务实”了，过分强调当下的情况，导致思维受限，没能够“不切实际”一点，以更开阔的视野去思考企业的战略，很多机会就这样错过了。

华为的高级干部和高端专家当时正是处于这种过于务实的管理模式之中，导致华为制订的战略计划都过于局限，不能够将视野放得更高、更远，邀请了顾问公司调整之后，华为才借助顾问公司的建议迎接信息时代的挑战，迅速成长。但任正非认为华为不能一直依靠其他组织的帮助，要有能够仰望星空、做出合理规划的高级干部。

2016 年，摩拜单车横空出世，迅速成为年度最受欢迎的互联网产品，很多人惊异于摩拜单车创始人胡玮炜的奇思妙想，但其实类似的出行方案早就已经在全国普及了。像北京和上海这类几乎所有能够被占用的空间都已经被用来修建筑、建桥修路的城市，人口密集，地铁、公交等交通拥挤，又无路可扩建，导致人们出行是个很麻烦的问题，市政府很早就开始用公共自行车来缓解这一问题，但出于自行车的损耗、管理等问题，政府修建了很多自行车停车桩，要求使用者必须从指定地点提取自行车，再将自行车存放到指定地点。使用公共交通的人都是图方便快捷，存取的局限性导致这种出行方式不是那么方便，所以政府提供的自行车交通没能在民众中普及。

政府提供的自行车在街边摆放了好几年，真正使用的人却并不是很多，有人想过要解决定点存放的问题以普及自行车出行，但没有人想到好办法。摩拜单车的出现解决了这个问题，创始人胡玮炜之所以能够想到“共享”这个概念，除了她的好奇大胆，关键在于她思维开阔，能够跳出固定的思考方式，重新构想公共交通的解决方案。

摩拜单车的创始人胡玮炜是个 80 后，深谙互联网的特性，她此前还有十年的汽车科技媒体经历，既有相关的知识背景，又有网络的助力，但还少了些什么，胡玮炜在国外出行的时候，“共享”的概念窜进头脑中，她意识到国外早已有了“共享房屋”“共享商店”等共享经济商品，不同于国内提供的自行车的严格监管，国外的共享概念让消费者更自由地使用产品，符合当代年轻人的需求，胡玮炜试想将这个概念放到自行车出行上，认为前景大好。

于是，胡玮炜立即创办了摩拜单车，利用网络的便利和随身携带的手机解决了定点存放的问题，再加上移动支付的便利解决了付款的问题，让消费者更为开放自由地使用公共自行车。摩拜单车一经上市果然引起轰动，大获成功。

胡玮炜这种能够根据现实难以解决的情况，仰望星空，以开阔的思维构想出企业更好的未来的企业管理者正是华为需要的，任正非强调："高级干部现在要仰望星空，要有正确的假设，要用一杯咖啡吸收宇宙能量。未来要碰到石墨烯的革命，要碰到量子革命，要碰到全光架构的系统，未来洞庭湖装不下太平洋。这样假设的情况下，怎么产生正确的思想？有了正确的思想，才有正确的方向；有了正确的方向，才有正确的理论；有了正确的理论，才有正确的战略。"

4.2　多喝咖啡，擦出思想的火花

任正非在世界各地考察的时候，发现英国剑桥大学的各个学科的权威教授每天下午都会聚集在学校的咖啡屋里，花费大概两个小时的时间随意地阐述各自的研究领域和研究方法，在交流过程中彼此之间互相学习、互相探讨更好的研究方式，并且整合各个领域的知识，共同讨论出大量边缘的学术思想以及学术理论，甚至有人笑称剑桥大学60多项诺贝尔奖是喝咖啡喝出来的。

任正非认为这种思想碰撞正是华为的干部和技术专家急需的，在他看来，华为正需要"一杯咖啡吸收宇宙能量"。因此，华为鼓励高级干部和高端专家多喝咖啡，交流彼此的管理方法、技术思想，彼此之间输出自己的能量，吸收对方的能量，形成庞大的思想群，不仅利于自己的成长，还能以碰撞出来的思想和智慧帮助公司建立更好、更科学的管理体系，研发出更好、更先进的产品。

任正非说："世界IT行业最发达的地区在美国，在持续引入高端专家的同时，我们的高级干部和专家也要冲破局限，每年走出去和世界交流，不要只知道埋头苦干，要善于用一杯咖啡吸收宇宙能量。我们经常参加各种国际会议和论坛，杯子一碰，只要5分钟，就可能会擦出火花，吸收很多‘能量’。你们一天不改变你们的思维习惯，就不可能接触世界，不接触世界怎么知道世界是什么样子的，有时候一句话两句话就足以道破天机，擦出思想的火花。

“成研所一定要加强开放性，首先要从人才的开放性做起。中国和世界其他国家的一些科学院士，在存储方面有非常清晰的宏观价值体系，很多参考文件都是从他们那里来的，和他们多交流就能领悟到世界鼻祖的思想精髓。在一个新生事物萌发的过程中，要和世界高级人才多开一些务虚会，讲清楚我们是干什么的，到哪儿去，用什么方式解决这个问题，只有先厘清目标，技术的框架和解决方案才会更加清晰。”

为了能够让华为的干部和专家多进行思想交流，华为开放了多个平台使其共享彼此的观点，希望借助这些交流平台帮助华为的干部和专家吸收更多能量，通过能量交换建立起战略自信。任正非强调：“高级干部要少干点活儿，多喝点咖啡。视野是很重要的，不能关在家里埋头苦干。美国是很开放的，这是我们不如美国的地方。”

4.3 敢于和世界级人才喝咖啡

实际上，华为在初期建立起的严格的管理体系和规章制度影响了华为干部的工作方式，华为很多高级干部囿于守时打卡的工作模式，倾向于关在办公室里做具体工作，对于国际组织不感兴趣，即使参加了国际组织也不会承担重要角色，在国际大会上也不发言，会议结束了就离席，没有邀请世界级人才喝咖啡交流的习惯。对于这种现象，任正非说：“我在干部大会上讲，‘反对高级骨干埋头苦干’，要多参加业界会议，与业界人士交谈；‘一杯咖啡吸收宇宙能量’，敢于与世界名流喝咖啡，听听人家的想法，也会给我们启发，少走弯路。”因此，华为多次强调高级干部要主动和世界级人才喝咖啡。

自任正非鼓励华为的高级干部和专家要走出去，多与世界交流以来，有很多干部和专家被派往世界各地寻找技术人才和领域专家，并邀请这些世界级人才来华为和华为的干部、专家坐在一起“喝咖啡”交流。

2007年，有着5年热设计工作经验的迟文昌（化名）和徐国辉（化名）就被派往各地区为华为邀请世界级人才。一接到任务，迟文昌和徐国辉就在网上搜集了大量专家的资料，积极参与世界各地国际知名的热会议，给与会的各位专家都递了名片，并诚恳邀请他们前往华为与华为人分享交流。

迟文昌和徐国辉花了数月的时间也只邀请到五六位专家，他们认为要改变策略，要更大胆、更主动地打开局面。于是他们直接在专家资源最丰富的地方组建团队广搜人才。华为刚在S国组建好人才搜寻团队，迟文昌就得知俄罗斯的资深散热专家Vadim正在S国，于是华为团队立即给Vadim打了个电话，没想到Vadim正要离职去顾问公司工作，迟文昌抓住这个机会，和Vadim约定以后要多“喝咖啡”多交流，Vadim和迟文昌喝过几次咖啡交流了热设计领域的一些看法之后，迟文昌发现Vadim对于热设计领域颇有见地，Vadim对华为也了解渐深。迟文昌抓准时机，表示将“喝咖啡”的地点换到华为公司内部，Vadim当即同意。

2008年，海外运营商希望华为设计一款新的换热器支撑4G商用，但是在不改变机柜大小、不增加机柜数量的前提下，要大幅提升设备的散热能力，几乎是不可能实现的事情。迟文昌在和Vadim喝咖啡的时候提到了这件事，Vadim略一思索，便提出了“塑料换热器”方案，也就是将原本的金属材料换成塑料，不仅便于加工，还能在相同体积内加工出更多的换热面积。迟文昌听后豁然开朗，立即和热设计部门的全员共同商量探讨这一方案的可行性，有人提出塑料有可能阻碍空气流通，导致热无法散出去，Vadim表示这个问题可以通过做好关键设计参数上的适配工作来解决。

于是，在Vadim的指导下，华为凭借在这个领域累积的资源，与运营商对接设计参数，做好迭代测试优化，正式展开项目合作。3个月后，按照Vadim的设想全面完成了新换热器的设计工作，这一设备还获得了超亿元的采购订单。

任正非多次强调要通过一杯咖啡吸收宇宙能量，并将华为的干部推到世界各地寻找顶尖人才来华为“喝咖啡”，华为也逐渐像上文中提到的那样，有越来越多的干部像迟文昌那样敢于走出去和世界级人才交流，并借助这些顶尖人才的帮助，推进华为的发展。

5. 打开边界，使内生领军人物辈出

任正非说："把人才金字塔顶端炸开，无限扩大外延，使内生领军人物辈出，外延天才思想云集。这样更多华为的商业领袖、战略领袖和技术领军人物，能够不断站上来，使组织永葆活力。同时，华为的人才可以跟外部专家、科学家、国际组织、标准组织、产业组织进行交流。这些交流碰撞就产生火花，无论被谁应用，都是有利于贡献社会的。"

5.1 高级干部要有全球化视野

任正非说，华为是一个功利集团，成功的标准只有一个，就是实现商业目的。实际上所有的企业都是功利集团，一切都以实现商业价值和利益为目标。这就要求企业的决策者有更广阔的视野和开阔的思维，能够更全面地思考问题，将目能所视的一切产品商业化，从中获取利益。一旦决策者的目光短浅，就会导致思维局限，从而只能顾及眼前的事务和利益，不能站在放大利益和未来发展的角度思考问题，比如下文中的柿农。

曾有一个美国的摄制组到农村记录农民的生活方式，这个摄制组在一个种满柿子树的村子找到一个柿农，向他买下了1000个柿子。这个柿农找来几个帮手，一些柿农爬到柿子树上用绑着弯钩的长杆将成熟的柿子拧下来，另外一些柿农就在树下将滚落在地上的柿子捡到竹筐里，他们劳作过程中一边谈论柿子的贮存方式，一边高声拉家常，柿子林中充满了农民质朴的生活气息和他们趣味十足的对话。美国的摄制组被他们的欢声笑语感染到，将这一切都拍摄下来。

美国摄制组走之前向柿农支付了20美元，但没有带走那1000个柿子，收了钱的柿农拉住他们说："你们怎么不把柿子带走?"摄制组的所有人都表

示柿子太多不方便带走，而且他们也不需要这些柿子，真正的目的已经达到了，让柿农自己处理这些柿子。

柿农认为这些美国人有点傻，怎么会有人花了钱却不取相应价值的货品呢？但这个柿农没想到，那些美国人拍摄的柿农采摘柿子和贮存柿子的纪录片在美国卖出了大价钱，在那些美国人眼里，柿子的价值有限，但当这些柿子商品化的时候，价值可以放大很多倍。柿农因为视野局限，认为 20 美元就等于柿子的价值，而美国人的开阔视野，使得柿子的价值翻了数倍，而这就是视野不同导致的不同结果。

事实上，这也就是所谓的"隧道视野效应"，柿农就像是身处隧道的行人，前后都是非常狭窄的视野，所以将眼前的 20 美元看得很重，但那些美国人由于视野开阔，有洞察力和远见，因此能够看得更高更远，更懂得将产品商业化，从而挖掘出隐藏的更大利益。

华为将隧道视野效应放到企业经营中看，认为企业的经营决策者也就是企业的中高层管理者必须有足够开阔的战略视野，高级干部是否有高远的眼界决定了企业能否持续发展并持久兴盛。

管理学大师德鲁克说："一种经营理论有三个部分。第一，对组织所处的环境的设想：社会及其结构、市场、顾客、技术等。第二，关于组织的具体任务的设想。第三，关于实现组织之使命所需的核心能力的设想。"在德鲁克看来，企业要有更好的发展就要全面分析竞争对手的经营情况以及市场的整体情况，确定自己在整个行业中所处的位置，做好各个方面的分析，基于分析制定不同的竞争策略，从而在全球市场竞争中占据优势地位。

德鲁克提出的这个概念其实就是华为一直强调的高级干部要有全球化视野，高级干部是企业找准发展方向、制订战略计划的主力军，高级干部能够从全球的角度来思考企业的经营问题，清晰企业的定位，就能够帮助企业在与竞争对手的角力中取得胜利。

因此，华为提出，高级干部首先要能够以全球化视野对华为和全球同行业的巨头企业进行水平分析，也就是说，高级干部要放眼于全球，不局限于国内的同行业之间的比较，要去思考的问题是西方电信巨头企业与华为生产同样的产品，有同样的技术研发方向，但华为相较于最顶尖的电信企业还是有相当大的差距，那么这些国际企业的优势到底是什么，它们最先进的部分和华为有什么差别，华为如何在坚持与这些企业竞争的同时，学习这些先进企业的好的部分。

除了技术、产品等方面，高级干部更应该以开阔的思维去比较华为与西方企业在营销、管理、人力资源、资本等经营要素方面的差距，要能够分析比较出就每一个要素而言哪个企业是最强的，然后分别学习这些要素最强的企业的先进理念和经验等，并确定与之抗衡的竞争战略。比如，西门子公司在城市轨道交通的直流开关市场的竞争中一直是领军企业，占据了市场的最佳位置，没有任何企业能够动摇西门子的地位，而如果能够水平分析，就会发现虽然整体来看西门子公司是最顶尖的企业，但事实上直流技术最好的是瑞典，那么就能够抓住与西门子公司竞争的关键，快速在直流技术领域成长。

华为之所以强调高级干部要有全球化视野，就是为了让华为人能够放眼全球，不局限在国内市场，对自己、对企业有更高的要求，争取在国际市场上一鸣惊人。

华为表示现如今全球化出现了许多新的发展态势，华为要追赶上全球化的节奏就要依靠华为高级干部的领导力，而领导力的提升要求高级干部必须具备全球化视野。任正非也强调：“高级干部要站在更高的视野看世界，就像100多年前，前人挖掘巴拿马运河、苏伊士运河一样，在那种历史条件下，设想出挖这两条运河，是何等伟大的视野和战略决策。在大数据流量里，岂止有两条运河，我们有没有可能挖掘出千百条‘巴拿马运河’和‘苏伊士运河’？”

5.2 多参加国际论坛与产业研讨会

为了开阔高级干部的全球化视野，华为除了输送大量专家、干部到世界各地以及各个先进企业学习、交流外，还鼓励华为的专家和干部多参加国际论坛和产业研讨会，希望借助开放的科学研讨平台，让华为的人才与世界顶尖人才加强交流，碰撞出思想的火花，让他们学习更多先进的科学知识，吸收更多顶尖人才的能量，能够开阔自己的思维，站在不同的角度思考问题，找出最佳的解决方案。

任正非说：“高级干部与专家要多参加国际会议，多‘喝咖啡’，与人碰撞，不知道什么时候就能擦出火花，回来写个心得，你可能觉得没有什么，但也许就点燃了熊熊大火让别人成功了，只要我们这个群体里有人成功了就是你的贡献。公司有这么多务虚会就是为了找到正确的战略定位。这就叫‘一杯咖啡吸收宇宙能量’。”

华为一直鼓励高级干部和专家多走出去开阔眼界，与世界级人才交流，多参加国际论坛和产业研讨会，多年来坚持输送一批又一批的干部出国学习。

2017 年 7 月 21 日，华为巴黎研究所和华为创新研究计划共同组织了大型的交流活动，邀请了来自美国、法国、德国、俄罗斯等国家的数十位顶级科学家，这其中包括菲尔兹奖的获得者、国家科学院的院士、IEEE/ACM 的 Fellow，这些顶级的科学家虽然来自不同国度、不同机构、不同领域，但他们都对 ICT 领域即将面临的巨大挑战以及未来的发展前景有深入的研究，并且从各自的研究领域给出了不同视角的看法，向众人分享自己的观点。

华为作为全球 ICT 的领头羊，公司内部汇聚了大量 ICT 领域的技术专家和高端人才，在这次会议上，这些技术专家和高端人才也参与到这次交流活动中，与众多国际顶尖科学家一起探讨如何联结世界。

整个研讨会围绕科学的前沿发展、纳米及生物通信的实践探索、人机交互、脑成像算法以及背后的数学算法、未来的信息通信理论、从 2D 到 3D 计算机视觉数学基础等展开，与会者从不同的角度探索 ICT 领域可能的发展前景，并以圆桌讨论的形式互相交流各自的想法，碰撞出激烈的思想火花，并从中构想对于未来的思考，更是因为聚在一桌“喝咖啡”创造了一些潜在的合作机会。菲尔兹奖获得者 Laurent Lafforgue 在这次会议结束后感叹道：“华为公司对基础研究所展现的兴趣，面向学术界的开放态度，所创造的亲切的交流气氛都令我印象深刻。”

高级干部非常有必要参加这类国际研讨会，在这种难得的机会中听到世界最高层的人讲话的真谛。在任正非看来，过去封闭的人才金字塔结构限制了华为人与外界的交流，如今炸开金字塔塔尖后，华为人要多参加学术讨论，加强与科学家们的交流，形成思想的碰撞，找到正确的发展方向。尤其是当前世界的变化越来越快，华为要取得突破也越来越难，只有更多地聆听这个世界走在最前面的人的声音，华为才能找到准确的方向，培养突破的土壤。

5.3 炸开人才金字塔，孕育思想家和战略家

华为在发展前期一直都是采取较为保守的模式，对于人才的培养也是更多地考虑能够在短期内发挥出他们的价值。但随着信息化时代的不断发展，越来越多的企业改变了组织模式和办公方式，更加重视将人才的智慧和思想转化为公司的竞争力。比如，美国的 Apple、Facebook 等公司之所以能够在信息时代取得巨大成就，正是因为这些企业为员工提供了能够仰望星空的环境，从而孕育出大量的思想家和战略家，这些思想家、战略家负责看清局势，把握住世界的脉搏，通过假设指导思想，从而确定方向，推动企业的发展。

华为也逐渐意识到时代的变化，要经营好公司，追求更长远的发展，除了视野开阔、能做正确决策的干部和掌握世界最先进技术的专家外，企业的未来还需要由思想家和战略家来构筑。

Gartner 公司曾预测，到 2016 年，互联网企业的办公模式将逐渐转变为移动办公，以往传统的办公桌和办公室的概念将逐渐被取代，办公人员可以摆脱时间和空间的束缚，根据个人时间和所在地更为自由地处理业务。这种打破传统组织工作模式的办公方法使得办公人员更加轻松、有效地处理工作，更重要的是互联网企业需要的是最顶尖的“大脑”，这种打破传统的办公方式有利于企业集结全球的智慧，推动企业的发展。

IBM 是首先实现组织变革，打破传统人才金字塔的公司之一。2011 年，IBM 就开始大规模推行“云端”办公计划，公司内 30% 员工的办公模式改为远程办公，新技术手段使得越来越多的远程协作变成了现实。随着这种“云端”办公的趋势不断发展，IBM 在初步实践形势大好之后将公司的员工与办

公桌的匹配率从 4：1 提升到 12：1。伴随着人才结构的改革，IBM 逐渐体会到“云端”办公带来的便利，员工足不出户就能够和同事协同完成工作任务，省去了路途的奔波和时间的浪费，企业也能缩减部分办公成本，将更多的资金投到高端人才身上，将他们的智慧转换为指导企业发展的思想和战略。

信息化时代带来的冲击，使得这种“云端”办公模式不仅仅是在互联网及相关领域普及，更多的企业开始打破传统办公习惯，借助互联网接入方式随时开展会议与协作。为了更好地适应时代发展，任正非提出要炸开金字塔塔尖，改变传统的办公模式，建立起一种传统办公模式与新型办公模式相结合的办公方式，孕育更多思想家和战略家，谋求更好的发展。

华为是国内企业中最早跳出传统经营思维的公司，率先走向企业移动信息化，转向了互联网平台模式“云计算”。现在华为还处于变革时期，已经可见的成果是各地专家、科学家的协同工作越来越方便，集结他们智慧和思想的战略计划越来越完善，华为的创新速度越来越快。未来华为还将进一步打破人才金字塔，吸收更多世界级人才，凝结众人的智慧打造更为辉煌的华为。

任正非说：“我们还要走向世界级。现在我们缺思想家和战略家，只停留在将军层面。如果我们都只会英勇奋战，思想错了，方向错了，越厉害就越有问题。所以我们希望你们中间能产生思想家，不光是技术专家，要产生思想家，构筑未来的世界。”

在任正非看来，未来企业的组织模式还将发生更多巨变，要应对未来世界的冲击，企业就要将更多的资源投到人才培养上，要让这些人才与世界交换信息，这样可帮助他们开拓国际视野，转换思维，成长为战略家和思想家。在这个过程中，这些战略家和思想家的智慧和思想就能形成庞大的思想群，从而帮助华为在新时代占据优势地位。

6. 越过工卡文化， 支持全球同方向的科学家

人才金字塔作为层级分明、分工明确、工作职责从上至下扩散的高效组

织，很长一段时间被各个企业采用，但在数字时代，由于金字塔严格封闭的结构，内部人才不能及时与外界交换信息和能量，严重限制了科技创新型企业的发展。因此任正非提出要打破传统的金字塔结构，炸开金字塔塔尖，构建开放型人才金字塔，使得塔尖能够容纳更多顶尖人才，让华为的高级干部、专家与世界级人才和同方向的科学家进行交流，进行思想和观点的碰撞。

为此，华为越过工卡文化，以更为宽广的胸怀接纳世界级的人才和同方向的科学家，让更多华为的战略领袖和技术专家能够站在金字塔塔尖与外部的专家和科学家交流，集思广益，迎接世界性难题的挑战。

6.1 越过工卡文化，寻找新灯塔

全面进入云时代后，电信行业越发关注科学家的动态，华为作为一直与世界级人才和顶尖科研人才有密切合作的企业，在这种关键时期更是注重借助科学家的力量支持华为的产品研发。

要借助世界级人才和科学家的力量，构筑华为更好的未来，就要以一种开放的心态看待这些科学家，不能受到工卡文化的限制。任正非说："华为要越过工卡文化，大力支持全球同方向的科学家。华为的投资不具狭义目的，华为支持科学家是无私的，投资并不占据科学家的论文，不占其专利和成果，华为只需要有知晓权。不光是成功的，也包括失败过程的知晓权。像灯塔一样，你可以照亮我，也可以照亮别人，而且灯塔是你的，完全不影响你产业化。"

在华为广泛与其他国家的企业、研究所、某个领域突出的专家或科学家等合作的过程中，华为内部有干部提出了当中的问题和局限之处，他们认为华为和各个组织合作更多的是基于产品的合作，缺少对科学家和专家的持续投入，科学家对华为实际上是没有忠诚度的，也就是产品的合作一旦结束，很难实现进一步的延伸合作。

对此，任正非表示华为将跨越工卡文化的局限，以更为开放的心态接纳全球与华为关注同样领域的科学家，并且支持他们的研究："我们已经在文件上规定了，外研所的拨款不完全由产品线的预算来解决，将来我们给外研所会另有一部分预算是脱离产品线的。科学家是为理想而奋斗的，如果由产品线来管理的话，就不会有爱因斯坦。爱因斯坦是一个小小的办事员，怎么会提出了相对论，他凭什么说光线是弯的，他为什么说引力波。如果用华为公司的管理模式，爱因斯坦一定被消灭掉了；幸亏人类社会不像华为公司这么短视。我们有没有这样的胸怀，以后跟科学家合作，只要科学家研究的大概方向跟我们是一致的就可以合作；比如生物科学可能跟我不一致，但是量子通信可能跟我一致。我们现在有钱了，只要是方向一致的科学家，我们就支持他们，别指望这些科学家都能戴我们的工卡，他们有他们的理想，他们不想戴我们的工卡，戴上我们的工卡每天去 ABC，科学家一定是会被打 C 的。如果我们都知道谁是科学家，这个科学家就没有意义了，科学家不就是自己最懂，别人都不懂吗？你的领导难道懂的比你还多吗？科学家到我们华为公司来，戴上工卡还有 KPI，KPI 就泯灭了创新，科学家就是科学家，纯科学家就是纯科学家，你怎么会知道刚进来的那个学数学的人是一定能为我所用的呢？当然，我们和好多科学家合作过程中，我们越来越感觉他们的脉搏跟我们相近了。所以我们可以把他们的博士招进来，博士和他们的老师还在研究同一个课题，那我们给老师多拨一点款，让老师工作得更自由一些，这样我们就建立了一个联系，没有工卡，他们能给我们做出贡献，他们也应该获得报酬，我们也应该给他们分报酬。华为今天的文化是没有工卡就领不到工资，我今天把丁耘和周红带来，就想从欧洲的研究所包括俄罗斯的研究所改革做起，我们能不能在公司里面有一点创新，所以你的想法太伟大了，就是我们要改革的方向之一。”

华为非常清楚，在人工智能化的时代，企业需要大量的科学家做支撑，但这些科学家很难适应商业环境，同时也难以在企业的管理体系中找到合适的位置，科学家需要解决的是方程式、粒子运动等问题，而不是囿于复杂的人际交往和环境限制。

所以，华为在化用“外脑”的时候称：“不求他们（世界级人才、科学家）归我们所有，不限制他们的人身自由和学术自由，不占有他们的论文、专利……只求跟他们合作。”华为表示要越过工卡文化，和世界级人才以及科学家用一杯咖啡的时间交流，从而找到更好的产品研发的思路，强调通过咖啡杯连接人才的思想并进行技术交流，淡化人身和成果归属权。

6.2 瞄准未来梦想，寻找优秀人才

对于华为在全球各地建立研究所和能力中心，任正非表示："全球能力的布局要聚焦主航道，不要为了建而建。"意思是，华为构建能力中心的目标是为了凝聚更多优秀人才为华为实现未来梦想，基于这个理念，华为不会盲目地选址建设能力中心，而是围绕华为的战略计划和发展方向定位到优秀人才的聚集地，并在人才聚集地毫不吝啬地投入全球优质资源。

2004 年，华为与西门子有业务上的合作，当时还在西门子工作的隆巴迪成功将微波产品卖给了华为。在合作结束后，华为邀请隆巴迪参观华为深圳总部，隆巴迪从高端的 F1 展厅见识到了华为的实力，尤其是看了华为的发展轨迹后，他对华为未来的发展非常看好。回到西门子后，他立即做了一个关于华为的报告，称："华为作为一家跨国公司，虽然规模还比较小，但在将来几年甚至数个月，我们就能看到它发展壮大。"

在第一次合作之后，华为与隆巴迪之间就时常联系，交流微波领域的心得和看法。2007 年，华为将更多资源投入微波领域，希望能够寻找一位能力突出的专家帮助华为实现快速发展。于是，2007 年底，华为的微波团队联系到隆巴迪，非常诚恳地邀请隆巴迪成为华为的微波专家，并坦诚地告诉隆巴迪，华为的 IP 微波产品暂时因为竞争力不足，人才匮乏，导致核心部件室外单元（ODU）全部依靠代工，希望借助隆巴迪的帮助实现 ODU 的自主研发，并厘清华为微波的发展方向，构建 IP 微波的核心竞争力，打造华为微波的品牌。

隆巴迪提出华为要实现目标的关键在于充满竞争力的人才，华为表示认同之后，双方一致认为要在人才聚集的地方建立华为自己的微波研发能力中心。在选址的时候，隆巴迪建议华为选择全球知名的微波之乡——米兰，西门子、爱立信等全球知名企业都在米兰设立了微波研发和销售机构，隆巴迪还与华为的团队一起商讨要在微波研发能力中心投入多少人力、财力以及时

间等。华为这种瞄准目标、全力以赴的精神让隆巴迪深有感触，也促使他加入华为，正式成为华为的微波专家。

华为团队的负责人笑称华为为了隆巴迪将微波研发能力中心建在米兰，而隆巴迪加入华为之后也的确发挥了他作为微波专家的价值，他利用一切机会向业界展示了华为的微波发展平台，并且向那些在业内有十几年甚至二十几年成功经验的专家发出邀请，希望他们共同加入华为。由于隆巴迪与这些专家有多年交情，互相信任，隆巴迪和多位微波界专家组建了最初的华为微波专家核心团队。

在这些业内大拿的合作之下，华为微波团队不仅自主研发出室外单元，还推出了华为的微波产品——XMC 系列产品。

除了瞄准微波领域，找到了微波界专家隆巴迪，华为在其他领域也是采取瞄准未来目标寻找优秀人才的方法。比如全球知名商业架构师克里纳（Martin Creaner），华为为了他专门在爱尔兰科克市设立了研究所；卡地亚、三宅一生等品牌的设计师马修（Mathieu Lehanneur），华为做了长时间的努力，最终成功邀请他成为华为法国美学研究所的首席设计师……

由此看来，华为始终保持开放的心态寻找更多优秀的人才，如果在聘请某个领域的顶尖专家时，发现这位专家不愿意去别的地方工作，只愿意待在原来的地方，那么华为就会在专家所在的地方，或是他喜欢的地方，为其专门设立独立研究所。

任正非表示华为还将继续寻找更多顶尖人才，他说："我们最近会在各个能力中心增加投资，聚焦软件，不仅是招成熟的科学家和懂架构的专家进来，也要允许大量的优秀年轻博士都进来，瞄准未来二三十年的目标与梦想，布局未来。未来智能社会，人的互动速度要求更高，我们的目标是要建设最领先的视频大平台和技术，这样我们就有可能会领导世界。"

6.3　发挥专家价值，构建核心能力

华为在广泛吸收全球人才的过程中出现过很多"人才融合"的问题，很多专家和干部都是华为从西方先进企业以及世界 500 强中"挖"进公司的，

但很多时候这些顶尖人才在常规的事务工作中并没有发挥出他们真正的能力，在指导项目的时候也没有很好地运用以往的丰富经验，于是企业内部会出现“伪专家，光吹不练假把式”“没有真本事”等抱怨的声音。

其实，这些高端专家在各自的领域都是最优秀的，但如果不能让他们在擅长的领域发挥专家的价值，他们当然就和普通员工没有差别了。所以，没有让他们在真正出色的领域发挥各自的专长才是问题所在。

华为公司内集结了全世界的人才，单个部门的高峰时期就有十几个国籍的员工，如何管理好这些人才，并发挥出他们最大的价值就成了一个大问题。某些管理不善的部门常常出现一个现象，某个在行业领域内有着突出成就的专家因为管理者不善用人，做出的产品不尽如人意，没能得到客户的认可，导致专家没有达到职责要求，绩效不理想，薪酬和奖金全部受到影响，还没能充分发挥出他的优势就匆匆离开了华为。

因此，华为提出要改变管理手段，公开部门的任务和奖惩等信息，比如，某某支持了哪些项目，取得了哪些成果，基于这些成果上级如何评定他的绩效，又是如何基于考核成绩给他升职加薪的。标准清晰并执行落地，这些高端专家就知道自己应该做什么，就能够在岗位上充分利用自己的优势发挥自己的价值，构建团队的核心能力。

实际上，企业要做好人才管理，首先要想清楚的一个问题就是，企业建设专家体系的根本目的是什么，如果没有弄清楚这个问题，就随便将专家放在某个项目组中，往往会出现这样的情况：项目组成员认为项目发生任何问题，专家都应该解决好，但因为专家受文化背景和专长限制，甚至是对于项目策略的理解存在偏差，导致无法拉通资源，最后不仅没能解决项目组的问题，反而还让专家承担“伪专家”的骂名。

那么，企业建设专家体系的根本目的究竟是什么呢？说到底，是为了解决问题，高质量地服务客户。因此企业在安排专家的职责之前，应该根据客户需求做好专家的分类，这些专家在这个领域比较擅长就去解决客户的这类问题，在哪个领域有出色能力的专家就去解决客户哪个方面的问题，只有合理发挥专家的价值，才能真正构建起企业的核心能力。

2006 年，华为的俄罗斯专家 Berezkina Nadezhda 收到了一封来自俄罗斯邮电部副部长的感谢信，信中赞扬了她在邮电部举办的专业会议上呈现出的精湛的技术能力、对未来网络发展的深刻洞察力以及她严谨的职业作风，在信件最后还诚挚邀请华为公司参与下一次技术研讨会。听闻这个消息，华为上下都深感自豪和骄傲。随着国际电信产业的蓬勃发展，华为先后十年投入规模巨大的资源和资金到电信领域的人才身上，使得华为的电信领域涌现了众多行业专家，并且发挥出他们最大的专业价值，在这个过程中，不仅是这些专家对于专业技术的理解能力越来越强，他们还推进华为在电信领域的高速发展，构建了华为的核心竞争力。

可以看出，华为在深入理解建设专家体系的意义之后，真正做到了借助高水平的专家资源解决客户的问题，满足客户的需求，在这个过程中，不仅提高了客户的忠诚度，还提升了企业的组织能力。

在这个基础上，华为认为要进一步发挥专家价值还需要建设更为合理的专家责任体系，让专家拥有更多的发言权和决策权，充分尊重专家的意见，让他们能够最大限度地发挥自己的能力。任正非说："有了专家，有了明白人，如何让他们能够充分发挥价值？每年我们都进行外招高端专家价值发挥情况调查，从结果来看，仍有约 1/3 的专家认为自己在华为没有充分发挥作用和价值。对专家的使用除了主管的重视、明确岗位职责外，最关键的是主管的授权和让专家进项目担责任。通过开展基于项目的资源买卖机制以及 UR 值考核，牵引专家承担责任、深入项目，提升他们在主流程中的工作效率、发挥专业价值。"

第2章 华为的人才管理

任正非说：『人才是企业的财富，技术是企业的财富，市场资源是企业的财富……而最大的财富是对人的能力的管理，这才是真正的财富。』

1. 重视价值观宣导和思想教育

华为的高级管理顾问吴春波在总结华为是如何通过管理牵引人才的时候提到华为的企业文化起到的重要作用，他说："文化就是长期的牵引力，很多企业做企业文化都是机会主义，想解决眼前的问题。文化不解决眼前的问题，文化解决未来的问题。"可见华为重视对人才的价值观宣导和思想教育，提升人才忠诚度，生成推动企业发展的不竭动力，从而解决华为未来的难题。

1.1 思想权和文化权是最大的管理权

随着知识经济时代的到来，人才已经成为企业的核心竞争力，越来越多的企业意识到人才的重要性，但招揽再多的人才，如果不能用统一的思想和价值观引导他们往一个地方发挥各自的才干，企业是无法真正借助人才的力量实现战略目标的。

为了真正做好人才管理，充分发挥人才的价值，华为认为如果能够将组织管理者头脑中的理念转化为华为人才共同的价值取向，那么就能建立起统一的行为准则，引导所有人才为华为的目标协同共进。

任正非拥有华为最大的管理权，无疑是因为他非常善于利用手里的管理权将自己的思想转化为华为人共同的价值观，通过自己的思想鼓动十几万华为人朝着共同的价值方向行动，他自己也说："我不是低调的人，否则鼓动不了十几万华为人。"

华为内部会举办思想文化宣导会议、思想文化培训等。诸如此类的文化宣贯形式，都是任正非落实他的思想权和文化权的有效方式，其中最特别的一种贯彻华为思想文化的方式是辩论赛，任正非非常善于通过辩论赛传达他的思想，并影响华为人的想法。

任正非出过几个辩题，事实上这些辩题也是任正非在管理上的一些思考，比如他提出的"用人要疑，疑人要用"这个辩题，辩论的一个持方观点与任正非思想一致，另外一方的观点则是“用人不疑，疑人不用”。这个辩论赛的规模非常大，从科室到部门一路辩到集团高层，在三轮轰轰烈烈的辩论赛的过程中，任正非一直指点双方的辩论，并且把握辩论赛的节奏和整体情况，他多次在关键的赛点休息时间提点与他想法一致的持方，最终与他想法一致的持方在辩论赛上指出“用人不疑，疑人不用”的观点不适合现在的企业发展，现代社会的用人之道早已有了变化，即用人要疑才能使得企业和员工双方都保持警惕，利于企业和个人的发展。而就是贯彻任正非思想的关键要点使得这个持方掌握了整个局势，“用人要疑，疑人要用”观点的持方借助任正非的想法深入辩证了企业和员工之间存疑的必要性，赢了这次辩论赛。

诸如此类的辩论赛还有很多，华为文化中最为重要的“以奋斗者为本”“以客户为中心”“不让雷锋吃亏”等都被作为辩题在华为内部展开一系列的讨论。举行“不让雷锋吃亏”辩论赛的时候，任正非还调侃道：“一定要从实际出发，不能心口不一。”他还开玩笑说：“有谁愿意一直吃亏的？”

实际上，这种辩论赛的意义在于通过一次次大张旗鼓、华为上下都关注的文化宣传活动，任正非将自己的想法通过辩论赛的结果显化出来，也使得华为人能够更深刻地理解华为文化。

任正非说：“我在公司其实是思想上的管理，我的思想总是要告诉任何人的，知道的人越多越好。”事实上，正如任正非所说，将思想以适当的方式传达给企业的每一个员工，才能让企业从多年成功和挫折经历中总结出来的价值观和思想方法获得组织内外广泛的理解和认同。华为这种辩论形式的文化价值观的宣导形式让所有华为人都能够共同学习、理解、传承华为的思想和文化，非常高效地实现了用企业的文化思想去引导员工，用企业的权力意志去规范员工行为。

1.2　干部和员工要学习华为的文化

美国知名管理行为学家约翰·科特教授带领研究小组花费11年的时间对一百多家企业进行跟踪调查，并以数据分析的结果证明：凡是重视企业文化的公司，经营状况要远远超越那些不重视企业文化建设的公司。这也证明了企业文化对于一个企业有着至关重要的作用，是企业最为关键、有效的管理工具。

任正非非常认同约翰·科特教授的这一观点，他说："一切工业产品都是人类智慧创造的。华为没有可以依存的自然资源，唯有在人的头脑中挖掘出大油田、大森林、大煤矿……精神是可以转化为物质的，物质文明有利于巩固精神文明。我们坚持以精神文明促进物质文明的方针。这里的文化，不仅包含了知识、技术、管理、情操……也包含了一切促进生产力发展的无形因素。"

为了加强对企业思想文化和政策的宣贯，让华为上下都能够深刻理解华为文化，华为在干部部下组建了一支特殊的队伍——秘书处，这支队伍不仅掌握专业知识，还能够根据要求对华为公司的技术管理和文化建设起到实质性的作用。

这支队伍会在华为的各个部门管理流程和制度、文化导向、工作主题和工作方针确定下来后组织大型的宣导活动，这些秘书们会向华为的员工宣传华为的文化和管理制度，并且基于文化和管理制度对华为的员工进行监督，提醒工作人员避免工作上的失误，监管他们的工作行为，保证他们都能够遵守华为的文化和管理制度。

干部部秘书还会有规律地组织华为的各个部门进行研讨活动，让华为全员进行学习。比如早期的研发部门，干部部秘书们为研发部门的员工准备了类似"政治学习"的活动，几乎每两周就会举办一次，要求参与的工程师们都要在研讨会后总结会议内容，写一份学习心得并在下一次"政治学习"会议上与其他成员交流意见，优秀的心得还会被刊登在华为的内部刊物上，甚至被编辑成论文集，供更多华为人当成案例学习。

为了进一步加强部门间的沟通，华为特别设立了专项经费给每个部门组织各种集体活动，让华为的全体员工可以在融洽的氛围下学习、交流华为的文化，并且大胆提出自己的建议。

除了加强学习和监管，华为还设立了多个奖项来激励华为的员工学习华为的文化和制度，并且遵守公司的政策和管理，当然，违反华为公司规定的员工也会受到一定的处罚，干部部秘书处全员也会因此受到牵连。

事实上，企业对于人才的管理应该建立在共同的价值观上，上下统一的思想是组织成员之间最为牢固的连接，各级同事不会过于关注个人得失，把所有的同事都视为竞争对手，而是追求企业的繁荣，将同事当成事业道路上的同伴，而并肩携手的团队永远比独行者有更大的成功概率。

因此，华为自始至终都非常关注企业干部和员工的文化学习情况，任正非强调："我们一定要强化高级干部要学习华为的管理文化，努力参与制度建设，并严格遵循这些流程。我们现在的高级干部有些是不学习的，只督促基层员工学习，所以现在很多基层员工都上升成高级干部，而在座的很多高级干部可能要从这个舞台退下去。历史的淘汰是必然的，从来没有停歇过。"

1.3　企业文化植根于组织、制度与行为中

任正非强调："企业文化表现为企业一系列的基本价值判断或价值主张，企业文化不是宣传口号，它必须根植于企业的组织、流程、制度、政策、员工的思维模式和行为模式之中。"阿里巴巴内部也有所谓的"高层不谈文化"一说，强调的也正是任正非所说的"行胜于言"的文化影响力。

可见，真正成功的企业都是以无形而有质的战略共识牵引企业员工，以文化强大的凝聚力整合组织，将文化植根于组织、制度与行为中，引导和规范员工业务操作行为与岗位职责要求相统一。

在华为拟定《华为基本法》的阶段，任正非表示一定要完善制度，将华为文化落实到制度之中，并指导华为人的行为，他说："《华为基本法》是华为公司在宏观上引导企业中长期发展的纲领性文件，是华为公司全体员工的心理契约。要提升每一位华为人的胸怀和境界，提升对大事业和目标的追求。每个员工都要投入到《华为基本法》的起草与研讨中来，群策群力，达成共识，为华为的成长做出共同的承诺，达成公约，以指导未来的行动，使每一个有智慧、有热情的员工，能朝着共同的宏伟目标努力奋斗，使基本法融入每一个华为人的行为与习惯中。我们正在强化业务流程重整的力度，用

ISO 9001 来规范每一件事的操作，为后继的开放式网络管理创造条件；用 MRPII 管理软件，将业务流程程式化，实现管理网络化、数据化，进而强化我们公司在经营计划（预算）、经营统计分析与经营（经济）审计方面的综合管理。”

企业文化如果只是贴在墙上的标语或员工口中响亮的口号，落不到实处，那么就丧失了企业文化的真正作用，只有将企业文化落地为制度，企业文化才能真正对员工的行为产生影响。因此，《华为基本法》中明确表达出企业的价值观要外化为员工的行为规范，将规章制度最终落实到行动上，让员工做到知行合一。

企业倡导什么样的价值理念，就需要建立相应的制度做保障，但企业的制度不是一成不变的条例，而是应该根据核心价值观不断调整，在契合企业文化的同时根据实际情况和场合灵活变化。

IBM 的创始人汤姆·沃森曾根据 IBM 的核心价值观“精益求精、高品质的客户服务、尊重个人”制定了公司职员应遵守的规章制度，他要求所有员工每天上班都穿白衬衫、黑套装，以最专业化、最职业化的状态服务客户，实现尊重客户、为客户提供高品质服务的目的。

这项规定延续了很长一段时间，IBM 的客户也都对其严谨的工作态度和职业化的着装表示了认可。但随着时间的流逝，IBM 面向的技术性企业客户改变了原有的着装习惯，如果 IBM 仍选择白衬衫、黑套装的着装就偏离了企业文化中的“高品质的客户服务”，于是 IBM 的总裁郭士纳根据现实情况调整了这项制度，围绕企业的价值观重新制定了员工的着装要求，即 IBM 的员工可以根据服务对象和会面场合灵活调整自己的着装。

制度和行为规范是体现企业文化价值观的，这些条例清晰地反映出企业赞同什么，不赞同什么，就像 IBM 的行为规范清晰地表达出 IBM 客户至上的价值理念。所以，任何企业都要明确的一点是，建立明确的制度是为了规范员工的行为，进而培养员工遵守制度的行为习惯。但根据企业文化制定的制度一定是有灵魂的，真正将企业文化植根于组织、制度和行为中的企业才能让员工深刻理解企业文化，从而真正明白自己应该做什么，不应该做什么，而不是墨守成规。

2. 有欲则刚，基于人性进行管理

很多企业对于人才的管理都是严格遵照科学的管理制度，往往忽略了一个重点：人是组织的核心。也就是说，一个企业要真正做好人才管理，除了依靠完整的管理体系，还要从人这一核心要素本身出发，基于对人性的深入了解来进行管理。

华为正是抓住了这一点，在建立起科学的管理体系的同时，关注人性管理，基于人性与欲望的逻辑，建立起华为的人才管理体系。

2.1　欲望创造了华为

华为在创立之初，既没有资源也没有资金，更没有科学的管理体系，如果不是华为紧紧把握人性，抓住人们的欲望，就没有今天的华为。任正非自己也说："是欲望创造了华为。"

事实证明，华为正是因为抓住了华为人的欲望，才一步步发展成为电信行业的领头企业。任正非说："正是欲望的激发和控制构成了华为的发展史，构成了任何组织的管理史，一个企业的成与败、好与坏的背后都是人性的逻辑和欲望的逻辑。"正如任正非所说，任何人都有着利己的本性和欲望，企业如果能够抓住人的动机和欲望，合理地控制并利用人性，就能最大限度激发出人身上的潜力，激发组织活力，带来组织效益的增长。

在华为最艰难的初创时期，任正非抓住当时员工对于职业的物质层面的追求，将一群从农村走出来的追求温饱的大学生聚集在华为，也是在这群能够吃苦耐劳的初批员工的努力之下，华为才迈出了重要的一步。

在华为逐步走入正轨之后，任正非意识到要想避免人才流失，就要让他们和华为共命运，于是华为制订了员工持股计划，任正非本人只持华为1.4%的股份，剩余的股份由当时的八万多名员工共同持有。华为再一次把握住员工的欲望和追求，以利益分配使得员工对华为有了主人翁意识，最大限度激发了员工的工作积极性，极大提高了华为的生产力，也让华为飞速发展，很快就成为国内电信行业的巨头企业。

之后华为将目标瞄准了国际市场，在这个阶段，华为大半的员工都是知识型工作者，而员工对于职业的追求也早已从追求温饱转向了追求价值。于是华为抓住这一价值取向，最大限度地为华为的员工提供工作自主权，让他们能够充分发挥自己的才智和能力，也获取相应的价值和回报。正是基于合理利用员工的欲望，华为借助这些知识型工作者的贡献，在国际竞争中占据了优势地位。

虽然为知识型工作者提供自由的工作环境有助于他们发挥自己的才干，但华为发现这样也带来了一些弊端，最明显的是员工更多地考虑工作失败的风险，以及失败对职业发展和财富造成的影响。因为自由的工作空间，他们认为只要做好手头的工作即可，不必追求更好的工作成果，而华为是创新研发型企业，研发人才一旦失去对创新和优化的追求，企业就很难有重大突破。于是华为抓住这一点，对于员工的研发消除偏见，不苛求研发人员百分百的成功，而是极力激励创新。

为此，华为制定了一项科研政策，即用于基础科学研究的30%研发投入中，可以接受50%的失败率。巨额的研发投入和对于失败的宽容，这项决策鼓励员工在选择时要敢于承担风险，激励知识型工作者探索未知领域。

在数字时代的大背景下，自动化流程和机器人的普及使得企业越来越忽视对人的把控，但事实上，组织的核心仍然是人，企业必须基于对人性的深入了解来管理人才。因此，即使华为已成为行业的巨头企业，但其仍然坚持以人为本，根据企业的知识型人才的结构，设计出更为合理的“欲望驱动管理体系”，充分发挥知识型工作者的价值，以追求可持续性发展。

2.2 管理就是管欲望

华为高级管理顾问田涛对于华为的人才管理有过这样的感叹：“我们经常

听到一种说法，叫作无欲则刚，我想这个说法，第一，违背人性，第二，无欲者很难做到所谓刚强、有力量。欲望其实是中性的，很大程度上，欲望是企业、组织、社会进步的一种动力。”

田涛说的“有欲则刚”完全是华为发展历程的真实写照，华为对人才的管理就是对于人性欲望的控制和管理，如田涛所言，在华为发展初期，华为员工普遍的追求还停留在生存阶段，华为抓住这一点，最大限度地激发华为人对于物质的诉求，利用欲望的逻辑激发华为人生出工作的动力，使得华为在华为人强大的推动力之下获得了阶段性的成功。在这种欲望的管理取得了阶段性的成功之后，华为又抓住了员工不同阶段的欲望诉求来管理人才，推动企业发展。

任正非曾说自己之所以能够管理好华为的十八万员工，就是因为自己抓住了人的五个欲望，管理好这五个欲望，华为就自然而然成功了。

第一个欲望：物质需求。

任何时候，员工进入一个企业之后最直接、最基础的诉求就是物质，所有职场奋斗者都追求财富的自由度，企业的人力资源管理最基础的部分也就是对员工物质需求的管理，能否提供相对合理的物质分配是一个企业管理人才的关键，华为的一次次高薪招聘和高奖金分配也印证了这一点。

第二个欲望：对安全感的渴求。

这是基于对人性的思考，人在一生中大多数时候都处于一种不安定的状态，于是本能地追求安全感，越是杰出的领袖人物和能力突出的人才内心的不安全感就越强烈，任正非的危机意识也印证了这一点。正因为他有对于人性缺失安全感这一欲望需求的把握，华为才能更多地从这个层面给员工提供安全感，以便于对他们的管理。

第三个欲望：成长的愿望与野心。

越是优秀、智力层面越优越的人才对于领导的欲望和野心就越大，企业想要吸引这些知识型人才并管理好他们就要提供一个让他们充分发挥自己的智慧和才能的平台，让他们能够实现自己的雄心壮志，同时又要遏制过度的野心。因此，为了管理好人才，华为对华为人的发展都有一定的把握，尽可能地为他们提供更多的职业发展机会。

第四个欲望：事业成就感。

事业上的成就感也是很多职场奋斗者追求的，这种成就感来自社会认可度、大众认可度等，因此，华为一直致力于打造更好的职场平台，做好价值分配，让每一个华为人都有着超过市场上一半企业员工的财富和地位，满足他们的事业成就感。

第五个欲望：使命感。

极少数人才有着超我意识的使命主义，追求的价值已经超脱于物质层面，有着宏大的愿望和理想，任正非认为乔布斯是这类人，他本人也是。

华为对人的管理贯彻了任正非对于人性和欲望的把控，不管华为员工对欲望的诉求是哪一个层级的，华为都能很好地通过控制欲望来激发员工的上进心，甚至对于一些事业心没那么强，对于职业发展没有那么大野心的员工，华为都能做到为他们创造欲望，并加以管控，从而驱动华为的千军万马实现华为的宏大愿景。

2.3 企业家要为组织注入灵魂

华为在人才管理方面能做到极致，除了能够满足员工的欲望，最主要的原因是任正非为组织注入了极强的精神力量，加以管理手段的辅助，将这种精神力量与各种资源有效整合在一起，推动企业的发展。

华为前高级副总裁胡彦平说："企业要有灵魂，这个灵魂就是文化和核心价值观。企业家必须像军队的统帅一样，为自己的组织注入灵魂，以文化和核心价值观为纽带，凝聚干部和员工的共识，借此形成强大的精神力量，把企业发展不断推向高峰！"

华为高级副总裁陈黎芳在加入华为之前在一个三线科研单位工作，当时大学生的工作是包分配的"铁饭碗"，但工作两年之后，陈黎芳向往更广阔的天地和更自由的工作环境。于是1992年，陈黎芳辞职后独自前往深圳在一家通信公司做销售工作，1994年她从与客户的一次闲聊中得知华为当时的年薪为30万元，客户问她："你想不想去华为？"陈黎芳毫不犹豫就加入了华为。

如果说一开始陈黎芳是被华为的高薪吸引的，那么她能够一直在华为工作二十几年，从一名普通职员一路过关斩将成为华为的董事，就不仅仅是依靠物质层面的吸引了。陈黎芳回忆自己在华为的奋斗史，曾笑称一路的辛酸苦累都记不太清楚了，但有一个很深刻的感悟就是在每一个遇到挫折的艰难时期，她总是想起华为的那些看似朴素的企业文化和价值观，想起华为人在这些价值理念引领下的坚持和奋斗精神，"以客户为中心，以奋斗者为本，长期艰苦奋斗，坚持自我批判……"这些陈黎芳在数十年的工作经历中亲身体会到的真正有着指导价值和灵魂的行为指南每每都让她咬着牙渡过难关。

这是陈黎芳留在华为的原因，她认为任正非为华为文化注入了灵魂，也为华为注入了灵魂，同时这也是华为能够凝聚十八万华为员工的最重要的原因，"加班、努力、奋斗……"这些在外人看来难以长期坚持的行为，十八万华为人都坚持下来了，这都是基于信仰带来的整合力量，而没有灵魂的组织是难以坚持做到这一点的。

陈黎芳之所以在华为奋斗数十年，不管外界有多少高薪诱惑也不动摇，对华为不离不弃，是因为她在华为工作的过程中，感受到华为文化的精髓，深刻理解了什么是"华为奋斗者"的信念、责任和担当；什么是"胜则举杯相庆，败则拼死相救"的集体主义精神和团队价值……这正是任正非为华为文化注入的灵魂，也是组织的灵魂所在。

因此，任何一个企业要追求员工忠诚度，保证企业内部稳定，追求长远发展，都要为组织注入灵魂，为企业文化注入灵魂，并以此为纽带，将企业的员工团结在一起。

3. 人才管理要关注投入产出比

事实上，企业的人才管理就是一种投资，既然是投资，那么就一定会关注产出。因此，在人才管理方面，每个企业都要明确以下几点：企业要往哪些方面投资，要怎么投资，如何通过计算让产出率更高，让人才管理更优化，更好地支撑企业的业务发展，增强企业的竞争力。

在人才管理越发精益化的时代，华为认为人才管理不能仅凭直觉和经验判断，而要围绕企业的战略目标，最大限度地挖掘并释放人才的潜力，做好人才分析，使得人力投入和产出相匹配。

3.1 人力投入要与产出相匹配

对任何企业来说，人力成本的投入远远少于产出的时候是最好的状态，举例来说，能够让一个人干三个人的活儿，领两个人的工资，就是企业比较满意的状态。因此，企业往往会选择让尽可能少的员工产出尽可能多的价值的方式，使人力投入产出比达到比较合理的状态。

华为为了使人力投入产出比达到合理的状态，在做人力资源投入时就会考虑各个方面的影响因素，诸如人力资本成本、公司的业绩情况等，做好人力投入产出比的计算，使得华为能够在投入最小的同时实现利益最大化。

为了使公司对人力的投入与产出相匹配，华为根据销售收入、市场占有率、利润、人力资源成本等年度任务目标以及往年公司的任务目标进行比较之后，结合市场情况和业务情况，再对员工往年的产出进行分析，初步计算出当下的人力资源成本和员工的劳动生产率，再根据这两者的比例，做好工资性的薪酬包管控工作。

华为对公司的整体业务能力和业绩指标做出预测，确定合理的人力资源成本之后，估算出各个部门的人力资源成本，按一定的规则分配给各个部门，并根据成本投入和每个部门员工的实际产出确定各部门的编制并制定出员工薪酬包。实际上华为是通过平衡人力投入和产出来做好薪酬体系控制，从而达到控制人力资源成本，保持人力资源投入产出的合理性和竞争性的目的。

举例说明，华为的薪酬包管控有三类指标，分别用于不同类型的部门。第一类是研发部门、生产部门、销售部门等有实际的能用经营指标衡量产出的部门，这类部门的薪酬包与公司的销售情况挂钩，研发部门、生产部门等的薪酬包分为工资性薪酬包和销售毛利比，销售部门的薪酬包则分为工资性薪酬包和销售收入比。

第二类是战略投入部门，这类部门做的是规划类的工作，薪酬包只包含工资性薪酬包。

第三类是职能部门，这类部门是公司的支撑性组织，无法用经验指标衡量产出，所以薪酬包分为岗位编制和工资性薪酬包。

华为的这种基于人力投入与产出的平衡做出的薪酬包管控，使得华为的人力资源预算具有可延续性，便于控制人力资源成本，且利于引导员工的业绩意识，使员工更为关注公司的业务目标和业绩情况，为华为创造更多价值。

可以看出，华为根据部门是否为产出岗位，确定部门是“发财类部门”还是“升官类部门”，明确这两类部门的分工，“发财类部门”主要负责产出，“升官类部门”则主要负责行政管理类事务，再根据分工情况调整薪酬结构。也就是说，华为将企业的管理岗位和职能岗位尽可能地合并，这类“非产出岗位”的薪酬包也较为固定，而对于产出岗位，华为尽可能地将部门之间细分开来，这类岗位的薪酬包根据产出情况有变化，从而实现投入产出比的优化。

3.2　人力投入产出比要持续改进

初步做好人力投入和产出之间的匹配工作之后，华为将重心放在了人力投入产出比的持续优化上，为此，华为认为要根据更为科学的数据分析做好人才分析以及投入成本的计算。实际上，很多企业都是根据科学算法来优化人力投入产出比的，如苏格兰皇家银行、谷歌、Facebook 等企业。而用得最多的就是20世纪中叶由美国 Hay Group 公司提出的海氏三要素评估法。

海氏三要素评估法是美国 Hay Group 公司由薪酬设计专家艾德华·海（Edward Hay）研究得出的一种评估方法。华为在聘请 Hay Group 公司为华为构建绩效薪酬管理体系的时候，为了解决人力投入和产出的问题，采用了 Hay Group 公司的海氏三要素评估法。

这种方法是将付酬因素抽象为三种具有普遍适用性的因素，即技能水平、解决问题能力和风险责任，并根据这三个要素及相应的标准对岗位进行评估打分。

这种方法体系的逻辑关系是：投入→过程→产出，即通过投入知识与技能来解决问题，并完成应承担的任务。而华为也根据这个逻辑关系，沿用了海氏三要素评估法对员工技能水平与解决问题能力与岗位责任设定的匹配关系，借此优化人力投入产出比。

“上山”型：当岗位责任比技能水平与解决问题能力重要时，为“上山”型，比如公司总经理、营销经理等。

“平路”型：当技能水平和解决问题能力在此类职务中与岗位责任并重时，为“平路”型，比如会计、人事等职能干部。

“下山”型：当岗位责任不及技能水平与解决问题能力重要时，为“下山”型，如科研开发部。

依据匹配关系做好人岗匹配之后，华为发现由于员工离职、内部晋升、转岗、业务发展机会等因素影响，这种平衡关系有可能会被打破，只有持续优化人力规划，才能在最合适的时间和位置，以最合理的成本，最大限度发挥人力效用，取得最大收益。

实际上，华为就是运用与人有关的数据做好人才分析，提前预测各个部门何时会增减员工，做好整体的人力预测，并根据数据分析，做好关键岗位的规划，保证人力投入产出比的合理性，也做好人力投入产出的改进工作，帮助企业在多个层面上实现最大的产出。

3.3 关键机会点要做战略性人力投入

华为在成长初期，竞争对手都是实力雄厚的大企业，由于当时华为与这些大企业之间的差距巨大，为了突出重围，华为做过许多看似“不计成本”的人力投入，最为常见的就是华为的“人海战术”。但华为不是盲目地投入，而是懂得审时度势，抓住关键时机，确定在巨大的投入之后能有数倍的回报，才“冒险”做人力投入。而事实证明，华为就是以这种战略性的“人海战术”打赢了在中华大地上的“圈地战”，也是因为在关键机会点的战略性人力投入，华为终于在市场上占有了一席之地。

20世纪末，华为与中兴打响了市场争夺战，当时华为和中兴实力相当，甚至在人员配置上，华为存在一定短板，落后于中兴。在当时最重要的一次开拓河南市场的战争之中，华为没有任何明显优势，但为了抓住这一关键时机，任正非当机立断，决定采取“群狼战术”，加大人力投入，以数倍的人力与中兴抗争，对河南市场势在必得。

任正非一声令下，分布在世界各个地区的近千名华为销售精英暂停了手里的工作，仅仅几天时间便齐聚国内，经过简单调整，华为的销售大军齐聚河南。河南市场的中兴销售人员面对着这样强大的阵容，只能叹息道：“华为太狠了，1∶100的实力对比，胜负是明摆着的。”

华为认为这种在重要机会点以战略性人力取胜的战术是取得此次胜利的关键，于是华为将这种在关键时期“以多欺少”的作战方式当成最重要的战术之一，在后续的市场开拓中，华为常常采用这种方式。此外，在国内外的各大通信展上，华为也常常瞄准猎物“群狼出击”。

某年华为参加了北京的一个通信展，为了接待各省市邮电系统来参展的要员，并给他们提供最佳服务，华为从全国各地的办事处抽调了四百多人组成了庞大的参展队伍，会展现场几乎容纳不了这么多工作人员。在会展现场，华为规定每一位电信局的客户都要有专人负责接待，大多采用多对一的接待方式，确保每一位客户身边时刻都有华为人员陪同。据说，每次华为进行参展工作时，接待人员和客户的比例均超出10∶1，这也意味着在华为的展厅，几乎每一位客户都有十几名接待人员在为他服务，如此大的接待力度和真诚的服务态度，让参展的客户颇为感动，也为华为创造了很多商业机会。

当年“默默无闻”的华为就是凭借这种在关键机会点的战略性人才投入战术邀请到了一批数量可观的邮电系统客户，并通过努力获得了大量的订单。

《华为基本法》中强调要在关键的机会点做战略性的人力投入：“抓住机遇，靠高投入获得产品技术和性能价格比的领先优势，通过大规模的席卷式的市场营销，在最短的时间里形成正反馈的良性循环，充分获取‘机会窗’

的超额利润。不断优化成熟产品，驾驭市场上的价格竞争，扩大和巩固在战略市场上的主导地位。我们将按照这一经营模式的要求建立我们的组织结构和人才队伍，不断提高公司的整体运作能力。”

4. 对人才的价值评价要看贡献

任正非说：“对员工的评价，看贡献，而不是看加班加点。有些干部以加班多少来评价人，以加班多少来评价劳动态度，我认为这样的评价有问题。有些人很快把活儿干完，质量还很高，贡献也很大，但就是不加班。这说明他可能是一个潜力很大的人，可以给他换一个岗位，多一些事，看是否可以提拔一下发挥更大的价值。”

4.1 华为是按贡献大小拿待遇的

事实上，在企业追求人力资本升值的过程中，价值才是驱动组织的原动力。任何不能引领组织成员创造价值的绩效目标和绩效考核，都是对管理成本的浪费，也伤害了企业的创造力。因此，企业的绩效管理和价值分配都要围绕价值创造进行。换句话来说，看一个企业的价值分配是否合理，就要看这个企业是否能够根据绩效管理和薪酬分配引导企业员工为公司更好地创造价值。

在华为，人岗匹配、以岗定薪和薪酬管理重在对岗位责任和贡献的评述，在不同的时间、不同的地点，岗位的分量是变化的。也就是说，华为是按贡献大小拿待遇的。

曾有人向任正非反映：“工资好几年没涨了，是否要涨一点?”任正非立即回复他说：“我们从来不强调按工龄拿待遇，要涨工资，先要看这几年他的劳动质量是否进步了，该承担的责任是不是承担了，贡献是否大了，如果没有，为什么要涨工资？我们有的岗位的职级要封顶，有的岗位的贡献没有变化，员工的报酬是不能随工龄增长而上升的。只要你贡献没有增大，没有承担好责任，就不应该多拿。”

任正非多次强调华为不根据学历、工龄等因素决定价值分配，每一个员工的薪酬待遇都是根据他对公司的贡献决定的，任正非在《华为的红旗到底能打多久》一文中是这样阐述的：“各尽所能，按劳分配。怎么使员工各尽所能呢？关键是要建立公平的价值评价和价值分配制度，使员工形成合理的预期，他相信各尽所能后你会给他合理的回报。而怎么使价值评价做到公平呢？就是要实行‘同等贡献，同等报酬’原则。不管你是博士也好，硕士也好，学士也好，只要做出了同样的贡献，公司就给你同等的报酬，这样就把大家的积极性都调动起来了。”

长期以来，华为进行绩效评价的第一指标一直都十分明确，那就是成果贡献标准。在华为，向来是按贡献大小拿待遇的，不管一个人的学历高低，职位等级如何，对公司做出了什么样的贡献，就能够取得什么样的回报。即使是在一线奋斗的普通员工，只要他能顺利拿下订单，帮助华为拓展业务，创造出巨大价值，那么他的薪酬待遇完全有可能超越一个坐在办公室但没有完成工作目标的高级主管。

4.2　基于价值创造评价人才绩效

第二次世界大战之后，西方经济逐渐恢复，在快速发展时期，企业为了能更好地管理员工，调动员工积极性，实现企业的目标，提出了 SMART 原则。SMART 原则指的是组织上下级在一起商讨出一定时间内组织的总目标，并将这个总目标分解成分目标到各个组织单位，每个单位根据分目标决定企业员工的职责，最终企业根据总目标的完成情况评价员工的工作情况，给员工相应的奖励。

SMART 原则实际上就是一种依据人才完成目标实现价值创造制定的绩效指标，华为的绩效考核就是基于 SMART 原则制定的。

SMART 原则实际上包含了五个关键词，第一个就是 specific，意思是企业的关键绩效指标必须是具体的，以保证其具备的牵引作用。第二个是

measurable，指的是企业的关键绩效指标是可衡量的，必须有明确的衡量指标。第三个是 attainable，表示企业的关键绩效指标必须是可以实现的，要具备一定的挑战性，但也不能因指标的无法达成而挫伤员工的积极性。第四个是 relevant，指的是企业的关键绩效指标必须与公司的战略目标、部门目标及职位职责相联系，以此保证绩效指标的设计能够作用于公司目标。第五个是 time-based，表示企业的关键绩效指标必须有明确的截止日期，给员工一个准确的时间约束，督促其完成工作任务。

为了保证对员工的考核更科学、规范，华为根据 SMART 原则为企业的绩效考核制定了目标和考核标准，并据此设计了关键绩效考核指标。在 SMART 原则下，华为根据企业的总目标，也就是价值创造，为绩效考核设置了 A、B、C、D 四个标准，每一个等级所要接受的奖惩都是不一样的。

A 是卓越级标准，该标准按照业界最佳来设定。华为规定，在没有成为业界最佳前，员工当年的绩效应以业界最佳为标准，等同或超过同行业员工的最高贡献标准，即可得 A。华为成为业界最佳以后，员工的价值贡献则必须超过前一年最佳基线标准的 10%，才能得 A。而对于 A 级员工，华为的奖金、晋升机会等待遇都会向其倾斜。

B 是达标标准。能够在考核中得 B 的员工，大部分都是基于上一年的“标杆水平”略有提高，但必须有所提升。任正非反复强调：不能因照顾某些“能力不足”而设置“低一些”的标准。

C 是不可妥协标准。该标准是华为根据工作目标而设定的，与个人能力的高低无关，企业要想实现经营的最低目标，该岗位上的员工就必须达到这一标准。华为员工如果在连续两次考评中得到 C 的评价，就要被轮岗换位。更重要的是，C 级员工是没有年终奖金和期权等奖励的，而任正非等华为高管都曾有过在考评中得 C 的经历。

D 是淘汰标准。凡是在绩效考评中得 D 的华为员工，无论其资历、背景如何，都必须被末位淘汰掉，而且华为硬性规定，每个绩效考核周期内，每个部门根据各自部门的标准，必须给 5%～10% 的员工在考核中打 D，以此督促员工多打粮食，以成果证明自己。

乔布斯曾说："没有目标是无法考核员工的。"一个企业对员工的考核要有明确的评价标准，这个评价标准要围绕价值创造，从而鼓励员工积极创造价值，并以自身贡献谋取回报。就像任正非在2012年华为基层作业员工绝对考核试点汇报会上所说的："考核的维度和要素不能太多，主题要突出。我们不是要把员工管成乖孩子，我们是要让员工为公司提供价值，并为公司做出贡献。我们主要的考核目标和要素，是从价值贡献上考核，没有贡献，其他的考核有什么用呢？"

4.3　员工评价，看贡献，而不是看加班

在华为的评价体系中，一切不能为客户创造价值的劳动都属于无效劳动。在华为看来，整天加班不一定能帮助企业实现业绩的飙升，因此，根据工作时长来评价员工是极其不科学的，也有失公允。但价值创造是实实在在的，员工为企业创造出多少价值，就证明他的工作质量有多高，他完成工作的效率有多高。因此，在华为，员工要取得相应的绩效评价是基于价值创造，而不是看加班加点的。

任正非表示华为并不鼓励加班，而是希望员工能够最高效地完成工作任务，为组织做出贡献。他说："我们希望员工能高效工作，在工作时间内完成工作任务。我们评价员工是以责任结果为导向，而不是看你是否加班。"

在外界看来，华为的"加班文化"盛行，黄雨琪（化名）带着这种看法加入华为之后对华为普遍的"无休止地加班"现象习以为常，久而久之，她认定加班就是华为的"艰苦奋斗文化"，在她看来，华为评价一个员工是否奋斗，是否对组织做出突出贡献，都取决于员工是否加班。

于是最开始的那段时间，她常常加班到深夜，周末也不休息，在她的加倍努力之下，她不仅快速适应了华为的高压文化，还实实在在地为华为做出了突出的贡献，完成了多项交付工作。她的主管很快就注意到这个既勤劳又表现突出的员工，多次在总结会议上肯定了她的工作成果，但黄雨琪没有意识到主管更多的是在表扬她的成就和成果，而不是"加班加点"，所以她认为"加班加点 = 艰苦奋斗 = 好的评价"。

基于这样的想法，黄雨琪在成为 PL 之后的第一次集体评议会上，就反复强调项目组某某加班到很晚，向上级申请更好的考评结果。她的上级立即阻止了她，并劝解道："评价一个人不是看他辛不辛苦、累不累，而是看他最终在工作中交付的成果。"黄雨琪哑口无言，主管简短的一句话"颠覆"了她的认识。她意识到不管员工付出了多少时间和精力，都要结合绩效来考虑，不管加班到几点，如果最后的交付结果不好，按照华为的考核制度，是不会因为某个人工作时间特别长而改变他的考评成绩的。

黄雨琪改变固有观念之后对公司的加班情况观察了一段时间，发现很多时候员工跟她有着一样的误解，这也直接导致很多员工即使任务并不繁重，也得说自己"忙"并且加班到深夜。但实际上很多时候有些人借着一些没什么意义的事情，整天忙来忙去，但是真正到了交付的时候，却发现都是些没什么价值的内容。这样的"忙"是毫无意义的，也是从这时开始，黄雨琪才意识到"加班加点"不是评价员工表现的要素，能否为组织做出突出贡献才是员工考核评价的关键。

其实，"黄雨琪事件"时常在各个互联网企业以及通信行业出现，华为的内部数据显示，华为 72.94% 的员工每周工作时长为 40 ～ 49 个小时，21.86% 的员工每周工作时长达 50 ～59 个小时，还有 4.32% 的员工每周甚至要工作 60 个小时以上。按照正常的每周双休每天八小时工作制来计算，华为仅有 0.88% 的员工每周的工作时间低于 40 个小时，而这部分员工大多数都是非创造性岗位的工作人员。

正是因为这种加班风气的盛行，很多员工误以为加班就是"创造了价值"，就应该得到更好的绩效评价。但正如黄雨琪的上级所说的那样，在华为，加班和创造价值绝对是两码事，华为绝不认可以加班时长为评价员工的依据，而是充分尊重为客户创造价值的任何微小活动，承认在创造价值的准备过程中做的任何努力，并以此为依据评价员工的绩效。

5. 抓住关键的少数，打造事业共同体

孙中山曾说："治国经邦，人才为急。"于国如此，对于一个企业而言，更是如此。而关键人才对于企业的发展又尤为重要，比如苹果公司的乔布斯等，就是一个企业的关键人才，这些关键的少数很大程度上决定了企业的未来。因此华为在关键人才的管理上投入巨大，希望将这些关键的少数打造成企业的事业共同体，以满足企业的发展需要。

5.1　让20%的关键员工成为事业共同体

20世纪初意大利经济学家维尔弗雷多·帕累托发现了二八定律，说的是在任何事物的集合中，重要的因子只有少数，不重要的则占多数，如果能控制重要而少数的因子，那么就能掌控全局，这两者的比大概是20：80。这一定律被广泛应用在企业的管理中，根据这个定律，一个企业80%的利润都来自20%的关键项目，而一个项目80%的业绩基本是20%的优秀员工创造的，所以很多企业都提出要以更好的人才管理模式和价值分配模式发挥20%的优秀人才的价值，实现企业的利益最大化。

为了抓住这20%的关键人才，华为选用的是利益捆绑制。华为将更多的资源和价值分配投到20%的关键员工身上，最大化地发挥这些关键员工的力量和价值，再以合理的薪酬和资源占比激励80%的普通员工完成好公司20%的事务，从而更好地推动华为的发展。

华为最初设定虚拟股权制度时，就是基于二八定律，没有将所有人都纳入华为的事业合伙人团队中，而是抓住最关键的人才，让他们成为华为的"事业合伙人"。基于这个思考，华为优先考虑将股权配给最关键的五类人才，第一类就是在生产领域有重大改进的人才；第二类是在研发领域有重大创造性发明、发现的人才；第三类是能开拓战略市场的人才；第四类是对组织原则、文化价值观念有重大贡献的人才；第五类是能够举荐优秀人才，用比他

强的人，有胸怀，能站在公司立场上想问题的人才。这五类人都是关系华为生死存亡的最关键的员工，也是华为投入最多资源和最多财富的精英。

除此之外，为了让那些为华为做出最大贡献的关键员工能够长期为华为工作，自1998年起，华为就设立了多个奖项，如“蓝血十杰”奖、“明日之星”奖、金牌个人奖、金牌团队奖、综合KPI绩效奖、DSO冲刺奖、华为奋斗奖、持续奋斗奖、人均效益改善突出团队奖、优秀产品拓展团队奖、优秀交付拓展团队奖、金网络奖、Top Sales奖、重大销售项目奖、HR行业秘书体系专项奖、“十佳”文秘奖，以及干部培养突出团队奖等近百个奖项，以最大的诚意将他们打造成华为的“成功共享者”，让他们都有“自己是华为的事业共同体”的意识，这不仅能够让这些关键的少数人才持续为华为创造价值，也能激励更多员工向这20%的关键员工看齐，在企业内形成一种积极向上的风向，造就企业更好的明天。

实际上，企业的员工能够依靠基本工作维持生活所需之后，他们与企业的紧密程度就不再依靠基本的薪酬牵引了，尤其是有突出贡献的关键人才，对于企业的忠诚度取决于企业能否满足自己更长远的需求，自己的利益是否和企业的利益直接挂钩。也正是基于这个思考，华为建立了这种“同呼吸，共命运”的成功共享机制，结合他们的实际贡献给他们颁发多个奖项和相应的物质激励，“套牢”华为的20%的关键人才，让这些关键人才能够长期为华为的发展做贡献。

5.2　中高层干部是组织的关键少数

华为的高级管理顾问彭剑锋曾说：“企业进入二次创业后，在组织建设上的另一个重要问题，就是实行创业者与职业管理者的分离。高层领导要从日常事务中摆脱出来，要从突击队长、救火队长转化为企业的领航员，而日常管理则交给具有专业才能的管理精英去做。因此，组织制胜的关键，是培养和造就一支高素质管理队伍，能够正确贯彻执行公司的战略意图。”

华为在创立之初，由于没有建立起科学的组织管理体系，很长的一段时间内，都是采用个人决策的管理模式。2002 年，由于没有管理团队对销售情况进行合理的讨论，华为对市场盲目乐观，远离销售一线，导致当年的销售情况非常糟糕。这也让任正非意识到要保证华为能够在关键时刻做出正确决策，就必须改变这种高风险的决策模式和管理模式。

于是，2004 年前后，华为聘请多个美国顾问公司重新构建公司的组织结构，设计更为合理的决策模式和管理模式。当时美国顾问们对于华为没有中枢机构表示不可置信，美国顾问提出每个公司组织的关键是中高层干部，华为也应该组建一个决策团队，让关键的中高层干部共同参与到公司的经营决策中。华为接受美国顾问的建议，建立了 EMT（Executive Management Team）集体决策机制，抛弃个人英雄主义，让组织的关键人才共同决定公司的未来。

华为的 EMT 集体决策机制由 9 ～ 12 人组成，成员包括董事长、副董事长、人力资源总裁、企业发展总裁、战略与 MKT 总裁等，是华为的最高责任机制，针对华为的战略、客户的满意度、变革与运作以及财务、人力资源等关键问题做出决策。

果然，华为建立起这种集体决策的机制之后，组织管理工作相较于以往做得更好了，同时也增强了决策的合理性，华为也得以在关键的中高层干部团队的推动下快速发展。

到 2011 年，任正非认为应该将这种关键人才的决策机制由上至下地推行，于是华为举行了一次重大会议，将 EMT 下放到华为的各个业务中心，让每个业务中心的运营中心都拥有 EMT 团队，使得各大业务中心能够独立考核。至此，华为由上至下建立了成熟的集体决策机制。

由此可见，华为是在合理设计过组织管理模式，确定了组织的关键是中高层干部团队之后，才建立起了科学的组织管理体系，以 EMT 集体决策机制代替个人决策模式，最大限度地发挥出 20% 的关键干部的才干。而事实也证明，在这些关键的组织管理人才的智慧和管理能力的指导下，华为的战略方向和发展策略更为合理，华为也得以均衡地发展，快速成长为电信行业的巨头企业。

5.3 培育和建设关键人才队伍

任正非提出："公司业务正在进入一个新的以业务全球化为特征的高速发展时期，但干部队伍的数量和质量都严重不足，有大量管理岗位的空缺需要合格的后备干部去填补，此次人力资源管理变革应有利于建设一支能够在当前发展形势下承担责任并带领全体员工取得成功的干部队伍。"

华为认为除了严格的规章制度和流程管理，要建设出任正非所说的关键人才队伍，培育出一批能够带领华为其他员工前进的干部，还要培养华为干部的自律精神，因为自律不仅是低成本的人力资源管理办法，也是最有效的人才管理办法。因此，华为提出公司的关键人才都要遵循"干部八条"，各级干部都根据"干部八条"的内容严格要求自己，那么以点带面，这支关键的"火车头"队伍就能带领华为十八万员工的"火车"快速行驶，使得整个公司充满活力和竞争力。

华为提出要重点培育和建设关键人才队伍，就要让干部团队严格要求自己，并且通过不断的学习和实践，成长为能够支撑华为业务发展并有突出管理能力的干部。因此，华为推出了"干部八条"：

第一，不断自我超越，这是不被淘汰的唯一保障。学习力即"学力"比学历更重要。华为领导干部，可以有很高的学历，但这并不是成功的一个充分、必须的条件。

第二，执行工作和执行任务要能够圆满地完成，就是"执行力"。

第三，自己为提升组织绩效要贡献心力。

第四，要有能力"讲"明白，"写"清楚，"听"进去。我们有没有本事把一件事、一个观念、一些道理讲得很明白，写得很清楚，然后耐心听别人的批评？领导干部要能讲、能听、能做决策。

第五，自己要对事情注入创意，对人不歧视，对弱势团体爱护。

第六，遵守个人伦理规范与企业社会责任，并且要有道德、有勇气说"NO"。

第七，不论工作还是生活，都要节约能源。创造比节约能源要花更多的资源，所以每个人在工作、生活中要节约能源。

第八，终身学习变成终身实践。只有终身学习才不会落伍。这个世界最迷人的不是权力、财富，而是对知识的追求与分享。权力与财富可以继承及消失，知识既不能继承，又不容易消失。

企业成功的关键，不在于企业拥有多少人才，而在于如何抓住关键的人才队伍，用这些关键人才带动企业全体员工成长。建设一支能力突出、高度自律的干部团队无疑是建立了一个好的人才循环培养机制，不仅能够发挥出关键人才在业务方面和管理层面上的重要价值，还能够利用这支关键队伍不断地造就人才，将那些普通员工转化为企业所需要的人才。因此，华为提出必须做好企业的关键人才队伍的建设工作，培育能力突出的干部团队。

6. 自由雇佣是华为的基本人才政策

在人才的雇佣关系方面，华为认为企业和员工之间是互相选择的，即公司与员工在选择的权利上是对等的，基于这种自由、平等的双向选择，企业会更尊重员工，员工也会更珍惜机会，双方都会因此有所畏惧，从而有利于协调内部矛盾。

6.1　华为不搞终身雇佣制

华为曾明确表示，华为在不脱离中国实际的基础上，主张自由雇佣制。之所以提出这一点，是基于华为的情况而言的。在中国，有一些企业实行的是终身雇佣制，除非有重大偏误，人才的流动性是非常小的，这在某种程度上保证了企业的“稳定”，在这个过程中，往往牺牲的是企业的创造力。但对于华为这类创新科研型企业，牺牲创造力和组织活力达到的这种“稳定”往往会造成企业的衰亡。

华为首席管理科学家黄卫伟对此表示：“日本企业以员工为中心，实行

‘终身雇佣制’，在工资和人事制度上实行‘年功序列制’，虽然在20世纪80年代辉煌过一段时间，但进入90年代，日本企业却陷入了长期的萧条。事实证明，企业以员工为中心，是不能长久生存下去的。”

实际上，企业如果采取终身雇佣制和年功序列制，极有可能造成企业内部没有合理的竞争与淘汰机制，致使真正优秀的人才无法发挥出自己的价值，而不能胜任岗位的落后员工却占据企业的重要岗位，造成企业的资源浪费。再加上终身雇佣制导致企业更新人才的速度减缓，新鲜血液不能及时补充，企业的新陈代谢也会减缓，企业也将因此丧失活力和竞争力，这也是日本企业萧条的原因。华为正是意识到这一点，所以明确提出要吸取日本企业的教训，不搞终身雇佣制。

任正非说：“公司的制度也以适应自由雇佣制来制定。例如，公司每年向每位员工发放退休金，建立他的个人账户，离开公司时这笔钱可随时带走，使员工不要对企业产生依赖。越是这样员工越是稳定，所有的员工都会想办法不要让上级把自己‘自由’掉了，上级也担心与员工处不好，不能发挥他的作用，做不出成绩来。一旦员工要被‘自由’掉了，可先转入再培训，由培训大队对员工进行再甄别，看到底是这个员工确实不行，还是领导对员工排斥、打击，所以领导也不会随意挤兑一个员工。对人才没必要一味迁就、承诺，随意承诺是灾难。企业和员工的交换是对等的，企业做不到的地方员工要理解，否则你可以不选择企业，若选择了企业就要好好干。”

在华为看来，自由雇佣制能够促使每个员工都成为自强、自立、自尊的强者，从而保证公司具有持久的竞争力，因此，自由雇佣制是企业稳定的重要因素。但是自由雇佣制不代表员工不能终身在华为工作，华为非常欢迎那些在自由雇佣制的促使下锻炼出一身本事的员工长期在华为奋斗，与华为共享成功的喜悦。

6.2 以积极的心态应对职业变化

华为在发展过程中历经了多次组织结构的变化，也因此带来了员工岗位的变化，员工在这个过程中面临着职位的调动、业务的变化和人际网络的改变等问题，对于很多员工来说，这些转变既是难题又是巨大的挑战。尤其是在原岗位上有了一定的成就，拥有固定的人际交往圈的资深专家和干部，在面临职业变化的时候更加难以适应。因此，华为鼓励转岗员工都以积极的心态应对职业的变化，适应新环境，加快自己的成长。

何晨阳（化名）自1998年加入华为以来，曾在产品研发部、网络营销工程部、网络Marketing部等多个部门工作过，其间有过IP产品BP/SP设计、竞合管理、数通承载网解决方案设计、路由器规划等工作经验。从一名基层的开发员工到网络技术研发的专家，从项目成员到PL、开发代表，何晨阳在华为的成长经历可以说是曲折漫长的，但也称得上丰富多彩。在华为的十几年，每一次职位上的变动他都没有心生不满、消极抵抗，而是以强烈的进取心，朝着坚定的目标，迎难而上、全力以赴，终于实现了自己在事业上的理想。

2001年，何晨阳面临职业上的巨变，一直在北研所从事开发工作的他被调往印度的偏远地区，主要负责NE80V2版本的开发工作。当时印度研究所成立不久，很多设施还不完善，工作环境上的落差，加上陌生国度的孤独让他不能很快进入工作状态，而且当时印度研究所缺乏支撑业务的员工，设备也紧缺，在这种情况下，他带领印度研究所的员工做系统联调的时候，要从国内调大量的设备，那时所有人都夜以继日地工作，三班倒是常事，所有人的手机都不停地响。何晨阳更是一个人承担了多项任务，身上担子很重，工作压力巨大，但他的领导关怀他，并鼓励他说：“当你压力特别大、特别痛苦时，顶过去了，就会发现自己又成长了一大步。”领导的这句话极大地鼓舞了他，也就是凭借着不服输的精神和对工作的激情，在他的积极的工作状态之下，他的团队跟他一起按时调通了整个系统，他的组织管理能力、技术研发能力以及抗压能力和心理素质都得到了很大的提升，他的领导随后也将他调回国内，让他承担更多具有挑战性的工作。

当何晨阳成为华为的技术专家和高级干部之后，回顾一路以来自己的成长，他认为每一次转岗都是一次巨大的机会，所有人都应该以积极的心态应对职业变化，他说："公司提供了非常好的平台，只要员工自己努力，总能在业务能力和工作方法上获得持续改进。无论在什么岗位，只要你花精力深入探索，就能化例行为精彩，化平庸为神奇。"

何晨阳每次转岗都要学会用完全不同的思路和完全不同的方法从零开始，但经过数次磨砺，他建立起了强大的自信心，也因为与更多高水平的人共事，他能够从这些专家身上学习更多、更好的工作方法，不断发现原来的不足和未来的改进方向。

在华为看来，人员的转岗不仅有利于实现员工的成长，也能够在这个过程中让更多人找到更适合自己的岗位，以此满足企业的发展需求。因此，华为鼓励员工以积极的心态面对岗位变化，迎接更多挑战，学习更多工作方法和工作技巧，累积更多经验，增强自身竞争力。

6.3　在新岗位积极表现，提升能力

华为对于未来人才队伍的建设非常严格，因此要求各个领域都要涌现专家和能人，而岗位转变就是最好的表现机会，只有在新岗位上积极表现，提升能力，找到比别人更好的工作方法和更先进的工具，将手头的工作做好，才有可能被上级注意到，从而得到公司的重用。

任正非也曾指明在华为的扩张过程中，将出现很多新岗位，同时内部的流动也是不可避免的，他强调华为人要在新岗位上有所表现，提升自己的能力才是最重要的事情，只有保证自己的职场竞争力，才能在华为保有一席之地。

自2000年毕利银加入华为，他的身份就历经多次转变，曾担任过重庆服务部固网产品经理、服务经理，西安服务解决方案部部长，乌鲁木齐运营商BG交付副代表等多个领域的工作职位。每一次到新的工作岗位，他都以积极的工作和学习态度努力适应新的环境、迎接新的挑战，在新岗位上积极表现，这些工作转变经历也使得他拥有了出众的管理能力和丰富的技术经验。在一个重要时机，他带领团队在全球变革中迈出关键的一步，于2014年被公司破

格提拔。

2009 年，毕利银被调往西安代表处，还没和新团队的成员熟悉起来，他就开始处理新岗位的业务，重新定位处于市场边缘地带的服务解决方案的市场价值迫在眉睫，但想要管理团队或代表处重视这个问题，光做服务远远不够。毕利银印象里相似的案例是西安联通 IDC（集成数据中心）项目，这个项目涉及 9 大专业、4 大产品线、几十类子产品，工程紧、体量大、任务重。毕利银认为要解决问题就必须往前端移，拉通产品和服务，协同来打。

于是，毕利银立即和新岗位的同事共同规划，做好战斗准备，果然，在几轮联合战役的磨合之后，西安专业服务在短短两年内订货大规模增长，订货从 2011 年的 1.6 亿元增长到 2013 年的 3.5 亿元。

2014 年 6 月，任正非提出新疆要做变革先锋，毕利银被调往新疆啃这块“硬骨头”。由于当时南疆的负面消息让人们对新疆的环境有很大的误解，他的父母坚决不同意他转换到新的工作地点，但毕利银认为这是一次不容错过的提升自己的机会，于是瞒着家里人奔赴新疆，在新的工作环境中，毕利银又一次从零开始，努力前行。经过一年的不懈努力，毕利银在账务管理方面的能力大幅提升，在第二年帮助华为实现了账实相符的目标，毕利银也因此得到了华为的嘉奖。

任正非表示：“不管是对干部还是普通员工，裁员都是不可避免的。内部流动是很重要的，当然这个流动有升有降，只要公司的核心竞争力提升了，个人的升降又何妨呢?”实际上，任何企业都是一样的，要保证企业的核心竞争力，就要保证各个岗位上的员工都是最优秀且能够为组织创造价值的人才，因此员工在面对职业转变的时候，应该将提升个人能力作为自己的目标，积极表现自己。

7. 让人力资源需求与供给达成平衡

人力资源需求与供给之间的平衡是每一个企业都会关注到的问题，事实上，任何一个企业都无法做到完全均衡，因为企业的人力资源供求关系往往会存在两种情况，第一种是人力资源供大于求，这就会造成组织内部出现由于人浮于事导致的工作效率低下的问题，久而久之会出现组织内耗严重的现象；第二种是人力资源供不应求，这会造成企业的设备和工具等闲置，固定资产的利用率低下，造成企业的浪费。因此，华为特别重视根据企业的人力资源供求关系来制定相应的人力资源规划，实现企业的人力资源供求平衡。

7.1 人力资源规划要符合业务发展战略

人力资源规划是企业经营战略规划的一部分，因此人力资源规划具有战略牵引性，也就是说，企业的人力资源规划要为企业的经营战略服务，人力资源政策、措施以及系统解决方案都要围绕企业的业务发展战略制定。而做好人力资源规划工作之前，首先要围绕企业的业务发展战略情况做好人力资源预测，然后结合企业的战略情况、市场的人力资源环境，以及业务发展对人力资源的需求等情况确定最终的人力资源规划。

人力资源预测的作用主要体现在以下四个方面：

第一，满足企业组织在生存发展过程中对人力资源的需求。

第二，人力资源预测是人力资源部门与其他直线部门进行良好沟通的基础。

第三，人力资源预测是实施人力资源管理的重要依据。

第四，有助于调动员工的积极性，以及实施员工职业生涯规划。

事实上，很多企业的人力资源管理存在一些问题，比如当市场一线向企业要求增加人手的时候，由于人力资源管理团队没有提前做好市场调查，结合企业的业务发展战略做好人力资源预测，导致企业不能及时补充人力支撑业务；或者是没有做好人力资源需求和供给的平衡工作，导致无法实现各个部门的人岗匹配，导致工作效率低下，部门经营不善。

为此，华为为了满足企业在生存发展过程中的人力资源需求，把重心放在了人力资源规划工作上，基于企业的发展实力和业务发展战略进行合理的规划，以平衡人力资源需求与供给，实现组织的高效运行。

一般公司都会采取多个人力资源规划法，例如：

现状规划法，当企业的发展处于相对稳定状态，业务战略也处于平稳发展状态之时，人力资源规划工作主要围绕企业内部的人员晋升、降职、调离或退休等方面。

描述法，通过对在未来一段时间内影响企业业务发展战略的因素加以假设和描述，从中对人力资源的需求实施预测和规划。

分合性规划法，把战略发展部门的某个项目组的人员需求预测数进行综合平衡，从中预测出公司的整个业务发展战略在将来某一时期内对人力资源的需求总数，并根据预测结果做好人力资源的规划。

德尔菲法，由高级管理人才以及业务专家组成的团队对公司的业务发展战略分别发表意见，推测出战略发展所需人力，最终形成一致的人力资源规划方案。

在任正非看来，企业的人力资源管理必须了解业务发展战略情况，才能真正结合战略目标，预测出每一步需要什么样的人才做支撑、人才需求数量是多少、何时引进比较合适和人力资源的成本如何等内容，然后才能做出较为准确的人力资源规划，满足企业在战略发展过程中对人力资源的需求。

7.2 多维度储备人才，满足人才需求

2016年，华为手机产品线总裁何刚在校园招聘中提到了“吓尿指数”，这是由未来学家科兹威尔提出的常被用于物理领域的概念，指的是将一个若干年前的人带到若干年后，他将被未来的科技、交通以及人们的生活状况“吓尿”。科兹威尔指出，随着社会的发展速度越来越快，人类在21世纪取得的进步将是20世纪的1000倍，这也就意味着下一个“吓尿指数”很快就会出现。

何刚表示华为针对“吓尿指数”给公司的发展带来的冲击，思考了未来20～50年人类的生活状况以及在这种情况下华为应采取的应对措施。他表示

为了在科技迷局中尽快突破，华为将更多地关注下一个“吓尿周期”的产品和技术，并以此为目标确定发展方向。在这个过程中，任何企业想要适应未来世界的变化，必须多维度储备人才，以备企业发展之需。

华为根据目前的科技发展速度以及人工智能的发展进程，推断下一个“吓尿周期”的世界将实现“人类思维和计算机科技相结合”，未来的万事万物全面智能化，人类即使肉体死亡，也能将思维、记忆、情感等投射在数字世界，在数字世界实现灵魂永生，而这些都需要全连接技术、人工智能技术等高新技术的支持。为了适应“人机结合”的新时代，已有多个企业专注于科研领域，储备了大量的科研人才，华为就是其中的代表。

何刚在招聘会上透露，当时华为17万名员工有近45%的科研人才的储备量，而在2006—2016年10年间，华为在研发领域累计投入超过370亿美元，在全球设立了16个研发创新中心和28个联合创新中心，广泛吸收全世界的科研人才，为华为击破人工智能领域各难点提供强大的技术和研发支持。也正是因为10年的投入和人才储备，华为已经实现了智慧手机、智能车载、智能家居、VR/AR/AI等领域的全连接技术的布局，而大量的科研人才将持续推进华为的智能“全连接”进程。

何刚在招聘会上表示，目前人均连接两个数字设备，但在20年后，每个人将连接1000个数字设备，而连接数量也将达到10万亿个，在这个过程中，网络运输和运算速度要全面提速，这也就意味着全连接技术、人工智能技术、安全技术等都需要大量科技人才来实现。而华为将在这个关键的转折时期，做好全连接工作，做出人性与科技相结合的产品。不管是近期的多屏幕技术、芯片技术等，还是不远的将来华为将重点投入的全连接技术和人工智能技术等，都需要大量的研发人才来实现，为此华为扩大了招聘的领域，从多个维度来考量人才，多领域储备人才。何刚在招聘会上表示，只要是能力突出的毕业生，不管是电信专业、电子专业、计算机专业等对口专业，还是其他领域的研发人才，都能够有机会进入华为工作。

从华为2016年的招聘会也可以看出，华为已经全面开启人才大战，为终端筹备创新人才，给未来输送创新力量，为下一个10年、20年发展多维度储备人才。

华为这种多维度储备人才的人才战略也是基于人力资源需求和供给之间的平衡制定的。在华为看来，未来华为要快速实现各个领域的全连接技术和人工智能化，就要重点培养科研人才，大量储备各个领域的技术人才。因此，华为将人力资源战略结合人才发展进行分析，进行了人才盘点，结合未来十几年内的供给以及需求预测，多维度储备人才。

7.3 根据业务发展调整人才数量、质量、结构

华为还未进行组织变革、建立科学的管理体系之前，企业的业务团队、业务项目组都是由机关组建的，即业务团队、业务项目组的成员都是机关选定的，资源投入多少、结构如何搭建也都是内部决策的。这也就意味着，华为不是根据一线团队直接了解到的市场的需求和客户的诉求来决定如何调整业务团队的结构和人才数量等，而是根据后方机关的指挥。

但事实上，随着华为快速发展壮大，华为在全球各个领域以及多个市场收获了越来越多的大型项目，每个项目的要求也不一致，要全方位满足客户复杂多变的需求，提供全面解决方案，就不能盲目地根据后方决策调整一线团队的结构和团队成员，而要根据客户的需求以及业务需要快速调整业务团队的人才数量和作战方式，以便于迅速调动资源，集中兵力实现项目目标。因此，华为为实现人力资源需求与供给的平衡，决定根据业务发展调整人才数量、质量、结构。

2011年，华为某代表处的业务团队因为没有根据业务发展调整人才数量、质量、结构，导致团队存在一些问题。首先，没有统一的解决方案销售部，当客户需要“固定网、传送网以及业软”的综合解决方案的时候，由于是根据上级的指令调整人才结构和人才数量的，代表处只能让每个产品部都行动起来，这使得华为的每次动作都显得笨拙且耗力。其次，代表处的用户服务部只有独立的产品部，这也就意味着交付时由大的产品部牵头，交付后就由另外的产品部负责维护，这种过于局限的运作模式不利于信息流通，也导致

很多客户对华为的售后产生怀疑。诸如此类的问题使得代表处向上级申请调整团队结构，得到上级的允许后，代表处做出了相应的改变。

首先，代表处根据业务发展需要设立了统一的解决方案销售部，负责整合跨产品的综合解决方案。并且在交付与服务部下设立了工程交付中心和维护中心，共同解决网络部署和交付以及客户网络的日常运维等问题。紧接着，代表处加强客户群系统部的建设，当客户进行网络建设时，AM、SM、DM 立即组成临时项目铁三角 AR、SR、FR。围绕业务发展需求采取了种种调整措施之后，代表处终于能够灵活调动资源和人力，并且提升了业务团队的机动性。

为了使得人力资源需求和供给之间达到平衡，华为加快从以功能部门为中心向以项目为中心的运作机制的转变，全面实现根据业务发展需求调整项目的人才数量、质量和结构，华为认为这种模式才能让各个地区的代表处、全球的各个项目组随时随地得到最直接、最快捷的支持，使得工作流程缩短，工作效率大幅提升。除此之外，直线业务经营活动能够及时做出有效的决策，就能够更好、更快实现企业的总体工作目标。

第3章
华为的人才选拔制

任正非说：『我们要加快新干部的选拔，新干部的提拔是公司的一项战略政策。公司在发展过程中到处都缺干部，干部培养不起来，那我们就可能守不住阵地，可能要败退。』

1. 基于任职资格选拔人才

随着华为不断走向国际化，其对优秀人才的数量和质量要求也越来越高。华为试图通过更为科学合理的选拔制度，选拔出符合华为发展需要的人才来推动整个公司的运作，为此华为从国外引进了先进的任职资格体系模板，加以改进，形成了华为独一无二的任职资格选拔模式，并开始基于任职资格选拔人才。

1.1　华为用人观："萝卜"与"坑"

"一个萝卜一个坑"是很多企业的用人观，也符合大多数企业的发展需要，因为找到合适的人才填补岗位的空缺就足以满足企业的需要，维持企业的平稳发展。但在这一点上，华为有着非常大胆的"萝卜"和"坑"的应用，即"小萝卜占大坑"和"小坑配大萝卜"。

华为的高级管理顾问田涛、吴春波曾经指明华为的用人标准是"成王败寇"，这与中国人力资源管理中的"一个萝卜一个坑"有极大的不同，突出体现在华为勇敢尝试了"小萝卜"占"大坑"的匹配，华为常常出现二十出头的年轻人1～2年内被提拔3～5次的"火箭"经历，郑宝用就是最好的例子。

1989年，郑宝用进入华为工作，这个时候正是国家急需交换机的时候。当时国内通信市场几乎被西方先进企业占据，这些企业的产品长期垄断通信市场，但由于价格高昂，造成国内电话的装机费居高不下，很多家庭都没有能力安装电话机，所以国外的公司并没有大量供货，这样一来安装固定电话需要排队、请客，一个中等城市的家庭甚至需要排上半年的队才能安装一部家庭电话。在20世纪80年代中后期，要花4000多元的天价用于安装家庭电话，单位用户更是需花费5000元左右，这也是电话在当时的中国不能迅速普及的原因。

但这一时期的中国对交换机的需求量非常大，国内家庭和公司没有能力购买价格高昂的国外产品，于是20世纪80年代末期，国内涌现了20多家交换机厂家，华为就是其中一家。就在华为发展的关键转折点，华为大胆地启用24岁的郑宝用负责交换机的设计与开发工作，并且主要负责华为的产品投放工作。当时华为选择与国内合作厂家一起完成过流防护器件的开发工作，虽然技术难度很高、工艺要求非常复杂，但华为和合作方仍坚持在15天内开发出样品。为了保证实现华为的目标，郑宝用带领各个部门立下“军令状”，郑宝用对交换机的开发人员说：“你们研制吧，开发出来我保证卖出去十台八台的！”果然，华为产品投放市场的第二年，就赚了3亿元人民币。

几年的市场运行情况证明了华为选用郑宝用这一举措是非常明智的，华为的防护方案效果果然非常理想，不仅彻底解决了国家电信网络线路复杂的问题，还帮助用户实现了直接使用220V交流电，不必依赖高压就能正常通话。在这个巨大的“坑”中，华为选用初出茅庐的“小萝卜”郑宝用，成功抓住了关键机会，自此，华为正式推出了拥有知识产权的自主研发的C&C08万门交换机。

在后续的完善和研发改进之后，郑宝用带领研发团队实现了C&C08万门数字程控交换机在技术水平上的大幅提升，华为的产品不仅是国内一流，也达到国际先进水平，并取得了较大的经济效益和社会效益，到1995年产值高达13亿元。而在C&C08程控交换机之后，郑宝用在C&C08一体化网络平台、用户光纤接入网等多个领域都取得了新的成果。这也是郑宝用26岁就成为华为公司二把手的原因。

很多企业的人力资源管理方式就是不断地找到与“坑”相匹配的“萝卜”，这对于求稳的企业或许是一个较好的人才应用方式，但对于需要快速成长起来的企业，或许不局限于“萝卜”与“坑”的最佳配比反而能够满足企业的发展需要。就像华为在艰难的初创时期，为了能够尽快实现企业的快速扩张，采用了不一样的用人观。虽然现在求稳的华为已经逐步优化了人岗匹配，但在一些需要“冒险”的岗位，仍然大胆采用“萝卜”与“坑”的用人观。

总的来说，在华为，不管是“小萝卜占大坑”还是“小坑配大萝卜”，只要能够完成组织的工作任务，实现组织的目标，华为就不会过分追求“坑”与“萝卜”最大程度的相互匹配。

1.2 构建内部任职资格体系

早在20世纪末，华为就引进了英国NVQ职业资格标准系统，将其与美国Hay Group公司的胜任能力标准相互融合之后，形成了华为独有的、类别明晰的任职资格标准认证体系，这一体系包括了任职资格标准、任职资格体系等内容，也正是因为华为构建的符合发展需要的内部任职资格体系，形成了强大的人才储备和能力供给体系，为华为的发展做足了人才准备。

华为的任职资格管理体系（图3.1）分为三个模块：基本条件、资格标准和否决项。基本条件就是用于初步判断是否可以申请一定级别的资格，主要包括学历、语言（英语、法语等），现职情况，从业经验。资格标准是衡量能否获得资格的主要标尺，主要包括任职资格模型（即行为标准和素质标准）和必备知识。否决项就是对资格标准认证结果的调整，主要考察的内容有就职后的绩效情况和个人品德。

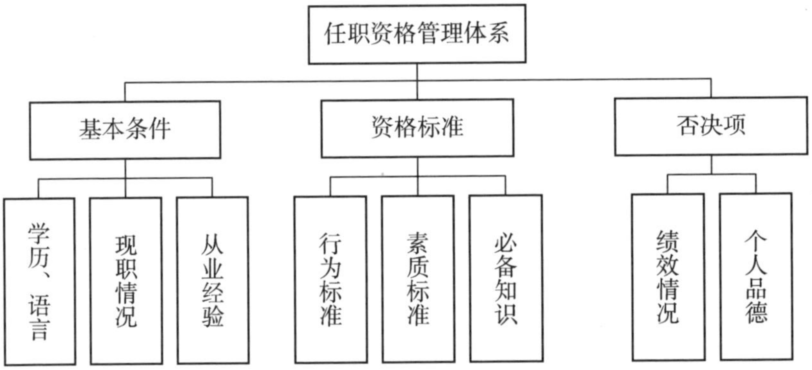

图3.1 华为的任职资格管理体系

华为在确立任职资格管理体系的同时，还明确了任职资格管理的评议内容：

任职资格管理的评议内容分为三个模块：绩效贡献、关键能力和必备知识。其中绩效贡献是评估员工在当前职级岗位所要求的责任结果，分为员工在当前职位的责任要求，即责任贡献；员工对组织的专业贡献，如案例、专利等，即专业回馈。关键能力则是评估员工承担上一职级岗位责任的能力准备度，分为能力模型和能力描述两个部分，能力模型指的是描述各职类专业能力的内容及各任职级别的能力要求；能力描述指的是专业能力的行为描述及达标关键点。必备知识是获得关键能力的基础，即描述各任职级别的必备知识以及知识要点、具体学习材料和来源。

华为完善的任职资格体系明确了不同职位的任职条件，同时，不同职位的任职资格都有一整套标准以及详细说明，员工可以依据自己的能力、爱好及公司的要求应聘相应的职位。在学习中，员工可以审视自己与任职资格标准的差距，分析不足，找出原因，不断改善绩效水平，从而达到该职位的任职资格要求。

1.3　让最符合岗位能力的人担负重要的责任

华为一直以来都主张将合适的人放在合适的岗位上，真正做到适才适所。实际上，像华为这类企业，有着众多不同类型、不同性质的岗位，而这些岗位内部还有高、中、低不同等级的要求，这就像有三副不同重量的担子，分别为100千克、50千克和25千克，要想将这三副担子运到目的地就要选择有相应承重能力的人来承担，如果让能挑100千克的人去挑其他两副担子就浪费了这个人的能力，而只能承重25千克的人再怎么努力也无法担负起50千克的任务。

因此，合理的人岗匹配管理才能发挥出所有人的效能，同时使得整体工作获得最大效益。所以，找到最符合岗位能力的人担负最重要的责任是企业人力资源管理要非常重视的问题。

华为有个非常出名的系统，这个系统是用来做一线投标报价、价格价位评审、授权、机关的成套、发货等工作的配置器，除此之外，这个配置器还可以用于研发降成本措施固化。因此，这个配置器的开发工作一直没有专门的部门来负责，也没有找到合适的人来负责，只安排了专门的组织处理相关事宜，但这个组织的归属部门也因为配置器没能找到相应能力的人来负责，在10年内变迁了8次。

配置器开发工作的确不是一件容易的事情，一直到负责配置器的组织第7次变更归属部门的时候，华为才找到一名产品数据领域的专家主要负责这个工作模块。王夏东（化名）在华为已有18年的工作经验，从事产品数据工作也已经16年了，不管是对工作流程的熟悉程度，还是产品数据工作的专业度，他都是华为的佼佼者，没有人比他更有能力承担这份工作，于是这个模块划归产品数据部负责时，王夏东接下了配置器这个“烫手的山芋”。

王夏东还没正式开始处理这个模块的工作，一线行销与机关网设等部门就找上门来连番“讨伐”，王夏东不断解决各个部门提出的问题，但在接手这一工作的半年时间内，每一次他参与行销的例会都仿佛是参与了一次批斗会，由于配置器的开发工作困难重重，经常出现一个版本刚发布出去，就发现一大堆问题的现象，不管王夏东带领部门重修多少次版本，问题还是不断涌现，王夏东在很长一段时间里都只能咬牙忍受行销部门的愤怒和接受各种指责。

配置器的开发工作陷入僵局，面对前所未有的困境，从第一代配置器Netstar一直到单机版的配置器的创始人李祥（化名），在坚持了10多年后也选择了放弃，最终离开了华为。就在这关键时期，也是配置器开发工作最艰难的时候，王夏东跟部门的成员强调：“我们没有退路，只有拼死一搏！”

2008年，配置器第8次组织归属变更，从产品数据部划入了中软，但BOM与算法开发留了下来，形成了以中软为主、产品数据为辅的配置器开发阵型。王夏东整合了中软部门和产品数据部门的优势，领导两个部门的员工共同解决了这一棘手的问题，也正是在王夏东的坚持下，配置器的开发工作终于迎来了胜利的一天。

王夏东在配置器开发工作中发挥出自己突出的研发能力和领导能力，最终带领两个部门成功开发出网络版配置器，而这个版本的配置器也终于在2009年下半年成功上线。

可以看出，华为将配置器的开发工作放到有能力承担责任的王夏东身上，才真正解决了一直以来的难题，这种良才善用、能者居之的人力资源管理办法不仅能够将有能力的优秀人才安排到合适的位置上担当重任，为组织注入生机，还能通过人岗匹配真正解决企业的问题，实现企业的目标。

2. 人才招聘要看潜力和素质

许多公司在招聘的过程中，会更多地关注员工的知识、技能等外显特征，很多时候会忽略一些重要的特质，比如个人的潜力、职业素质等，而往往这些方面是一个岗位所需要的深层次的胜任特质，但是要改变一个人的深层特质，使他完全符合企业的岗位所需，不是一朝一夕的简单培训可以解决的事情。考虑到这个问题，华为在人才招聘中，除了考虑人才的外显特征外，还会看人才的潜力和素质。

2.1　根据岗位素质模型匹配人才

1973 年，美国著名的心理学家麦克利兰提出了“冰山模型”这一概念，他将人的个体素质的不同表现划分为“冰山以上部分”——表象的部分，以及“冰山以下部分”——潜在的部分。表象部分是个人行为、知识、技能等，而潜在部分包括个人潜能和个人素质，有个人价值观、态度、自我形象、个性品质以及社会动机等，外显能力以及潜在能力往往决定了个人在职场上是否自信，是否具备灵活性，能否使客户满意。因此，企业在招聘时要真正找到胜任岗位的人才，要全方位考虑人才的外显能力和潜在能力，而岗位素质模型就包括了外显的知识和技能，以及内隐的动机、特质、自我概念和社会角色。

华为就是根据岗位素质模型来匹配研发人才的，表 3.1 所示就是华为在招聘研发人才时参考的素质模型。

表3.1 华为素质模型在招聘中的应用

素质	定义	评估指标
思维能力	思维能力包括个人对于问题的分析、归纳、推理和判断等一系列认知活动	0. 不能准确而周密地考虑事物发生的原因，或者不能根据已有的经验或知识对当前所面临的问题做出正确的判断。 1. 将一个复杂的问题分解成不同的部分，使之更容易把握；根据经验和常识迅速发现问题的实质。 2. 发现事件的多种可能的原因和行为的不同后果，或找出复杂事物之间的联系。 3. 恰当地运用已有的概念、方法、技术等多种手段找出最有效的解决问题的方法
成就导向	个人具有成功完成任务或在工作中追求卓越的愿望	0. 安于现状，不追求个人技术或专业修养方面的进步，或在产品开发中不尽力达到优质标准。 1. 努力将工作做得更好，或达到某个优秀的标准。 2. 想方设法提高产品性能或工作效率；为自己设立富有挑战性的目标，并为达到这些目标而付诸行动。 3. 在仔细权衡代价和利益、利与弊的基础上做出某种决策，为了使公司获得较大利益，甘愿冒险
团队合作	个人愿意作为群体中的一个成员，与群体中的其他人一起协作完成任务，而不是单独地或采取竞争的方式从事工作	0. 在工作中单独作业，不与他人沟通。 1. 愿意与他人合作。与群体中的其他成员共同交流，分享信息和知识。 2. 愿意帮助工作群体中的其他成员解决所遇见的问题，或无保留地将自己所掌握的技能传授给其他成员。 3. 主动与其他成员进行沟通，积极寻求并尊重他人对问题的看法和意见；鼓励群体中的其他成员，从而促进群体成员之间的合作或提高群体的合作气氛

（续表）

素质	定义	评估指标
学习能力	在工作过程中积极地获取与工作有关的信息和知识，并对获取的信息进行加工和理解，从而不断地更新自己的知识结构、提高自己的工作技能	0. 在专业上停滞不前，不愿意更新自己的知识结构；在工作中不注意向其他人学习。 1. 在工作中，愿意并善于向其他同事学习。 2. 从事自己不太熟悉的任务时，能够钻研资料，获得必备的工作知识或技能，从而尽快适应新的工作要求。 3. 深入地了解当前最新的知识和技术，并能够意识到它们在产业界的应用
坚韧性	能够在非常艰苦或不利的情况下，克服外部和自身的困难，坚持完成所从事的任务	0. 经受不了批评、挫折和压力。 1. 面对挫折时克制自己的消极情绪（如愤怒、焦急、失望等）或保持情绪的稳定。 2. 在比较艰苦的情况下或巨大的压力下坚持工作。 3. 有效地控制自己的压力，通过建设性的工作排解压力
主动性	个人在工作中不惜投入较多精力，善于发现和创造新的机会，提前预计到事件发生的可能性，并有计划地采取行动来提高工作效率、避免问题的发生，或创造新机遇	0. 不会自觉地完成工作任务，需要他人的督促。不能提前计划或思考问题，直到问题发生后才能意识到事情的严重性。（从优秀员工的访问中，没有发现能够说明这个层次的行为事例） 1. 自觉投入更多的精力去工作。 2. 及时发现某种机遇或问题，并快速做出行动。 3. 提前行动，以便创造机会或避免问题发生

从华为的岗位素质模型可以看出，华为非常看重研发人才的思维能力、成就导向、团队合作、学习能力、坚韧性和主动性这 6 项特征，并将这 6 项

特征列为最重要的素质。同时，每种素质都有四个水平或类别，每种水平或类别都有相应的行为描述。第一个水平（即0）的表现说明个人不具备相应的能力，而其他三个水平则反映了华为员工的有效的工作行为。根据这些行为描述，华为就能根据对方描述出的具体行为及其后果判断对方是否符合华为的要求了。

2.2 关键人才招聘要看长远发展

在开拓海外市场的时候，华为发现海外市场的业务非常多元化，以往开拓国内市场时积累的经验不足以应付海外市场开拓过程中遇到的种种困难，而且完全靠现有组织的自我学习和适应，时间成本过高，且会走很多弯路，要付出的代价太高了。同时，考虑海外市场作为华为长期投入的领域，需要有非常了解当地市场和当地文化的人才来帮助华为实现在海外的战略目标。因此，华为综合了人才的个人潜力、对当地业务的掌握情况，以及能否长期为华为开拓市场等方面因素，在海内外招聘符合华为长远发展的关键人才。

2006年，华为积极进攻埃及市场，与埃及著名企业合作了埃及三牌这个大项目，在这个项目中华为要负责获取站点、商用后的维护工作以及全TK的交付场景等异常复杂的内容。因此在项目初期，华为团队就忙得不可开交，团队的核心成员不分昼夜地工作，整天忙于站点的选点、勘测，以及与业主的合同谈判、现场的土建施工、设备安装、调测、开通等。但即使夜以继日地忙碌，仍然有很多问题解决不了，在埃及某个乡村建设站点的难度超出想象，而且周边的居民对于这类情况非常排斥，甚至出现了当地居民丢弃华为的馈线设备的现象。

虽然华为请当地的警察解释了工作情况，平息了与当地居民的冲突，但华为也意识到，要想在埃及开拓市场，并且在埃及长期开展业务工作，必须借助关键人才的帮助，这时候本地员工的作用就显现出来了，本地员工与当地人有共同的信仰和语言，了解当地人的处事原则。因此华为招聘了大量符合华为战略发展需要，以及有意愿长期在华为工作且胜任岗位职责的本地员工，并让他们担负着重要的角色。

Hazem就是在这一关键时节加入华为的，在熟悉华为的工作环境和企业文化之后，Hazem很快就被直接派到了站点，当时正处于工程进度最紧张的时候，每个工程师都必须开通站点才能回到区域休息，Hazem在站点坚守了36个小时之后，终于完成了土建、铁塔安装、设备安装、调测、开通等工作。

Hazem回到区域办公室后已经疲惫不堪了，但项目组主管表示华为的工作环境如此，忙碌的时候不分昼夜，为了赶进度很有可能长期处于这种工作状态，Hazem听后表示理解，并表示愿意一直在华为工作。华为考虑Hazem的个人能力非常强，而且是本地人，稳定性好，且他的情况非常符合华为的长期发展战略，于是与他签订了长期的劳动合同，并且给他安排了重要的工作任务。

到2011年，Hazem已经在华为工作了4年多。在这4年间，Hazem为华为的海外业务拓展做出了突出的贡献，他也因此得到华为的重用，成为土建项目经理，并且还担任了一个2G项目的项目经理。Hazem依然和4年前一样充满激情，每天从早忙到晚，从进入华为开始绩效考核连连拿A。2011年底，Hazem还被评为GTS金牌项目经理，2015年成为华为公司的五级项目经理。

实际上，华为在招聘关键人才的时候都会考虑对方是否具备很好的潜力，是否与华为的方向一致，是否有意愿长期在华为工作，个人能力是否与岗位匹配等因素。在华为看来，关键人才对于企业有着至关重要的作用，将影响华为的战略目标能否顺利实现，因此，在招聘关键人才时，华为会综合考虑人才的情况是否符合华为的长远发展。这样的招聘看起来很耗费时间和精力，但实际上，这才是最节约资源和成本的方式。

2.3　注重人才成本的合理性

2016年，任正非签发内部电邮表示："找人，而不是招人。找最优秀的人，而不是凑合。"这也反映出华为宁缺毋滥的人才理念，实际上，招最优秀的人才，是最为节省时间成本、资源成本等投入的人才模式。因为优秀的人才自主性强，能主动通过各种途径和资源学习，吸收知识和技能，大胆实践，快速成长，不依赖于培训和主管的辅导，而一般人才需要企业投入大量资源和时间去培养。华为就是注意到这一点，因此格外关注人才成本的合理性，选拔最优秀的人才。

西欧地区部的彭博响应任正非“招最优秀的人才”的号召，在西欧的招聘工作中列举出了一些要求和事项，他表示在未来几年内，西欧的ICT类人才需求约为60万人，华为要想以最合理的人才成本做好ICT领域的工作，就要能够挖掘出关键人才、优秀人才，这才是最为节约成本的方式。

在彭博看来，招聘工作要注重人才成本的合理性，因为找到最优秀的人才进入组织，组织才能成为最优秀的团队，创造出最大的价值，为企业做出最大的贡献，这才是最佳的投入产出比。由于人才难寻，一个优秀人才从被发现到同意加入华为再到融入集体发挥出价值，需要一定时间的磨合，但是，对于企业来说，业务不等人，如果放低人才标准招到了不合适的人或是要求过于苛刻导致一直没有人支撑业务，都会耽误企业的业务发展，所以人才招聘过程中要极其重视时间周期和其他成本。

为此，彭博明确提出了华为西欧地区部对于ICT人才的要求，不管是中方人才还是本地人才，都要符合以下要求：

（1）具备良好的战略思维能力和执行力，善于思考，能看得见未来。

（2）具备跨文化的工作能力和团队领导力，无论你是中方主管还是本地主管，都要具备跨文化的团队领导力。

（3）认同并自愿践行华为的核心价值观，身体力行，以身作则。

（4）具备严格而扎实的业务能力，有经得起实践检验的绩效结果。

明确了对人才的要求之后，在人才招聘时，不管是华为还是应聘者都有了衡量的标准，不符合要求的人会自动放弃，华为也能根据标准快速筛选人才，这样一来就最大限度地节约了时间成本，从而加快在西欧寻找优秀人才的步伐，在给予良好的培训、规范的职业发展通道之后，快速让这些优秀人才上战场，助力华为的业务发展。

实际上，企业在招聘时，不能仅仅根据眼前的投入来计算人才的价值，虽然招聘到最优秀的人才短期内要给他高于一般人才的待遇，但是最优秀的人才在之后创造的价值是远远高于一般人才创造的价值的，从企业层面来看，企业既不用耗费太多的资源去培养那些一般人才应对业务，又能收获数倍的利润。所以，企业要更多地考虑人才成本这个问题，招聘最优秀的人才，发挥出他们的作用，助力企业的长远发展。

3. 采用选拔制，让优秀的人上来

人力资源管理大师加里·德斯勒曾经说过，企业人力资源部门必须探索三件事，第一件事就是怎样让人力资源更具价值。这也是华为在人才管理方面最为重视的一点，华为的人才管理观提倡最大限度放大人力资源的价值。为此，华为采取自我开发与教育开发相结合的开发形式，鼓励员工主动成长，并在企业的循环赋能下选拔出最优秀的人才。

3.1　华为不搞培养制，只有选拔制

众所周知，华为有个著名的华为大学，在传统印象里的学校是培养人才的基地，但任正非曾明确指出，华为大学就是个赚钱的大学，华为要借此改变以往企业苦口婆心地培育人才的方式，从培养制走向选拔制。在华为，学习是员工个人的事情，企业不为此负责，企业只负责选拔出最优秀的人才为企业服务。为了更好地实行选拔制度，除了华为大学，华为还专门设计了职业通道，为各级人才提供成长的空间，但能否沿着职业通道自我成长，取决于个人，华为不专门培养干部，只依据职业通道的要求选拔干部。

华为的职业通道设计为人才成长五级模型（图 3.2）。第一阶段是学习阶段，即通过按指令工作而贡献组织。这一阶段初做者要学习本职位工作所需的知识和技能，并且积极学习相关的专业知识和经验，通过学习掌握基本的技能，能够在他人的指导下开展工作。

第二阶段是应用阶段，即通过自己独立工作对组织做出贡献。这一阶段员工成长为有经验者，需要学习独立完成工作所需的知识和技能，并开始学

习相关领域的知识。

第三阶段是扩展阶段，即通过自己的技术专长对组织做出贡献。这一阶段的骨干员工需具备某一领域的技术专长，且能够为他人提供一些专业支持，同时要跟踪本行业的发展动态，迅速掌握相关知识。

第四阶段是指导阶段，即通过指导他人而贡献组织。这一阶段的专家干部需对某个领域有深刻而广泛的理解，具有创新思想和方法，能够作为导师为更多员工提供有效的指导，并且为他人提供业务增长的机会。

第五阶段是领导创新阶段，即通过战略远见为组织做出贡献。这一阶段的权威专家要具备系统、全面的技能和知识，可以根据专业判断制定出有效战略，推动专家干部的发展，并且专业实力和专业水准被业内同行认可。

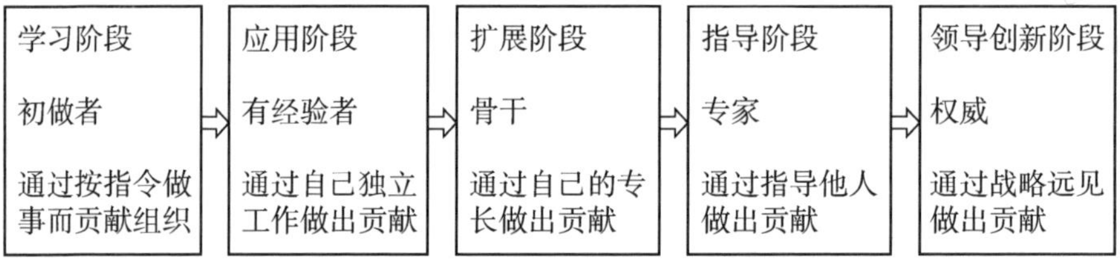

图 3.2　华为职业通道设计——人才成长五级模型

华为为员工做好了职业规划，为员工铺就了晋升的道路，指明了努力的方向，但华为不会一个一个去培养人才，而是最后通过员工工作做得好不好来确定他的去留。华为明确指出在人才管理和人才选拔上，华为要跳脱出过去的“公司有责任培养人才”的固有思维，不搞培养制，在全公司和全世界范围内选拔优秀者，淘汰落后者，用选拔制选拔出更优秀的人才。

3.2　主动成长是个人责任，不是组织责任

华为作为需要大量科研人才的创新型企业，员工多为 80 后和 90 后，任正非表示 80 后、90 后都是非常有希望的一代，但是也正因为员工较为年轻，很多人沉浸在网络世界中，在社交网络里消耗了太多时间。而随着时代的转变，华为需要更多跟得上华为发展步伐的人才来迎接新时代的挑战，任正非指出：“面对公司发生的很大变化，每个人其实都要集中精力努力学习，提升

自己，互相比赛。”因此，在华为，走职业化道路首先要靠自己努力学习，提升本职工作能力，组织只在关键时期帮扶一把。

李易初（化名）加入华为已经8年了，但一直以来都表现平平，也没有在实践和学习中累积经验提升技能，实现个人成长。他的主管找到他表示公司给他提供了一个海外工作的机会，问他是否愿意去海外锻炼。李易初思前想后，认为自己必须有所成长，于是同意了公司的安排。很快，李易初就收拾好行李，踏上了海外征途。

李易初的海外第一站在智利，当时华为在智利的主要业务是与智利三牌运营商N客户的合作，李易初在智利的工作基本上是安装机柜、调测软件以及交付项目。这些工作内容和李易初在国内的工作内容大同小异，最初李易初还是抱着把工作做完就行的想法过着两点一线的生活。但很快他就发现自己如果不做出一点成绩，学习不到新的知识，就白白浪费了这次海外学习的机会。于是他开始认真对待工作的每一个细节，甚至为了更好地与客户交流，他开始重新学习英语。李易初的付出没有白费，最终项目在他的支持下顺利交付，获得了代表处和客户的高度赞扬，他的技术能力水平也在不断提升，英语口语也越来越好。

因为在智利的表现突出，李易初被派往其他拉美国家工作，因业务需要，他每天都要工作10个小时以上，就这样高强度地工作两年之后，李易初各个方面的能力都大幅提升，他也被委以重任，从最开始做业务支撑，到后来独当一面，负责秘鲁一个难度非常大的项目，这个项目的主要任务是纯现网扩容。为了能够快速完成30+的维护窗口，李易初与团队成员保持和国内一样的作息时间，方便调配国内的资源和技术支持。就这样，整个团队昼伏夜出，披星戴月工作了整整3个月，克服了时差以及空间等困难，在国内机关的大力支持下，终于完成这一艰巨任务。项目扩容完成后，华为的客户T运营商的有效用户突破了1000万，代表处给项目组发了一封感谢信，同时发往华为内部平台W3首页。李易初进公司近10年，第一次在W3上看到了自己的名字，这也让他意识到，努力之后才有收获，同时没有任何人或组织能够帮助个人事业发展，除非自己主动成长。

任何企业都存在李易初这样“混日子”的员工，但并非每个人都能够像李易初一样及时醒悟，通过主动学习成长为企业重视的人才。针对这种现象，华为强调不管是哪一类员工都要为自己的职业做好规划，随着时代的变化，即使是相同职位上的工作内容也会发生变化，如果员工不能通过学习成长起来，就很难应对这些变化。但企业是无法兼顾每一个员工的发展的，一旦员工不再符合企业的要求，企业随时会淘汰这个员工。因此，任正非多次强调，在华为，每个员工都要为自己的职业生涯负责，要对自己的成长负责。

3.3 提倡“赛马文化”，优胜劣汰

赛马是一种竞速运动项目，参赛人选通过比赛骑马速度来判别孰优孰劣，选出最佳的赛马者。华为将这个竞赛项目转化为华为的文化，以此激发员工的潜能，也让华为能通过这种选拔方式让最尖端的人才成为华为的管理干部。此外，华为的“赛马文化”除了在选拔干部时有所体现，在华为团队之间的竞争和项目之间的比拼中也有所体现。

但华为公司更多地将“赛马文化”用在干部选拔上，根据“赛马”的竞岗模式从个人实际表现、发展潜力及公司发展需要等方面进行比较，选出最符合岗位需要的干部，尤其是地区部和代表处的干部和专家。华为认为“赛马”是最好的竞岗方式。

2004年，华为埃塞俄比亚办事处的主管被紧急调回国内工作，于是办事处的主管一职出现岗位空缺的情况。当时有两个备选人才符合岗位要求，其中一个是在埃塞俄比亚驻守了五年多的资深员工唐家伟（化名），另外一个是新锐精英李保华（化名），他们的专业能力和管理能力都很强，同时都对办事处主管一职非常向往，且有着自己的管理想法。

一时之间，分区经理犯了难，不知道要选德高望重的老员工还是选择冲劲十足的新生力量，最终分区经理决定给两人分派任务，让他们各自带队做项目，谁能够做出更多业绩，为公司创造更大的价值，就由谁接任办事处主管一职。

两人都表示认可分区经理的安排，之后唐家伟和李保华进入了战斗状态，两人都以最佳状态对战，也都取得了不错的成绩，但最终更具冲劲的李保华在业绩上稍胜一筹，赢得了这次比赛，也获得了晋升的机会。而经过“赛马”这种选拔方式的历练，办事处的员工对李保华都心服口服。唐家伟也没有气馁，而是知耻后勇，发奋努力，第二年在“赛马”竞争中获胜，成功调往其他办事处担任主管。

可以看出，“赛马文化”实际上就是提倡人才选拔要“优胜劣汰”，选拔出最适合岗位的人才担任最重要的职责，而在“赛马”比拼中失利的员工也不会马上被淘汰，而是根据情况来决定去留，不符合当前岗位能力的转换岗位，跟不上形势需要的就下岗。同时，华为也会给员工重新竞争的机会，像唐家伟一样，通过与其他竞争者再次比拼竞聘上岗，如果能带领团队取得突出成绩，就能够继续升职。

华为的“赛马文化”基本确定下来后，不仅在地区部专业业务骨干的选拔上推行了“赛马制”，代表处的存量维护的专家队伍也都是通过“赛马”来产生的。任正非强调：“是千里马都拉出来赛，跑得最快的前25%留下来交给有关部门去考察素质，去看看牙齿啊，看看蹄口啊，看看这些东西。你们选谁就选谁，但必须在跑得快的马里面选。”

4. 品德与作风是干部的资格底线

在华为看来，穷奢必致极欲，极欲必败亡。因此，华为非常看重干部的品德和作风。华为提出在干部后备队的选拔中，对品德和干劲不合格的干部一票否决。在华为大学以及平时的培养过程中，以技能和素质为主，品德贯穿始终。此外，华为将个人的品德和作风作为干部选拔的资格底线，从多个方面考察干部，并且将关键的品德要求整理成“干部改进作风八条”“华为军规十六条”等规章，对干部有着严格的要求。

4.1 选拔干部的标准第一位是品德

在华为看来，选拔干部的时候要考察他的专业素养、业务能力、管理能力等综合能力，但重中之重是干部的品德与作风，因为企业和干部之间要建立起彼此信任、互相依存的关系就依赖于干部的品德。只有品德好、作风优良的干部，企业才能信任他，将企业的重要事务交托给他，而品德好的干部得到企业的重用之后，也能站在企业的角度，以企业利益为重，为建设企业更好的未来做出贡献。

实际上，华为选拔干部的理念和美军选拔干部的理念非常相似。美国中央司令部前司令施瓦茨科普夫在海湾战争中取得了很好的战绩，但就在所有人都看好他，认为他会出任陆军参谋长一职之时，出乎所有人的意料，他在海湾战争结束后就退休了。

美国参谋长联席会议前主席科林·鲍威尔在他的著作《我的美国之路》中披露了施瓦茨科普夫没有被提拔为陆军参谋长的原因。当时美国国防部长切尼在一次飞往沙特首都的航班上偶遇了施瓦茨科普夫，在这历时 15 个小时的航班飞行过程中，许多乘客都要排着长队上洗手间，但施瓦茨科普夫要上洗手间的时候派了一位少校去排队，等快到的时候那位少校高声喊道："将军！"施瓦茨科普夫就慢腾腾地插队到前面进了洗手间。此外，切尼还看到一位少校为了给施瓦茨科普夫整理制服，跪在地上服侍他，因此切尼非常讨厌施瓦茨科普夫，认为他人品有问题，这也是施瓦茨科普夫没能当上陆军参谋长的原因。

在许多人看来，这两件"小事"不影响施瓦茨科普夫的累累战绩，但切尼认为这充分体现了施瓦茨科普夫的人品不好，将会引导整个军队都往腐化的方向发展，尤其是位高权重的军官，直接负责军队的管理事宜，自己都不能克己守规，更不用说管理好军队了。

华为认为企业的管理和军队的管理相似，要避免出现贪腐、惰怠等影响企业存亡的现象，品德和作风就要成为选拔干部的资格底线，干部要能做到以身作则，影响万千华为人的行为，为此，华为提出了“干部改进作风八条”。

华为公司“干部改进作风八条”如下：

（1）我绝不搞迎来送往，不给上级送礼，不当面赞扬上级，把精力放在为客户服务上。

（2）我绝不动用公司资源，也不能占用工作时间，为上级或其家属办私事。遇非办不可的特殊情况，应申报并由受益人支付相关费用。

（3）我绝不说假话，不捂盖子，不评价不了解的情况，不传播不实之词，有意见直接与当事人沟通或报告上级，更不能侵犯他人隐私。

（4）我们认真阅读文件、理解指令。主管的责任是胜利，不是简单的服从。主管尽职尽责的标准是通过激发部属的积极性、主动性、创造性去获取胜利。

（5）我们反对官僚主义，反对不作为，反对发牢骚、讲怪话。对矛盾不回避，对困难不躲闪，积极探索，努力作为，勇于担当。

（6）我们反对文山会海，反对繁文缛节。学会复杂问题简单化，六百字以内说清一个重大问题。

（7）我绝不偷窃，绝不私费公报，绝不贪污受贿，绝不造假，我们也绝不允许我们当中任何人这样做，要爱护自身人格。

（8）我们绝不允许跟人、站队的不良行为在华为形成风气。个人应通过努力工作、创造价值去争取机会。

任正非曾多次强调华为选拔干部的时候要防止片面地判断人才，在他看来，业务能力和业务成绩固然是考核干部的重要层面，但考虑企业的长远战略性建设和长治久安，要将干部的品德摆在第一位，他强调：“在选拔中高层干部过程中，要把干部个人品德看得高于一切，遵守纪律，有高的道德情操，忠于公司、忠于集体利益才是我们选拔的重要基础，而不是唯才是举，不能唯才选择。”

4.2 对腐败干部必须清除，绝不迁就

企业发展到一定规模的时候，随着内部管理层级的递增，越是位高权重的高层干部，面临的诱惑也就越多，而高层干部一旦动摇，整个组织将随之滋生出“山头主义”、腐败和惰怠等毒瘤现象，如果不能及时发现、抑制并割除这些毒瘤，一个企业很有可能就这样覆灭。正如任正非所说的：“我们像双翼的神马，飞驰在草原上，没有什么能阻挡我们前进的步伐，唯有我们内部的惰怠与腐败。”

因此，华为很早就提出要树立坚韧、正向的工作作风，要求每一个员工都能够坚决拒绝工作中的诱惑，抵制工作作风中的“歪门邪道”和“歪风邪气”。同时，华为表示绝不容忍任何贪污腐败现象，一经查实，将从严从重处理。

2017年12月26日，华为高管滕某某被曝因涉嫌受贿被公安机关采取强制措施，虽然滕某某涉嫌刑事犯罪的事情还在进一步调查当中，但是华为的态度非常明确，即对腐败的干部，不管他在华为的职位有多高，都绝不迁就，一定要将贪腐的干部清除出华为，并且严肃处理。

腾某某曾先后就职于诺基亚、三星电子等大型企业，并且都位居高位。2014年跳槽到华为之后，出任华为消费者BG大中华区的执行副总裁，由于他突出的能力，他在这一职位上做出了巨大贡献，也因此在2017年3月获得了华为管理体系的最高荣誉奖——“蓝血十杰”的称号。可以说，滕某某对于华为来说是一个不可多得的人才，但就是如此重要的高层干部，在涉嫌贪腐一事的时候，华为没有给予任何商量的余地，表示将秉公处理。

事实上，几乎所有的企业都对贪污腐败一事采取绝不姑息的态度。

2011年，阿里巴巴旗下的淘宝聚划算是国内团购领域的佼佼者，一度占领国内团购市场近五成的市场份额，在聚划算的交易额大幅增长之际，当时的总经理阎某某没有抵抗住巨大的利益诱惑，以他为主的贪腐事件在阿里巴巴频频发生。阿里巴巴彻查此事之后，先后将阎某某以及其他三名员工开除并移交司法部门，阎某某等人都受到了严惩，其中阎某某被判处

有期徒刑七年。

2015年5月，百度将八名涉嫌贪污受贿的员工移交司法机关，这其中包括百度当时的渠道部高级经理赵某某、百度糯米成渝云贵大区总监王某、百度糯米成渝云贵大区销售主管蒋某某等集团高管。2016年11月，时任百度副总裁的李某某被曝出涉嫌贪污腐败，被称为百度“太子”的李某某是百度最为看重的高管团队的成员，但被证实在参与某项收购项目时与被收购公司负责人有巨额经济往来后，百度也在第一时间将他清除出公司。

百度总裁李彦宏说：“企业要风清气正才能有战斗力。”的确如此，从多个企业的案例也可以看出，贪腐现象是企业最大的隐患，甚至有可能因此断送企业的未来。因此，各个企业对待贪腐干部的态度都是及时清除，绝不迁就。

华为很早就表示华为要维持生存的根本就是不能出现内部腐败，所以一直以来华为对于公司内部的贪腐现象都抓得非常严，为了尽可能杜绝内部腐败，对于干部的监察行动甚至都成为“例行公事”。通过全方位的监管，清除企业内部的腐败现象，一旦发现腐败干部，第一时间就开除并移交司法处理，对于已经离职的干部也会追究到底。

4.3 有素质，无贡献的人也不能提拔

比尔·盖茨说：“能为公司赚钱的人，才是公司最需要的人。”在企业中，人力资源管理是为实现企业价值服务的，因此建设一支干部团队也应该对准企业的大目标，以能攻山头、能打胜仗为目的选拔干部，不管备选者有多辛苦、多忙碌，如果不能为企业创造价值，就不能被提拔。

因此华为除了对干部的品德和工作作风有硬性要求外，还推行能力主义。企业的干部团队是企业的中坚力量，没有突出的业务能力和管理能力就无法带领企业走向更好的发展之路。所以，除了基础的素质要求之外，华为强调要根据贡献和能力选拔干部。

2005年，在广东省委中心组举行的“广东学习论坛”第十六期报告会

上，任正非发言并强调："我们在选拔干部时，总是选拔那些品德好、责任结果好、有领袖风范的干部来担任各级部门的一把手。那些素质很好，但是责任结果不好的人也不能提拔为干部，一定要让他们去做最基层的工作。我们认为，他们上台以后可能会造成虚假繁荣，管理工作不会管就乱管，让这个部门忙得昏天黑地，一个项目结果都出不来，团队没有战斗力。不能让他们去做管理工作，他们要转到普通岗位，通过做具体工作，把好的素质转变为好的能力和实现责任结果。就是说，你本事再大，能力再高，首先要去实践、要去做出结果来，没有结果不能真正认可你素质很高。人们往往把素质理解成认知能力，看重他博士、博士后或者硕士学历，这是认知能力，认知能力不能拿来当饭吃，只有拿去做贡献才可能产生价值。所以我们公司强调素质不只是表面上的素质，强调的是品德和工作能力，就是贡献和结果。"

华为追求能够干出实际成绩的干部，学历、工作时长等不能作为重点考核的依据。实际上，任何一个企业选拔干部的时候都应该从干部的工作成果出发，因为企业要的是结果，而不是过程，这也是马云和史玉柱等知名企业家一直讨论的一个话题。

史玉柱与马云是非常要好的朋友，他们时常交流企业管理的心得和经验，两人曾在飞机上就"公司只认功劳，不认苦劳"这一理念展开探讨。史玉柱说，在巨人网络集团，如果一线的业务人员没有工作成果，就连几百块钱的底薪都拿不到，但是如果能够做出好成绩，就能拿到惊人的销售提成，而且在巨人网络集团，员工的升职加薪是直接与工作成果挂钩的。马云也笑着表示认可，双方都认为"企业家一定要是坏人"，绝不放松对员工的工作要求，不因为投入的精力大、时间长就认可他的"苦劳"，只根据工作成果决定员工的薪酬和职业发展，只认可员工的"功劳"。

任何一个企业作为经营实体，都必须要利润维持发展，这就决定了企业一定是以成果为导向，因此企业需要的是能够真正为企业解决问题、创造价值的干部，而不是跟不上企业发展，只会埋头在案前"忙碌"的干部。因此，不管干部学历如何，在公司工作了多少年，有多勤劳肯干……这些素质都不能作为企业选拔干部的决定性因素，企业真正要选拔的干部是在这些素质的基础上，有突出的业务能力和管理能力，对企业做出巨大贡献的优秀人才。

5. 干部要有一线作战经验

管理者必须具备端到端的实践经验，否则很难全面地考虑问题，而作为企业的领袖，全面地考虑问题是必备的素质。任正非说："'八百里秦川何曾出过霸王'，我的意思就是要出'霸王'，没有'上过战场、开过枪的人……'是不可能做主官的。战略预备队要制定一个端到端成长经历的路标，将来我们通过这个路标去选拔高级干部。当然，'端到端'是最高标准，可能有些队员只走到一半路，也承认这个任职资格，只是将来提升会受到限制。"

5.1　将军是打出来的

华为选拔干部不局限于年龄、学历、资历等标准，但非常看重"战斗能力"，只以责任结果贡献为考核标准。

任正非曾拿美国军队举例说明"能打胜仗"对于组织的重要性，美国军队对于干部的考核非常简单，不论学历、不论年龄，只考核对方"上没上过战场，开没开过枪，受没受过伤"，任正非表示美国军队之所以整体战斗力如此之强，正是因为他们从会打仗的战士中选拔将军，而华为要取得更大利润，谋求长远发展，也要学习美国军队的考核制度，就是看华为员工是否"攻下了上甘岭"。

任正非在2015年项目管理论坛上回答现场提问时说道："总裁办电邮文件转载《美军还能打仗吗?》时，我写了一句按语'军人的责任是胜利，牺牲只是一种精神。'所以不是说你吃了苦就能当将军，一定要做出贡献。学习也要有针对性，即使你说自己满腹学问，不能产粮食，有什么用？不能产粮食的流程是多余流程，不能产粮食的组织是多余组织，不能产粮食的人是多余人，要减掉。

“作为一个项目经理，把预算做好、工程组织设计好，提高效率，这就是你的努力方向。现在我们的交付是不是做好了？我认为还没有。现在我们是能按图交付了，但是在交付过程中，总体盈利效果还不够。我们和爱立信要对标比一比。第一，按站点发货；第二，缩小合同验收规模。你们在前方，最能提出建议，为什么改革不从你那里开始呢？

“交付都是确定性的事情，要优先实现提高效率、提高效益。提高效率，不是说拉丁美洲跟德国、中国上海比，没有必要，就是自己与自己比、今天与昨天比、明天与今天比。所以兄弟们加油啊，我们现在是虚位以待，这里面还有机会产生将军，谁做好了，谁就应该优先被选拔。当年之所以提拔王海瞰，就是因为当时我们弄不清楚交付，只有王海瞰还能说几句，那比别人什么都不会说好，我们就把王海瞰用起来了，给他提供了台阶。现在责任结果导向，其实只要你能做出一点点成绩，比别人高出一点，我们就会看见，加快破格提拔。破格提拔的目的是为了树立标杆，让大家‘向右看齐’，快速调整到位。”

华为认为单纯以技术标准考核员工是否具备担任干部的资格是不符合企业的实际发展需要的，因为经营企业不是纸上谈兵，有再多的理论知识和技术能力，没有实实在在发挥出来都是毫无意义的。为此，华为提出，在华为，将军是打出来的，不是选拔出来的。想要成为华为的干部，就必须积极努力，踏踏实实提高本职工作能力，并且将这种能力更多地呈现在效率提升与效益提升上。

5.2 以作战记录测评人才能力

在任正非看来，以往的人力资源管理考核方法过于复杂，往往就将真正重点的部分忽视了。要考核人才的能力，应该以他的作战记录来测评，从他的作战成绩观测出他的作战能力，而不是填许多无用的表格，浪费太多时间在不必要的地方。于是，华为做了人力资源管理方面的改革，真正做到以责任结果为考核导向，不看表格里那些花哨的内容，而是直接以个人的战斗力来测评人才能力。

2007年初，已经是银行高管的高奇峰（化名）在办公室办公时，收到了一位在华为工作的老朋友发的工作图片，那是华为团队在非洲各国留下的精彩身影，这一幕激发了高奇峰想要出去闯荡一番的念头。在银行安稳工作的他不想再安稳度日，他想去追求在不同的工作环境中千锤百炼，成为一名有突出业务能力的人才。

虽然高奇峰有着多年的工作经验，在银行也因为能力突出一路顺风顺水，算得上事业小成，但以新人的身份加入华为之后，一切都只凭实力说话，以往的工作经验和实力只有在实战中体现出来，华为才承认他的个人能力。

于是，高奇峰加入华为之后没多久就主动申请去非洲出差，2008年高奇峰作为财经信用管理部的一员踏上了非洲大陆，还没来得及欣赏当地风景的他，就被安排了两项重要的工作任务。这两项工作任务分别是组织东非地区部的中层以上的领导开展信用管理研讨会，以及通过信用管理工具计算地区部的风险资产。高奇峰心里非常明白，这两项工作任务实际上是他加入华为之后的第一次大考，这次的作战成绩将作为他的能力测评，考察他是否具备成为华为的干部的资格。

高奇峰非常紧张，开始全面进入“备考状态”，除了为信用管理研讨会备课，他还建立了风险资产评估模型，对东非所有客户的应收账款进行测算。当时，高奇峰几乎放弃了所有的娱乐休闲活动，周末，地区部经理等人一起出去游玩的时候，高奇峰拒绝了邀请，在宿舍埋头工作。

一切努力都没有白费，半个月之后，高奇峰向华为地区部提交了工作报告，地区部审核了他提供的风险资产评估模型和测算结果之后，认为他对客户需求的理解非常到位，同时具备出色的业务能力。地区部通过了他的工作报告后，向高奇峰所在的部门发出了表扬信，这也就意味着高奇峰以作战能力证明了自己的实力，顺利通过了华为的第一次大型考试，而他作为华为一员的价值也得到了认可。

高奇峰在随后几年内的实践中迅速成长，他在多次实践工作中提交的风险运营资产测算模型等工具被华为广泛采用，并沿用多年，他也因为突出的个人能力被华为提拔为高级干部。

任正非多次强调："我们强调实践是检验真理的标准，我们从实践中选拔干部，我不是听你说怎么样，我是把你过去做过的事拿来评价，如果评价以后有领导风范，又有团队管理能力，为什么不能当干部？你能够担任这个职务才能用你。所以我们反对民主推荐，反对竞争上岗，这样就搞乱了任职体制。"

5.3 "上过战场、开过枪"是资格审查的第一关

实际上，在任何企业中，管理干部的选拔如何做到公平公正，并且做到选拔上来的干部能够胜任岗位，利于企业的发展，是人力资源管理的首要问题。在这一方面，华为采取的是"猛将必发于卒伍，宰相必起于州郡"的选拔原则。华为认为直接从功能部门选拔上来的管理干部在视野、思想、观点等方面都有局限性，这种局限性将体现在他的管理运营工作上，体现在公司的重大决策上。

为了避免这种局限性，华为将"上过战场、开过枪"当成干部资格审查的第一关，强调华为的干部必须有真正的实践经验，真正上过战场且能打胜仗。任正非表示："华为的高管一定是要有跨部门任职经历的，特别是海外大国代表处的一线代表独当一面的任职经历。比如你在产品线总经理的岗位上干得很好，你还能在海外大国代表处的岗位上干得很出色，这才具备选拔进入高管行列的资格。"

2006年，入职不到一个月的黄浩杰（化名）就被华为外派到印尼代表处，当时华为的印尼代表处还未打开市场，因此前期的市场开拓工作比较艰难。黄浩杰作为一个职场新人，除了不熟悉业务之外，还有语言问题，最初他虽然整天忙于工作，帮助印尼代表处处理各项事务，但绩效并不理想，甚至一连拿了好几个C。

但经过一段时间的努力，黄浩杰熟悉了代表处的各项事务，也掌握了一线的情况，有了应对各项工作的方法。于是2008年7月，华为获得印尼一牌运营商Tsel的无线实验局机会后，黄浩杰也作为项目代表负责项目的重要事务。

在项目顺利进行到尾声的时候，黄浩杰突然接到南苏区域经理的电话，对方称项目的站点搬迁交付还缺12根跳线，并且要将客户要求的这些物料在第二天送达施工现场，当时已经是晚上10点了，黄浩杰为了能够及时将物料输送到现场，连夜寻找出租车赶往40公里外的仓库取货，买了最早的航班飞往基港，最终克服印尼的“春运”，将物料按时送到现场。又累又困的黄浩杰在办公室休息的时候，突然听到办公室里的阵阵欢呼，他半睡半醒之间意识到目标实现了，客户对华为的服务表示非常满意。这是黄浩杰职场上非常重要的一战，他亲自带领团队前后仅花费18天的时间完成了10个站点的交付。

在打响第一枪之后，黄浩杰后面的工作越来越得心应手，绩效考核也连续五次拿A。

2014年10月，在一线“千锤百炼”之后，黄浩杰回到南太地区部担任项目管理办公室主管。2015年初，由于一线项目进度缓慢，他又被紧急派往一线担任项目PD。在他的主导下，项目团队先后解决了分包商合作意愿不强以及前期工作埋下的隐患等问题，并克服恶劣的交付环境，快速梳理好业务和流程痛点，与客户对标业务需求，同时用各种方式提振团队士气，最终在两个月的努力拼搏后，顺利交付，客户也对此表示非常满意。

因为多次在一线工作，黄浩杰有着丰富的战场经验，他不仅因此多次获得公司的金牌个人奖，也最终被提拔为高级干部。

如今，华为有越来越多的干部像黄浩杰一样是从一线战场摸爬滚打中成长起来的，华为也逐渐以综合实践能力和任职资格的考量方式取代原本的单纯以任职资格为主的评价标准。任正非表示：“我们学习美国军队的价值评价体系，首先看是否‘上过战场、开过枪、受过伤’，资格审查作为任职资格的第一个台阶，这应该是科学的。通过资格审查后，再比能力。如果能力强的人员没能通过资格审查，提拔就要慢。”

6. 绩效是干部选拔的分水岭

华为不承认茶壶里倒不出的饺子，强调绩效是干部选拔的必要条件，任正非曾明确指出："评价一个人，提拔一个人，不能仅仅看素质这个软标准，还要客观地看绩效和结果。德的评价跟领导的个人喜好和对事物认识的局限性有很大关系，绩效和结果是实实在在的，是客观的。"

6.1 绩效前25%才可能被选拔为干部

对于任何一个企业而言，能够实现战略目标并获取利润是存亡的关键，而要实现并抓住这一关键点，就需要企业的每个员工都能够完成自己的业绩目标，而企业干部更是应该为组织做出更多贡献。为此，华为强调要做好干部队伍的能力建设，打造出一支能够攻城略地的华为"铁军"。

为建设干部队伍，华为明确指出只有绩效前25%的人才可以被选拔为干部，并提出"绩效是必要条件和分水岭"这一干部选拔标准。也就是说，在华为，所有的员工都抛开学历、资历等因素，站在同一起跑线上，那些能够在竞跑中名列前茅的才能够被企业看到。这也在某种程度上保证了竞争的公平性，因为不管一个人多能说会道，多有潜质，多像一名管理者，也不管上级如何看好他，只要他没有突出的绩效表现，都不可能出现在华为的后备干部培养名单中。

为了增强员工的高绩效意识，华为提出了"蓝血绩效文化"，即"一切让业绩说话"。这一文化强调华为的业绩导向，华为人只有取得高绩效，才能实现个人的职业规划，因为机会和资源都是向高绩效者倾斜的。

华为在高绩效文化的基础上提出了两个绩效管理工具：一个是战略绩效解码体系，另一个是PBC个人绩效承诺体系。战略绩效解码是业务战略执行力模型，这个模型能够对企业的战略进行逐层的逻辑解码，并将解码后的战略绩效目标层层传递下去，让各层级的员工能够有效执行，实现个人战略绩效，最终完成企业的战略绩效。这样一来，华为的每个员工的行为都能够符合华为战略发展的需要，而承担企业战略目标的责任也是华为干部必须具备的能力和担当。

而PBC个人绩效承诺体系要求华为员工围绕“力争取胜、快速执行、团队精神”的价值观制定各自的“个人业务承诺”。每个员工都必须非常了解所在部门的目标和任务，并抓住重点，做出个人的业务承诺并彻底执行。而华为员工的薪酬包直接与绩效考核结果挂钩，更重要的是职业发展也直接与绩效考核结果挂钩。

绩效并非检验员工能力的唯一标准，但绝对是最重要的标准之一。尤其是身为员工领袖和榜样的干部队伍，必须取得非常好的绩效结果，才能真正做好员工的管理工作和对下级的绩效评价工作。任正非指明绩效结果要直接影响干部的任用情况，绩效非常不理想的干部有可能要被就地免职，绩效前25%的员工才能成为干部后备队的一员。不得不承认的是，在以绩效为导向的干部选拔机制下，华为的干部队伍的战斗力确实很少有其他企业能够与之媲美。

6.2 善于经营是干部提拔的必要条件

任正非曾明确指出，华为选拔干部要慢慢调整结构，走向更有利于公司的发展方向。任正非所说的走向更有利于华为的发展方向，是指要保证各个基础单位都有效益，从而保证华为能够存活下去，并且平稳发展。

如何保证每个基础单位都能盈利呢？任正非表示要将这个压力传递到全体员工身上，通过他们的努力使得他们所在的部门盈利，而传递压力的方式就是将职业晋升机会与部门效益挂钩。任正非强调：“我们一定要坚持从战略贡献中选拔出各级优秀干部。干部获得提拔的充分必要条件，是要能使所在部门盈利。”

2010年，方伟奇（化名）被派往华为济南代表处工作，当时他所在的部门因为历史问题集中爆发，整个团队的气氛非常差，加上客户的体验不佳，导致整个部门的业绩低迷。方伟奇是奔着升职机会来代表处的，却遭受了进公司以来第一次业绩倒数的打击。

为了改变这一现状，方伟奇立即将团队凝聚在一起，探讨解决问题的办法。方伟奇和团队一起分析了士气低落的原因、代表处的基本情况以及面临的困境等问题，对之后的工作做了详尽的规划。而当时由于上一年业绩情况不理想，导致整个代表处的平均奖金下降了四成。会议上所有团队成员主动表示自己的奖金降幅要大于代表处的平均降幅，方伟奇立即根据奖金的来源和奖金的分配机制等重新分配了各个成员的奖金，并在沟通奖金的时候，向代表处的员工表示要按照规划开展工作，才能改变代表处业绩低迷的情况，解决个人业绩问题，从而提升明年的奖金。

会议结束之后，所有人都激情满满地按照计划开展工作。也正因为方伟奇的经营管理方式起到了积极作用，代表处的员工重拾信心，全力以赴，从而实现了代表处 2011 年上半年完成情况全国第一，全年综合绩效排名中国区第二的佳绩。

正是因为方伟奇善于经营，使得代表处的业绩大幅提升，为华为创造了巨大的价值，他才得以升职为中级干部。方伟奇在之后的工作中，接连实现所在部门盈利大幅增长，为公司创造了更大价值，于 2015 年被任命为中东地区部副总裁，负责中东地区部整体工作。

华为强调干部除了要有业务能力外还要有经营管理能力，即使一个员工个人能力非常突出，能够取得很好的业绩评价，但是对于所在部门的贡献仅仅停留在基层员工的贡献阶段，对于整体的效益提升没有推动作用，那么他就不能被提拔为干部。为此，华为甚至将经营管理能力视为干部提拔的必要条件，坚定不移地选拔出能为部门增加效益的干部。任正非表示："各层干部的选拔要导向攻击前进，要聚焦于将各业务经营单位的'饼'做大。"

6.3　除了业绩贡献，还要做出战略贡献

华为认为干部除了要具备突出的个人业务能力外，还要有帮助组织创造更大价值的能力，以及带领其他员工帮助组织实现战略目标的能力，为此华

为将战略性贡献列入了 KPI 考核之中，并将战略贡献作为干部选拔的要求之一。

任正非表示：“干部是要有战略贡献。如果你不能使这个代表处产生盈利，我们就对你末位淘汰；如果你有盈利，但没有做出战略贡献，我们也不会提拔你。这两者是充分必要条件。”

1997 年初，华为的最大战略目标就是攻进国内市场，为了尽早从偏远地区初步攻进中心，华为派范厚华去广西办事处，做好初步战略工作。但当时华为没有客户基础，也没有成熟的大型交换机，在这种情况下，范厚华只能带着员工去往偏远的地区逐个拜访客户，与此同时，范厚华还带着团队到各个县去拜访客户，去实地考察各个地区机房的设备是否有缺口，并贴近客户了解客户需求。

到了第二个月，范厚华基本将广西各个地区的客户都访问过了，他根据考察结果调整了作战计划，并为接下来的广西河池的电源招标会做了充分的准备。但这些努力并没有第一时间打动客户，客户反映说华为的电源刚出来没多久，质量和功能方面不一定达标。为了说服客户，范厚华和华为的产品经理开始整理资料，为客户详细讲解华为的产品，并耐心解释华为的产品在哪里用过、在哪里开过局。对于客户的质疑，华为针对客户的疑问讲解了华为产品的技术优势，最重要的是范厚华向客户传达了华为的未来发展诉求，讲公司的追求和信仰，并用真诚的态度和许多客户建立了伙伴关系。越来越多的客户被华为团队的努力打动，范厚华觉得该办法可行，于是就联合华为的客户经理跑遍了当地的各个县和农话局，除了解释华为的产品方面的问题，还会根据当地客户的需求，做出相应的解决方案。而在投标过程中，范厚华从客户的角度出发，实实在在地讲解华为的未来和优势，最终得到客户的理解和认可，获得了当时一次性签单局点最多、金额高达 300 多万元的合同。

借此，范厚华帮助华为打开了广西电源市场，而漂亮的开局也使得接下来的百色、桂林、南宁等各地市场都被华为一一攻破。一年之后，范厚华被安排负责柳州市场，在向当地市局的一位主管汇报时，范厚华表示华为未来 3～5 年内要进入中国通信行业的前三，当时，那位主管说：“我们现在使用的设备都是阿尔卡特、朗讯、富士通、西门子等国际品牌，你们怎么可能实现?”范厚华听了之后没有沮丧，而是更加努力地向对方展示华为的产品，并且开展了无数次的技术交流活动，最终得到了这位主管的认可，并得到了对方公司的支持，让他们选择了华为设备。

而后，范厚华于2000年带领团队攻克了巴西市场，在2007年攻克了墨西哥市场，到2008年3月，范厚华被调至华为总部担任高级干部，后来又被任命为海外市场副总裁。

实际上，在范厚华为华为开拓广西市场之前，他就有很好的业务能力了，并且取得了很好的业务成绩。但他在职场上的晋升靠的不仅仅是出色的业绩，更多的是因为他助力华为实现多个战略目标，做出了巨大的战略贡献，这也是华为非常强调的一点。任正非表示：“我们认为，还是根据产粮食多少来确定基本评价（KPI），根据对土壤未来肥沃的改造程度，来确定战略贡献。比如，根据销售收入与优质交付所产生的共同贡献，拿薪酬包；若没有做出战略贡献，就不能被提拔。”

7. 敢于破格选用和提拔人才

向来把人才放在首位的华为曾明确表示，过于强调选拔制度的公平不利于企业的发展，而美国正是以开放的心态选拔人才，才成就了今天美国的强大。因此，华为表示要向美国学习，敢于破格提拔优秀人才，敢于吸收全世界的优秀人才，就像任正非所说的：“要敢于破格选用人才，‘不拘一格降人才’，创造条件使优秀干部和专家快速成长，在当前经营环境下激发组织活力，加快干部与专家队伍建设，保证公司业绩持续有效增长。”

7.1 大胆起用一线涌现出的人才

华为的用人理念和毛泽东的用人理念在某些方面有相似之处，比如用人不拘一格。毛泽东常常起用在革命实践中涌现出来的杰出人才，粟裕就是最好的例子，毛泽东在解放战争中大胆地选用了这名从士兵成长起来的将军，他既没有上过军校又没有出国留过学，毛泽东却非常看重他从实战中积累下来的军事才能和战术战略思想。果然，粟裕没有辜负毛泽东一次次的破格提拔，在战争中连战连胜，成了百战百胜的优秀将领。

而华为也同样重视人才的真才实学，不被文凭和学历等因素影响，看重人才在一线的实际操作中积累的技能和才能，大胆起用一线涌现的人才。任正非表示："我们要不拘一格地选拔使用一切优秀分子，不要问他们从哪里来，不要问他们有何种经历，只要他们适合攻击'上甘岭'。"

2000年9月，方乾元（化名）成了华为的一员，入职后就直接被分配到无线技术支持部的第一线，从事GMSC35新产品的技术支持工作。当时方乾元每天的工作就是现场开局、现场割接支持、远程支持问题处理工作等事务。

方乾元在一线工作的很长一段时间都处于从早忙到晚的状态，但他不觉得辛苦，对待工作十分认真。由于工作表现突出，方乾元的部门领导找到他，询问他关于之后的工作意向，恰好当时华为开始实施中国移动GSM目标网全网升级项目，方乾元向领导申请负责这个项目，领导认为他有能力担任项目负责人，很快向公司提出了申请。

方乾元如愿以偿，接手了中国移动GSM目标网全网升级项目，主要负责组织全网项目实施以及做好远程支持工作。这个项目是华为的重点项目，工作任务很多，责任也很重，方乾元几乎每个月有20天都在公司过夜，但他坚持到底，成功交付了这个项目。

在圆满完成这个项目之后的两年时间内，方乾元在一线现场支持了四十多个重大工程项目的割接，积累了扎实的专业知识和一线工作经验。

到第三年，方乾元被华为提拔为无线产品二线技术支持工程师、国内GSMNSS产品责任人。第四年，方乾元就被调入北京分部，作为移动软交换长途汇接网项目的技术总负责人。就这样，不到4年的时间里，方乾元从一名普通的一线技术员，成长为华为的技术骨干。

华为认为传统的职业晋升通道并不能真正将所有的优秀人才都挑选出来，

为华为所用，因此，要开放更多的选拔通道，在责任结果的基础上大力选拔干部，用开放的心胸，在各级人才能发挥作用的方面使用他们。

华为表示不能片面地理解“精英”这一概念，不能只重用金字塔塔尖的一部分人才，而要在各个层级选拔出各个方面的优秀人才，不仅重视机关的干部选拔，也要大胆起用一线涌现出的人才，从而激励华为的所有精英，形成组织合力，使得华为的千军万马都能贡献自己的力量，提高工作效率，增加企业的效益。

7.2 做出突出贡献的人，要破格提拔

华为经过三十年的艰苦奋斗形成了全覆盖的大平台，十几万名经验丰富的资深专家和干部在经营管理着这个平台，但随着华为进入平稳发展时期，如果没有更多新生力量刺激华为的内核，激发出更大的能量，华为有可能会逐步走下坡路。为此华为提出要提拔那些为组织做出突出贡献的优秀人才，给他们更多成长的机会，激活组织，使华为能够可持续发展。

任正非表示：“现任俄罗斯国防部长谢尔盖·绍伊古，就是一个直接从上尉提拔为上将的人。我们要注意优秀种子的发现，以及给予他们成长的机会。华为要做到群贤毕至，充分发挥组织潜力、奋斗者的潜力，优先给他们创造实践机会。要允许相当多的优秀员工快速升级，多担责任。”

2012年，华为的客户运营商丹麦TDC要求华为做全网无线搬迁、优化和管理服务，虽然TDC是老牌运营商，有着庞大的用户群，但由于网络老化，加上成本高居不下，导致用户体验下降，TDC的市场份额也在激烈的市场竞争中逐年下滑。在这重新赢回客户的关键时期，TDC给华为的任务难度极高，对于华为来说是前所未有的挑战。TDC项目组中的一名项目经理霍成锡（化名）不过是个资历尚浅的新人，但他毫不畏惧，组织项目组成员做好全方位的准备，与TDC展开了漫长的谈判。在关键时机霍成锡果断做出决策，与客户签署了协议。

谈下合作之后，霍成锡为了兑现给客户的承诺，完成目标，做了详细的解决方案，但依靠项目组的力量无法将所有措施实施，于是他将相关难题提

交到总部，寻求支援，并在华为内部招募有相关经验的员工。很快，霍成锡得到了上级的支持，几个有经验的员工加入了他的团队。霍成锡带领交付团队，用了九个月的时间，一个一个作业流程优化，一个一个站点进行规划，或搬迁，或扩容，或优化，实现了高效运作。最终把客户的网络质量做到了第三方测试排名第一，圆满地完成了客户制定的目标。根据合同中的奖励条款，客户给华为发了1300万丹麦克朗的奖金。

华为一直都将能否为公司赚取利润作为人才考核的最关键因素，在TDC项目中，霍成锡带领团队为公司赚取的奖金大部分都流入项目组成为团队奖励，而霍成锡也因为做出了突出贡献，被破格提拔。

从霍成锡的案例可以看出，华为尊重真正有能力的人才，并且大胆起用他们，让他们负责重要的项目，让他们在流程中发挥重要的骨干作用。在华为看来，按序排辈、按资历排辈会造成一部分优秀员工流失，不能让能力突出的员工在最佳时间走上最佳岗位就不能发挥关键人才的价值，不管是人才流失还是没有人尽其能对于企业来说都是巨大的损失，因此华为多次强调华为的干部选拔没有年龄、资历标准，只以责任结果贡献为考核标准。

7.3　从铁的奋斗洪流中，选拔成千上万的接班人

实际上，按照人的生理生命来说，一个人的工作生命是很短的。更不用说随着人的年龄递增，学习能力逐渐下降，导致很多人不能追赶上时代的变化，适应科技的迅速发展。也就是说，人的知识生命更为短暂宝贵。因此，华为特别注重从万千奋斗者中选拔出成千上万的接班人，在他们的最佳知识生命阶段内发挥出他们最大的职业价值。

为了能够让华为人在最佳时间以最佳角色做出最佳贡献，华为表示要多提拔人才，培养出一批英勇无畏、头脑清醒、方向清晰的奋斗队伍。为此，华为很早就开始大规模地提拔人才作为华为的接班人。

华为非常重视人才的知识生命，认为要发挥出人才的最大价值就要不拘小节，广泛地选拔人才作为华为的接班人，于是华为提出“炸开金字塔塔尖

吸收宇宙的能量”“不完美的英雄也是英雄”等人才理念大规模提拔人才。从2014年开始明确指出除了正常的职业晋升之外，华为每年都要在十几万华为人才中破格提拔1500人。到2016年，华为更是扩大提拔人才的规模，提出了每年从华为的奋斗洪流中破格提拔4000人这一刚性指标。

2016年10月28日，华为轮值CEO胡厚崑在“出征·磨砺·赢未来”研发将士出征大会上说：“公司过去两年通过实施破格提拔制度，完成了对1500名员工的加速提拔，比较有效地解决了当前政策中的一些瓶颈和障碍。但在我看来，这些属于‘推’的工作，为的是让普适性的晋升政策不卡住优秀员工。在未来，我们会将工作重点从‘推’转向‘拉’，要用积极的破格晋升制度吸引一大批有干劲、有能力的员工做出突出的成绩，脱颖而出，并让这项政策成为长效机制。我们希望通过这些积极的破格提拔制度，每年能够帮助4000名以上的优秀员工获得加速提拔。”

2017年1月11日，华为CEO任正非在市场工作大会上说：“公司决定今年破格提拔4000多人，我们让优秀人员快速成长，但是以责任结果考核干部的政策不变。我们一定要加强中、高级干部和专家的实践循环，在循环中扩大视野，增加见识，提高能力。”

从胡厚崑和任正非的发言中也可以看出，在华为，破格提拔就是为了突破规则的限制，加快优秀人才的成长，使得人才能够在最宝贵的知识生命内为企业做出最佳贡献，从而实现企业的熵减。

华为在过去数十年中基于人力成本的优势获得了成功，在世界舞台上占据了优势地位。但未来的二三十年，人类将迈入智能社会，华为认为企业想要在外界的各种冲击下谋求长远发展，不能仅仅依靠以往勤劳肯干的人才队伍，还要以更为开阔的视野和宽广的胸怀接纳更多知识型人才来构建新的竞争优势，只有利用好更多具备开拓精神的人才的知识生命，发挥出他们的最大价值，才能推进企业发展，实现企业长盛不衰的终极目标。为此，华为表示要从铁的奋斗洪流中，选拔成千上万的接班人。

第4章 华为的用人法则

任正非说：『公司遵循人才成长规律，依据客观公正的考评结果，让最有责任心的明白人担负重要的责任。我们不拘泥于资历与级别，按公司组织目标与事业机会的要求，依据制度性甄别程序，对有突出才干和突出贡献者实施破格晋升。』

1. 饿狼逼饱狼，让人才脱颖而出

在华为，人才想要脱颖而出有两条通道，分别为岗位晋升通道和能力晋升通道，不管选择哪个通道都有多个竞争对手，使得华为的职员长期都有危机意识和被追赶的压力，这种“能者上，平者让，庸者下”的机制使得华为能够让“饿狼逼饱狼”，让真正的人才脱颖而出。

1.1 公司养的是狼，要杀猪给狼吃

华为自实行代码开源、开放平台之后，降低了开发工作的重复率，研发机构的规模也随之缩减，同时，在任正非的号召下，华为将后方能力中心转变为大部门制，减少了机关层级，便于快速响应作战。随着种种变革，华为不再靠层级的多少、规模的大小和人数的多少来谋发展，而是精简不必要的部门和不必要的工作流程，让最优秀的人才做华为公司的“头狼”，带领公司拿下“猎物”，而那些消耗组织能量、不能给公司创造效益的“肥猪”，华为表示要将他们清除出去。

实际上，华为从2017年开始，精简人员、优化人才结构的变革措施就已初步推行：

（1）为保持华为的组织活力以及保持作为创新型企业的年轻化，华为将微调退休政策，以往的“45岁可以退休”更改为“45岁须退休”，但45岁以上的管理岗位或者对华为做出杰出贡献的优秀人才能够通过人力资源部的重新审批继续留在华为工作，华为也希望保留这些能创造效益的“狼群”。

（2）随着股价的水涨船高，华为将过去以饱和值来匹配岗位的方式调整为定岗定级定数，并且以股票TUP数量来衡量饱和度。以往华为的员工花钱购买华为的股票，但现在已经改为虚拟股份，员工不需要花钱购买，仍能享受股票的分红。这样一来，在清除公司的“肥猪”的时候，就无须考虑股票的绑定问题了。

(3) 华为的业软产品线近几年做得不成功，部分优秀的组织成员将被划到GTS服务部门，与研发相关度强的优秀人才将留在研发体系。人员上进行大调整，将大幅缩减规模。

(4) 华为的消费者BG逐步独立化，将逐渐与片联剥离开来，独立经营。即消费者BG与运营商BG分开管理，消费者业务部门都单独设立地区部总裁，直接向余承东汇报，内部的冗余人员将被清除。

(5) 2016年，华为已派遣2000名将士出征海外，这仅仅是华为第一批大规模的人员调动。未来几年，随着华为的运营商BG的缩身，整个部门将保持缩减人员的状态，这个过程中，也将大量精简员工。

华为最初以人海战术打开国内市场，快速成长为国内顶尖企业之后，发展速度逐渐减缓，也不再需要以人数的优势压倒竞争对手，而是转向吸收顶尖人才，谋求稳定的长远发展。于是，在发展稍缓之际，华为表示要对内部的人员结构重新洗牌，以利润为中心，优化人才结构，仍然坚持从外引进顶尖人才，对内也要进行合理的调整。

任正非非常担忧华为有些员工每天在工作岗位上虚度光阴，对组织也没什么贡献。他表示：“国家在‘打虎’，我们可以‘杀猪’嘛，今后就要‘杀’一些养得太肥、每天只会哼哼的‘猪’，把这些‘猪肉’分给那些正在疯狂忘我工作的‘饿狼’。”华为将会更多地投入能够为企业创造价值的部门和人才，对那些效益差的部门进行大裁员，对未完成目标的主管进行大洗牌，尽可能优化人力资源的投入产出比。

1.2 竞争上岗，逼着你更优秀

最初，华为为了谋发展，曾大规模招揽人才，当时华为上下一心，为实现阶段性目标而奋斗，这也使得华为能够迅猛成长为国内一流企业。但随着企业规模的扩大，华为逐渐意识到由于内部竞争意识不强，华为没能够建立起“能者上，平者让，庸者下”的竞岗机制，这也使得华为内部人员的危机意识不够，导致许多员工认为做好自己手头上的工作就够了，完全没有通过学习和努力跟上企业发展速度，适应进入公司新阶段的意识。

为了解决上述问题，华为于1996年开始大规模建设人力资源体系，全面引入岗位竞争机制，以这种带着压力的模式，“逼迫”华为员工更上进、更优秀。这一改革工作始于那次轰动的华为市场部集体辞职事件，当年华为所有干部宣誓：“从今天开始，我们重新接受组织的挑选。”

1995年前后，华为熬过了最艰难的创业时期，开始蓄力发展，为了能够抓住发展的关键时期，华为多次激励内部的骨干精英保持工作的激情，创造华为更好的明天。但当时华为的高管大多数都是最早跟随任正非一起建设华为的骨干，在华为进入高速发展时期之后，由于职位越来越高，个人的发展空间却越来越小。同时，由于丰厚的薪酬以及分红等福利，部分高管渐渐丧失了创业时的激情，工作状态也逐渐变得懈怠，这样一来不仅对公司的建设有害无益，还极大影响了下属员工的工作积极性。面对这种情况，华为决定做出一次巨大的改变，让华为人能够重新拥有危机意识和工作激情。

这也是1996年华为市场部集体辞职事件的由来，当时华为市场部副总裁孙亚芳带领26个办事处主任向公司递交了辞职报告，并提交了当年的述职报告。孙亚芳还在公司内部做了一次演讲，市场部的代表宣读完辞职书，很多人都眼含泪水地高呼：“前进，华为！前进，华为！”这些员工辞职之后通过与其他竞争者的比拼再次竞聘上岗，如果带领团队取得突出成绩，就能够继续升职，而在岗位竞争中失败的，要根据情况来决定去留，不符合当前岗位要求的转换岗位，跟不上形势需要的就下岗。

此后，华为一直沿用这种竞岗模式，根据个人实际表现、发展潜力及公司发展需要对各级干部进行选拔。

事实上，华为提出的竞争淘汰机制也就是华为的“饿狼逼饱狼”策略，华为的竞争机制要求每个符合岗位任职资格的员工竞聘上岗，任何一个岗位都会有3个或4个以上达到任职资格的候选人，也就是说，员工必须通过奋斗使得自己变得更为优秀，才有资格成为这个岗位上的工作人员，而在岗位上的工作者也必须通过努力工作，才能坚守自己的岗位，一旦有所松懈，就会被后面的接替者代替。

此后，华为开始实行职能优化，全面建设流程化的组织、职业化的队伍，并且在竞争淘汰机制的基础上全面推行“干部能上能下、工作能左能右、人员能进能出、待遇能升能降”这“四能”机制，以建设出更为优秀的人才队伍。

1.3　用末位淘汰，传递无依赖的压力

GE 活力曲线是由 GE 公司前 CEO 杰克·韦尔奇提出的给企业带来活力的方法，实际上也就是被各个企业广泛使用的末位淘汰制，指的是将工作业绩靠后的员工淘汰，以此来传递压力，激发员工工作积极性的负激励方法。

华为在建立完善的岗位竞争及淘汰机制之前，由于没有严格的末位淘汰制，导致公司内许多考核制度形同虚设，没有有效传递来自市场竞争的压力，而是给了员工一种可以依赖企业生存的毫无危机感的错觉。尤其是华为在很长一段时间内都处于高速增长状态，这也导致很多员工认为只要公司维持现状，自己不必担忧考核成绩带来的影响，从而产生惰怠现象。在这种没有压力的环境下，员工长期处于安逸状态，过于依赖企业，最终只会导致个人和公司的失败和灭亡。

“好望角蜜蜂”是一种从来不工作，只会享受其他蜜蜂劳动成果的蜜蜂。这种蜜蜂依靠强大的伪装能力，寄生在其他蜜蜂的卵中，靠其他的工蜂抚育。“好望角蜜蜂”拥有出色的隐藏能力，能够数月不被发现，并且能够在几个月时间内生产数倍的后代，但它们在这个过程中，只会消耗别的蜜蜂辛苦采取的花蜜，从不劳作，它们寄生的卵巢在几个月之后就会崩溃。而“好望角蜜蜂”就会在此时全身而退，寻找下一个“饲主”。

事实上，这种“蜜蜂”存在于很多企业中，一些业绩不合格的员工被上一个部门推到下一个部门，干一段时间不行了就又换一个部门，一年又一年，因为主管想着：“人都要走了，打个 C 吧。”“刚来新的环境，有个熟悉的过程，打个 C 吧。”……就这样，这些公司里的“好望角蜜蜂”找到了生存方式，一路混到底，没有业绩，不产蜜，但一次一次找到新的寄生地，消耗了公司的能量和资源，长此以往给企业造成巨大的伤害。

其实，要解决这一问题的最佳办法就是就地处理，将这些“好望角蜜蜂”清除出组织。同时也告诫其他组织成员，如果不努力工作，创造好业绩，就只能被组织淘汰。

对于组织而言，落后和惰怠就像是传染病，不能根除病源就会扩散繁殖，企业如果不能及时清除掉这些落后者，就会大大挫伤组织积极性，团队士气也会随之低落。

实行末位淘汰制，能使组织成员保持危机意识，也让组织能够保持活力。同时，由于组织的公平性，末位淘汰制不仅是对落后者的最佳处理方案，也是对优秀员工的最佳激励方式。

华为在高速发展时期将全部心力都放在大力投入人力资源，占据优势地位上，导致各个业务部门都没有认真考虑过人力资源成本的问题。华为考虑组织公平性以及对组织落后成员的妥善处理，综合人力资源成本问题，开始严格推行末位淘汰制，这也迫使多个业务部门进行组织整合，考虑效率问题。从系统、组织角度考虑业务重叠造成的资源浪费，从而更为严格地对待绩效考核，将业绩排名靠后的组织成员清除出组织，从而提高了工作效率。

华为国内营销的计划体系、策划体系整合之后，减少了12人，一段时间之后，计划体系反映部门成员纷纷表示由于拖后腿的组织成员被清除，无谓的协调和内耗减少，工作更加轻松了，原来部门无能力承担的市场空间分析等工作，也因为组织效率的提升开展起来了。而后计划体系表明还将进一步执行末位淘汰制，进一步精简组织成员。

正如华为所做的那样，贯彻落实末位淘汰制，将长期绩效不好、对组织没有贡献的员工清除之后，不仅减少了人力资源的浪费，还对那些待改进的员工产生震慑，给所有的组织成员都传递了无形的压力，使得组织成员的危机意识渐浓，从而将更多心力投入工作中，使得组织活力及战斗力都大幅提升。因此，任何公司想要保证组织活力，减少人力资源的浪费，谋求长远发展，就应该长期坚持末位淘汰制，正如任正非所说：“末位淘汰是永不停止的，只有淘汰不优秀的员工，才能把整个组织激活。”

2. 用人所长，不求全责备

在华为看来，严格按照全能完美模型去选拔人才，对于组建一支能打胜仗的人才队伍毫无帮助，因为“完人”也许做不出大贡献，但吸收有突出特长和杰出能力的人才，就能组建一支战斗力极强的队伍。任正非说：“我们要不拘一格地选拔、使用一切优秀分子，我们要用开放的心胸，引进各种优秀人才，要敢于在他们能发挥作用的方面使用他们。我们对人才不要求全责备，求全责备优秀人才就选不上来。”

2.1　包容员工的个体差异

近年来，华为为了实现全面云化，广泛吸收更为年轻、更有想法的优秀人才助力华为的科研工作，但华为也注意到，这些年轻的员工不仅具备极佳的创造能力以及对工作的激情，更是个性各异。在管理人才、发挥人才价值这一方面，任正非认为如果磨灭所有员工的个性，无异于将煤炭洗白，是毫无价值且没有意义的，而且在某种程度上，可能会使组织丧失活力。

华为高级副总裁陈黎芳在一次与新员工的交谈中分享了华为对于员工个性差异的看法，也反映出华为对于员工个性的包容。她提到人脑分为四个区域，每个区域擅长的领域是不同的，有的区域擅长数据、逻辑和对错等，有的区域关注事物本质及行为习惯给未来造成的影响……同时，每个人的大脑四个区域的偏好度是不一样的，这也就意味着，每个人各有所长的同时由于取向不同导致个性各异，但恰恰企业不同岗位、不同职责所需要的员工素质是不一样的。因此，在尊重和欣赏个体差异的基础上，关注每个员工擅长的领域并利用好他的专长，发挥出员工的价值才是企业真正要做的事情。

贾成辉（化名）成为一名市场新兵之后与众多一线的资深员工一起参加了培训，也正是在培训期间，他认识了许多华为一线个性各异却在各自领域有着突出能力的前辈。

比如在子网无线部担任产品经理的吴杰（化名），他虽然不苟言笑，独来独往，但是统筹规划能力极强。即使是在统筹策划子网大小项目的同时，还要面对公司内部的各种流程和汇报，以及处理客户的问题甚至是投诉等诸多工作，他都能游刃有余地完成一切任务。贾成辉曾和他一起考察过 workshop 的会议场所工作，那时他一天要见好几个客户，手机一直连着充电宝，一路电话铃声不停，笔记本还列着十几件要同时处理的工作，但他都一一处理好了这些繁杂的事务。

还有贾成辉的导师，导师性格开朗，善于言谈，在带领他熟悉工作环境和工作流程的过程中，常常与他分享自己在各个国家与客户之间的趣事，也时常邀请他一同出游。但只要是处理工作上的事情，贾成辉的导师就仿佛变了个人。一次，贾成辉和导师一起推敲项目整理思路，两人从早到晚都在做准备工作，为了能够做好与客户的技术交流，两人还模拟练习、推敲细节，为了输出高质量的系统部产品上市策略，数易其稿。

贾成辉还在培训过程中认识了一位商务专家，这位商务专家是个非常和善的人，任何人有任何疑问，他都非常热心地为对方解答疑惑，但是在工作时，他经常为了排除商务条款中的一点点风险隐患和子网项目经理反复争论，坚持自己的原则不退让。

还有性格孤僻不合群的项目组视频 BC 专家，虽然他和其他同事的沟通存在一定的问题，但是他在处理材料时逻辑清晰，能够以简单明了的方式表达出材料内容，并且引导其他同事转换思维去思考问题。还有本地网优主管，她语速极快，工作雷厉风行，虽然对待下属非常严格，但是积极配合一切工作，全面支持团队的业务开展。也正是在融入华为这个集体之后，贾成辉才意识到，华为之所以能够如此成功，就是因为华为能够包容一切个性上的差异，让所有员工发挥出自己的才能，从而铸就了华为的辉煌。

要真正发挥人才的效用就要懂得抛开外在的个体差异，从人才本身出发，抓住他身上别人没有的优势，并加以利用，才能够满足企业在各个方面的需求，真正帮助企业发展。正如任正非所说："要用人所长，不求全责备，尊重个体差异。充分发挥员工所长，用员工所长，尊重个体差异，优势互补、团结有序，才能综合满足公司在各种经营形势下、业务场景中对人才的需要。各级主管面对员工时应实事求是地看待员工的个体差异性，不要简单地把年资长的员工与惰怠、没冲劲去画等号，要避免管理的简单化、贴标签、一刀切。”

2.2　敢于用有个性的员工

特雷默定律是英国的管理学家E. 特雷默提出的人才定律，他表示企业里没有无用的人才，虽然每个人的才华高低不同，但一定各有长短，只要企业能够妥善利用人才的优势，就能够人尽其用，为企业创造价值。

这也是任正非对人才的看法，在他看来，没有无用的人，只有不会用人的企业。企业在使用人才的时候，不可能找到个性、才能等各方面完全符合要求的人才。因此，要包容人才的个性，抛开成见和偏见，发现人才身上的闪光点，并利用这个特有的才能委以相应的责任，这样就能够发挥出个人的专长，使得全体职员在最适合的岗位上发挥出最大的能力，进而使得整个企业呈现繁荣之态。

2000年，陈方豪（化名）毕业之后入职华为，由于年纪尚轻，个性鲜明，不关注人际交往的问题，导致他在工作上固执己见，总是认为自己的想法是对的，他也因此和同事、领导之间常常有矛盾和冲突，甚至出现和主管拍案叫板的现象。

有一年，陈方豪完成了好几个重要的项目，为部门做出了巨大贡献，但因为个性的原因，得罪了很多同事，陈方豪觉得这一年的考核也会因此受到影响，就在他忐忑之际，他得知自己年度考核评分靠前，主管不仅没有计较他的“不合群”，还为他申请了当年的金牌个人奖。虽然陈方豪最后没能获得金牌个人奖，但他仍然非常感激且信任自己的主管。他一直记得当时主管说：“你虽然个性鲜明，但优点也突出，不计较一时得失，主动、执着，不挑任务，一旦认定目标，就一定要做到。这种品质值得欣赏。”

主管这种敢于用人的管理风格也深深影响了陈方豪，陈方豪心中也开始形成“每个员工都有自己的特点，有能力的人往往个性也很鲜明”这一想法。

他成为主管之后，更是学会了欣赏个性鲜明的员工，善于发现他们的优点，并通过积极的引导，帮助他们创造出最大的价值。

陈方豪在扩充团队的时候，听说新成员夏思东（化名）是个爱耍小聪明的人，而且夏思东曾因为过于重视哥们儿义气给团队造成了负面影响。陈方豪本身就性格直爽，不喜欢拉帮结派，因而对于夏思东要随着版本转维成为他团队中的一员有一些抗拒。但他不断提醒自己不要以偏概全，不要因为员工的某些缺点而否定他的工作，最终接纳夏思东成为团队的一员。经过一段时间的观察之后，陈方豪发现夏思东的小聪明不是为了利己，而是用在团队联络上，他的良好表现也让陈方豪决定将中国区的维护团队交给他。夏思东也不负众望，抓住中国区核心网大发展的时机，推动移动端局搬迁、VoIP 改造等一系列项目的交付，并且在项目支撑人力不足的情况下，实现中国区三亿用户的交付，取得了客户满意度第一的好成绩。在陈方豪的重用下，夏思东还负责全球的维护工作，并且参与了公司多个山头项目，最终获得了公司的金牌个人奖。

陈方豪和夏思东都是比较有个性的员工，但在华为包容个性的工作环境中，他们都能够施展自己的才华，为组织创造出巨大价值。这种用人所长、不求全责备的用人理念正是华为极力推崇的，也是华为能够广纳英才并发挥出个性各异的十几万人才的能量的重要原因。

事实上，企业应该注意到人与人的个体差异是巨大的，博而精的超人是没有的。因此在用人时应该学习华为，敢于用有个性的员工，尽可能地知人善任，使每个人在团队中发挥最大效用。

2.3 放大优点，用人所长

海尔总裁张瑞敏曾说："兵随将转，无不可用之才。作为一个领导，你可以不知道下属的短处，却不能不知道下属的长处。"这与华为所提出的用人所长、不求全责备的用人理念不谋而合。可见，在众多一流企业中，管理者都提倡企业要去发掘人才的长处并且放大这些优点，在企业中找到最佳着力点，也就是最佳岗位，充分发挥这些人才的才能。

实际上，每个人的能力都呈现出一定的倾向，一个人可能在一些领域表现出突出的能力，而在另一些领域里表现又非常一般，甚至低下。如果企业能够优先在人才擅长的领域内为其配置岗位，不仅能够培养出更多能力突出的专家，也能借助人才的优点形成企业的优势，促进企业的发展。

2013 年，从小受家里艺术氛围熏陶、从艺术院校毕业的张成斌进入华为之后远赴西班牙，成为华为西班牙供应链的一员。在此之前，张成斌一直以来学习的都是艺术专业，电信行业对他来说是非常陌生的领域，就在他忐忑不知能否胜任工作的时候，他的主管称："不要瞻前顾后，相信我看人的眼光，你有很强的整合能力和统筹规划能力，一定能做好供应链的一切事务。"

加入华为两年之后，张成斌不仅利用自己的语言优势解决了很多工作上的问题，还利用自己极强的学习能力和统筹能力成功完成了多个重要项目的工作。于是，2015 年初，张成斌被委以重任，处理财报内控工作。为了改善中心仓账实一致率，张成斌当即就建立了清理专项小组，与机关、行政管理及 IT 等众多部门的员工一起对差异进行快速定位并加以分析，在他的带领下，专项小组很快抓住了主要矛盾，并重新梳理了解决方案。

一个月的集中清理之后，张成斌带领专项小组解决了全部历史差异问题，为了防止新增差异，张成斌提出专项小组要同步监控并做到周清周结，在解决历史堆积问题的同时防止新问题的产生。在一系列的努力之后，中心仓账实一致率从 89.2% 提升至 99.5%，同时，存货类指标从 15 分上升到 28 分，实现了从西欧倒数第一到正数第一的飞跃。张成斌因为主管知人善用、用人所长得以被重用，从而为华为创造了巨大的价值。

古人云："君子用人如器，各取所长。"而华为正是因为用人所长，使得天下之才都能为华为所用。因此，更多的企业在人才应用上应该着眼于个人的优点和长处，摒弃求全责备思想，用其所长、用其所能，真正把合适的人放到适合的岗位上，多加鼓励、关爱，全面激发士气，方能使每位员工都能各展所长、各尽所能，为企业贡献出其最大价值。

在这个过程中，也许会出现很多像张成斌这样不自信的员工，管理者更要坚定自己的看法，充分肯定员工的长处，并且给员工充分发挥的空间来发挥所长。

3. 打造狼性团队，实现最佳配置

华为非常重视“团队”的力量，这与管理学中的凝聚效应相似，凝聚效应指出团队这个整体对于团队成员有一种吸引作用。每个人在职场上都有探索、创造以及取得成就的需要，个人的力量是有限的，而团队的力量能够帮助个人实现他在职场上的追求。但团队的目标往往也需要由有着不同特长和优势的成员共同发力完成，也就是说，团队要集合所有团队成员的力量才能变得强大。因此，华为提出要打造强战斗力的狼性团队，实现最佳配置，不仅实现每个员工的追求，也能使华为更为强大。

3.1 人才互补，强化协作精神

在职场环境中，人与人之间的合作不是人力的简单相加，假使每个人的能力都为 1，10 个人的合作结果有可能远远超过 10，但也有可能比 1 还小。因为 10 个人的能力可能是重叠的，如果让拥有同样能力的人组合在一起，很有可能互相抵触，从而消耗能量。但如果能使 10 个拥有不同能力的人组合在一起，他们互补互助，不仅能够发挥出 10 个人叠加的能力，还能产生更多能量。

华为正是意识到团队的整合问题，才多次强调团队要形成人才互补的关系，并且强化彼此之间的协作精神，将团队成员方向各异的能量集中在一起，互相推动，形成事半功倍的效果。

2011 年，华为的徐海明在 K 国负责一个光纤海缆路缆项目，但因为友商的干扰和融资优惠存在争议，华为与客户签署合同后一直无法落实融资。为此，徐海明发挥项目组各个成员的作用，让技术专家到现场澄清方案；让项目组成员在银行和 K 国政府之间斡旋，推动融资谈判；让法语客户经理去 K

国各地考察，积极响应客户需求；让网络维护专家去 K 国各地保障客户网络，提高客户网络质量……在项目组全体成员的努力下，团队解决了所有困难，很快就启动了项目。

这就是典型的 10 个人的力量大于等于 10 的例子，在 K 国的项目中，华为的相关员工凭借自己的专长和互帮互助的团队精神实现了团队的目标，正像任正非所提倡的："时代呼唤我们要融入群体文化，在群体奋斗中努力去发挥自己的个性。"华为使得各有所长的团队成员尽己所能，在团队中形成互补优势，减少了人力的无谓消耗，提高了团队的效能。

在一个大数据项目中，华为的 30 多名员工和多位银行工程师一起组建了联合开发团队，朝着共同的目标开始了工作。

大数据项目非常复杂且"难搞"，项目组每天都要解决各式各样层出不穷的问题，当时华为团队要将相关的银行业务数据写入华为研发的平台中，但是银行业务的数据处于实时更新状态，华为需要快速研发出一个消息处理平台，先缓存客户的数据消息，再存入新的平台，保证消息不丢失。

按照以往的工作模式，华为团队本会组织几个工程师用一个月的时间研发新的平台，但这次情况紧急，客户要求在一个月之后就要进行 POC 测试，因此常规的研发已经来不及了。于是华为项目组的各个成员在协调之后，在各自负责的领域出力，该编程的编程，该与客户对接业务的对接业务，该做测试的做测试……最后在规定时间内完成了平台开发，并通过了客户的 POC 测试，华为项目组成员都自发地鼓起掌来，为团队的力量欢呼。

比尔·盖茨说："团队合作是企业成功的保证，不重视团队合作的企业是无法取得成功的。"华为也越发意识到建设能力互补的团队是生存发展的基本条件之一，因此，任正非向华为人强调："希望你成为大系统中一个开放的子系统，积极、有效地既求助于他人，同时又给予他人支援，这样你就能充分地利用公司资源，你就能借助别人提供的基础，吸取别人的经验，很快进入角色，很快进步。"

3.2 打造面向一线的精兵化小组织

随着企业的发展壮大，华为发现为客户提供产品和服务时，如果使用传统的垂直化组织是不能满足“以客户为中心”的要求的。为此，任正非指明：“前端应该是精兵，来对付不确定性，包括了技术的不确定性、客户需求的不确定性、交易条件的不确定性、交付条件的不确定性。将来‘主官+职员’就是精兵作战系统。”基于这个思考，华为决定向客户提供一个一致的归口，打造面向一线的精兵化小组织，也就是以项目为中心的“铁三角模式”。

华为的“铁三角模式”最早源于华为苏丹代表处。2006年，华为苏丹业务快速增长，但在投标一个移动通信网络项目时没有中标。当地代表处展开自我批判，总结了失利的原因。

代表处发现部门之间，包括客户关系、产品与解决方案、交付与服务、商务合同、融资回款等部门，各自为政，缺少横向交流。在与客户接触时，每个人只负责自己的领域，对客户的需求理解有遗漏，或是被动地响应，难以准确、主动把握住客户真正的需求。加之客户接口涉及的部门、人员较多，重复交流严重，导致客户对解决方案、交付能力不满意。

最为典型的一例是在一次客户召开的网络分析会上，华为代表处有7个人参加会议，他们事前也没有协商沟通具体内容，谁负责领队，结果这7个人各自从自己专研的领域向客户解释技术和问题。客户的CTO非常不满，当场指责他们，说自己要的不是一张交钥匙工程的网，不是一张核心网，更不是一张数通网，而是一张能够立即运营的电信网。而华为代表处7个人向客户推销了几个互不相干的独立建网方案，显然需要客户自己做整合。在这种各自为政的情况下，没有人会为总体的客户满意度负责。

华为苏丹代表处为了解决这一难题，尝试打破部门、个体责任间的边界，提出以客户为中心架构新组织结构，实现客户接口归一化管理。最终，华为苏丹代表处经过努力形成了一个以客户经理、解决方案专家、交付专家为核心的项目一线作战单元——“铁三角”。“铁三角”一致面向客户，提供综合性的解决方案。

正是因为华为打造了面向一线的精兵化小组织，华为苏丹办事处于2007年通过“铁三角模式”获得了苏丹电信在塞内加尔的移动通信网络项目。此后，华为开始在全公司推广并完善“铁三角模式”。

可以看出，“铁三角”的精髓是打破了组织职能边界，形成了以项目为中心的团队运作模式，是一个贴近客户的敏捷化组织。

任正非指出：“它是一种推拉结合的模式。华为过去的组织和运作机制是‘推’，现在逐步转换为推拉结合，以‘拉’为主的机制。‘推’即由整个企业、部门为主导，提出目标及任务，然后动用组织强大的资源去达成；‘拉’是指一线组织提出需求，后方支援。”华为通过后方的有效支持为一线“铁三角”提供优质资源和先进设备，让一线团队能够在发现目标和机会的时候及时抓住机会。由此可见，“铁三角”并不是一个相互制衡和牵制的组织体系，而是一个抱成一团的聚焦客户、满足客户需求的共同作战单元。

3.3 融入团队，实现群体奋斗

由于早期的创业经历，华为有很长一段时间强调个人英雄主义，但随着华为发展为一个职业化管理的大规模企业，华为开始淡化个人英雄色彩，强调组织和团队的力量。尤其是作为一个拥有十几万员工的大规模企业，华为强调群体奋斗的力量，认为集合众人之力，才能提高企业运作效率，降低内耗，实现华为的战略目标。

任正非在《一江春水向东流》一文中提道：“那时我已领悟到个人才是历史长河中最渺小的这个人生真谛。我看过云南的盘山道，那么艰险，一百多年前是怎么确定路线，怎么修筑的，为筑路人的智慧与辛苦佩服；我看过薄薄的丝绸衣服，以及为上面栩栩如生的花纹是怎么织出来的而折服，织女们怎么这么巧夺天工？天啊！不仅万里长城、河边的纤夫、奔驰的高铁……我深刻地体会到，组织的力量、众人的力量，才是力大无穷的。人感知自己的渺小，行为才开始伟大。”

任正非认为，华为的成功绝非个人的伟大。任何成功都不是凭借某一个人的才干就能够实现的，而是要借助团队整体的力量。于是，华为倡导群体文化，号召所有的华为人都融入集体，以群体奋斗去迎接更多挑战，抗击未来的风暴。

2012 年前后是华为 IMAP 最困难的时期，当时 IMAP 业务整体搬迁至西安，那些有着多年经验的护航专家逐步撤离，大批毫无经验的新员工入职。

陈弘就是这个时候加入 IMAP 团队的，最开始他独自摸索工作方法，发现自己备受煎熬，难以融入华为的工作环境。直到一次加班，他定位一个网络问题的时候一直找不到故障原因，于是随口问了一旁的同事，同事查看后表示可以请教更为专业的吴朝辉，于是吴朝辉加入了团队讨论，快速定位出故障原因，并且引导团队其他成员多角度思考问题。团队成员边讨论边解决故障，终于在凌晨两点解决了故障。这也是陈弘第一次体会到华为的“败则拼死相救，胜则举杯相庆”文化。

后来，平台专家吴朝辉发现团队的协作便于快速解决问题，于是每天很早到公司，将 IMAP 的所有成员集合在一起，讨论前一天遇到的麻烦，并且请相应的同事当面澄清，通过团队的智慧协同解决问题。在团队的努力下，IMAP 度过了最艰难的时期，重回了以往的辉煌。

吴朝辉在 IMAP 重回辉煌时期后表示 IMAP 的成功是团队的成功，这也是华为一直强调在这个时代非群体奋斗不可能成功的原因，因为只有所有人都融入集体中，形成互补关系，才能发挥出团队最大的能量。任正非表示华为人一定要走集体奋斗的道路，并强调：“我们对所有的华为人以同样的标准来要求，从一开始就培育团结合作、群体奋斗的精神，从而推动实现集体奋斗的宗旨。”

4. 强化行为规范，维护制度权威

任正非说："无规矩无方圆，华为需要有灵活的运作机制和体系化的组织平台，但这个机制和组织体系一旦确定下来，必须严格遵守，必须用它来服务整个组织。"实际上，这不仅是企业管理的刚性要求，也是所有企业职员都应该共同遵守的原则。因此，华为重视规则，强化行为规范，维护制度权威。

4.1　坚持管理原则，维护制度权威

在企业中，管理者如果不能坚持原则，拉不下情面做到公正无私，很有可能会引发员工的不满，导致组织处于不稳定的状态。

华为高级管理咨询顾问包政曾明确表示："我们能不能建立起权威的制度，就要看我们能不能通过干部撑住制度、树立权威，然后使很多人能够得到公正的评价。"一个企业要维护制度的权威，需要企业的干部把控好管理中制度法规与情理之间的关系，及时清除有问题的人，清理不合理的现象，坚持管理原则，保证评价和管理的公平性，对员工负责，对组织负责，创建一个更有效的组织。

2008 年，华为广西南宁代表处的干部郑波接到朋友的电话，发现自己"火"了，天涯论坛上的一篇帖子实名举报他工作作风有问题。郑波浏览完这篇帖子，发现自己是被"报复"了，原因是郑波在之前坚决开除了华为系统部的一名客户经理，这名客户经理因为心生不满，在网络上哭诉自己无缘无故被郑波开除。

网络上各种指责的声音铺天盖地而来，郑波的朋友问他究竟是什么状况，郑波与朋友解释了实际情况之后，他的朋友劝道："你为什么不给他打一个 B，然后调一个部门呢？不要把自己搞得如此被动，遭到这样的投诉，上级反而会认为你管理不力。"

被劝退的那名客户经理还将郑波投诉到公司党委，公司里也出现一些不

赞同郑波处理方式的声音，但郑波仍然坚持自己的立场，在公司重新调查这件事的时候，仍然坚持表示："这名员工所负责的区域业绩一直很差，不但如此，该员工下到地市后，经常不去见客户，而是窝在宿舍看电视，但所有的周报、报销都正常。这是明显的虚报、谎报，严重违反了华为的BCG。"

公司党委很快在广西南宁办事处展开调查，证明了郑波所说属实，被开除的客户经理在绩效以及BCG方面都存在严重问题，还了郑波一个清白。

郑波后来聊到这件事，还很有感触："我也想过将他调部门了事，但对这种惰怠员工的保护，就是对那些奋斗者的打击。对这样的事，不能息事宁人。"

正是像郑波这种正直而敢于管理的干部，真正维护了企业的制度权威，使得整个组织保持健康和活力。也正是因为他坚持管理原则，公司制度就不只是写在公司章程中的文字，而是实实在在规范员工行为的法规。就像任正非所说的："只有无私才会公平、公正，才能团结好一个团队；只有无私才会无畏，才能坚持原则，才有能力肩负起应该承担的责任。"

4.2 正确引导员工思想和行动

很多企业并不会直接指导员工工作，而是引导员工形成正确的思想，从而使他的行为符合企业的发展需要。华为就特别重视对员工的思想指导，所以，每当员工在工作中表现优异时，华为的管理者会及时给予表扬，肯定他的做法和工作成绩，引导他继续沿着正确的工作道路走下去。而员工的工作不符合华为发展需要的时候，甚至是员工以消极的态度工作时，华为的管理者也会马上指出他的问题，让他立即改正错误，引导他在思想上有所转变，并体现在工作行动上。

2003年，杨波进入华为的时候，对于华为的业务、工作方法、人际关系等各方面都没有深入的了解。杨波在工作一段时间之后，认为自己从事的基础会计工作较为简单，没什么"技术含量"，自己在岗位上既学不到知识，又无法锻炼技能，于是他对待工作也非常消极。因为他不重视工作，行动上也非常怠慢，所以在岗位上工作很长时间后仍然没有出色的表现，绩效也总是排在后列。主管发现他的问题之后，主动找到他，引导他转换思维，积极面对工作。主管指出："日常工作做得不扎实，部门怎么会放心交给你更多的任务……"并鼓励他做好手头的工作，好好表现。

正是杨波主管的引导，使得他从浮在半空中的工作状态中惊醒，他开始回归到了认真做事的工作状态，每天都加倍努力工作，把部门分配的事情扎扎实实地做好。甚至在下班之后，杨波还在回想自己是不是有哪些地方做得不够好，自己还能够为周边做些什么……虽然杨波做的工作依然是之前他认为的"很基础的工作"，但因为思想转变，行动上也有了改进，他感受到前所未有的成就感与充实感。

杨波的努力很快就被注意到，在他绩效考核多次名列前茅之后，他的主管将杨波平时发给办事处的邮件给上级领导看，并且对杨波的主动、细致赞不绝口，杨波也因此获得了很多重要且富有挑战性的工作机会。

管理心理学中有个"自己人效应"，说的是如果管理者想要下属相信自己是对的，并且按照自己的意见行事，就要先让对方认可自己。在很多企业中，有许多员工就像上文中的杨波，因为没有在企业中找到正确的定位或是因为发展空间的限制而敷衍地对待工作，这个时候就需要管理者能够适当地引导员工从思想上认同自己的管理，并最终体现在行动上。

4.3　给予犯错者改正错误的机会

在职场中，"犯错误"并不是小概率事件，因此，一个企业怎样对待犯错者是企业在发展过程中难以避免的问题。华为作为一个科研型企业，能够发展到如今的规模，得益于始终保持包容的心态。在华为看来，对于已经出现的错误，最重要的不是追究犯错者的责任，而是总结经验，从错误中学习到以后"应该做什么"和"不应该做什么"。因此，许多成功的大企业对待犯错者的态度并不是一味地责备，甚至让其他人顶替他的位置，而是借由犯错的经验总结出哪些路是行不通的，并且给犯错者改正错误、探索正确的道路的机会。

IBM公司曾有一名高级干部在工作中出现了严重失误，导致公司损失1000万美元，他因此辗转难眠，非常紧张，认为自己很有可能要被开除，或受到重大处分。但IBM的董事长把他叫到办公室之后，没有丝毫要处罚他的意思，反而将他调任到另一岗位上，可以算得上是升职。这名高级干部非常吃惊，他询问董事长为什么不开除他，还给他升职的机会，得到的回答是："要是我开除你，那又何必在你身上花1000万美元的学费？"

美国管理学家彼得·杜拉克认为，任何企业的任何员工，不管他做的是什么工作，都是在尝试从错误中学习到正确的工作方法，也是在错误中一步步成长起来的。因为一个人经历的错误越多，就越能学习到更多宝贵的知识和经验，就越能进步。杜拉克甚至认为，没有犯过错误的人，绝不能让他升职。日本企业家本田先生也说："很多人都梦想成功。可是我认为，只有经过反复的失败和反思，才会成功。实际上，成功只代表你的努力的1%，它只能是另外99%的被称为失败的东西的结晶。"

华为强调要给犯错者改正错误的机会，但也不是毫无原则地容忍员工的一切错误。

任正非表示："对员工的教育上不能急，我们不能期望一天就使我们的员工能达到日本信华那样的严格标准，应该给他们一个逐步认识错误、改正错误的机会，如果他们不改正，可以辞退他们。但对员工的错误也不能只批评两句，说两句就算过去了。相反，一下打入地狱也不应该，也没有必要把他们打到最底下。因为人的毛病不是一天就能治好的，工资要降，职务要撤，但不能降太多。我们要不断地加重处理的分量，每一次处理都留下机会，把我们应该做的事做完，听不听就是他自己的问题了。"

很多企业的管理者对于工作上的失误还有另外一种解读，那就是员工如果不曾有过失败的经验，就意味着他没有勇于尝试的心态，也不能把握住那些稍纵即逝的机会。因为在企业发展过程中，机会无处不在，需要有员工抓住它，并且通过宝贵的机会推动企业的发展，但机会往往难以把握，员工也不可能在做好万全的准备之后才去把握机会。所以，越是发展好的企业，对于犯错者的容忍度越高。

5. 在实战中摔打，让人才快速成长

“天下之事，闻者不如见者知之为详，见者不如居者知之为尽。”也就是说，实践出真知。正因为如此，华为在发展人才资本的过程中，强调实践的重要性，尤其注重实战考核，鼓励华为人在实战中摔打，并通过实战经历快速成长起来。

5.1　实战是最好的学习途径

在华为，即使是机关干部也常常会被调往一线作战，任正非认为久坐办公室使得很多员工积累的理论和方法论越来越多，但是知识的积累没有改善个人工作情况，反而让员工陷入教条主义，等到去了一线工作，会发现那些理论并不能转化到实际工作中，对于实践没有任何指导意义。积累知识的目的是为了应用，而“从实践中去总结，去悟道，再来指导实践”无疑是帮助员工找到最好的工作方式的方法。

因此，华为提出要让华为人都走上战场，让人才都去实战中摔打，通过实战这个最好的学习途径真正提升员工的作战能力。

欧阳忠华，全球技术服务部 IP 领域方案架构五级专家，拥有十一年 IP 项目交付经验，多厂家 IP 集成项目交付的领路人，SWAT 尖刀，开创 IP 网络规划设计的规范与标准，荣获“2013 年 GTS 全球专业技术领军人物奖”。

2003 年，欧阳忠华在华为的固网做了两年之后，开始从事 IP 产品工作，当时他虽自学了 CCNP 等基础，但既没有经过系统的培训，又没有任何项目交付经验，就被推上了战场，当时他的主管说 GTS 领域一直提倡的都是“专家是打出来的”，能不能成为专家就看他能在实操工作中学习到多少了。

抱着通过实战累积经验的学习心态，欧阳忠华接受了公司的安排，成为

NGN承载网项目的技术总负责人。他接手的IP项目是华为NGN承载网的开端，也是他本人做的第一个全国性项目。因为项目的重要性，他一开始压力很大，不管是与客户接触，还是与项目组成员讨论工作情况都非常忐忑，甚至感到心虚。

但正是在实际操作中，他发现自己在工作中存在一些不足，于是他一边完成交付工作一边向有经验的专家求教，加上自己的体验和学习，项目完结之后，他的个人技术水平和专业能力都突飞猛进，从一无所知的项目“菜鸟”成长为能给别人做一些技术支撑的“小能手”。

2011年，欧阳忠华负责的西班牙OSPIPCore项目是他做过的最为复杂的IP项目，也是华为第一个网络级的IP搬迁项目。当时，欧阳忠华带领团队按照目标网络精心设计出技术方案之后，却被客户方拒绝。欧阳忠华只好紧急开项目讨论会分析原因，最终发现是因为团队做的方案虽然放在新建网络场景中非常完美，但是因为没有充分考虑现网的情况，换成搬迁场景就存在很多问题。欧阳忠华尽快调整方案，重新设计了新的技术方案，最终得到了客户的认可。

欧阳忠华自己也感触颇深，他认为很多问题仅仅凭借自己的琢磨是没办法考虑全面的，通过项目实践暴露出来问题，才能真正去解决并且形成新的经验分享给更多人。

这也是华为一直提倡华为人“亲临战场”，去一线实践的原因。只有真正去一线体验过，才能通过和客户面对面的交流，体会客户的真实需求，为客户打造出最优方案。在技术领域也是如此，自己去挖掘出问题，并摸索出解决方法比对着书本、对着报告学习要深刻得多也有用得多。而在实战中积累的经验和项目专家提出的个人建议，能够督促个人不断完善自我。因此，任何企业都要抓住实战这个最好的学习途径去培养人才。

5.2 岗不等人，跑步上岗

管理学中有一个“蘑菇效应”，指的是长期生长在阴暗角落里的蘑菇，得不到肥料的滋养，也没有阳光的照射，只能自生自灭，要长到足够高的时候才能被关注到。大多数企业在管理刚上岗的员工时就是采取的蘑菇管理方式，让刚到岗位的员工自生自灭，但是这种管理方式有一个弊端，就是人才生长周期太长，等到人才像蘑菇一样冒尖，已经消耗了太大的时间成本。而不主动的员工在这个过程中也会因为得不到帮助，无法成长起来，这其中会有很多有潜力的员工被忽视，导致人才浪费。

为了避免人才浪费和时间成本的损耗，华为提出要让所有员工都以积极的工作状态应对新岗位，主动去吸收阳光，寻找肥料，在工作上主动寻求指导和提携，并主动学习，快速找到新岗位的工作方法，通过跑步上岗的方式快速成长。

2008 年 6 月，付旭照入职华为，但在新员工培训之后却没能成功上岗，而是经过了一年的迷茫期之后，通过在巴西的“跑步上岗”才顺利熟悉华为的工作环境和工作方式。

2009 年 8 月，付旭照接到一线的紧急通知之后，在 20 个小时内收拾好行李，踏上了去往巴西的征途。一年的迷茫期，让付旭照不仅有着对新岗位的期盼，还有紧张和忐忑，这对他来说也许是最后一个机会，他知道自己必须抓住机会，快速适应岗位，否则很有可能被华为淘汰。

刚到巴西的时候，付旭照的工作只是一些简单的运作支撑和行政管理，虽然事务繁杂，但付旭照还是每天都认真地做好会议准备、会议记录等工作，并且抓住一切空闲时间旁听交付和项目管理专家的经验分享和策略实施，通过主动学习积累了大量项目交付的知识。

付旭照的努力有了回报，他开始承担一些项目工作，并于 2011 年得到了一个大型项目的工作机会，就是巴西三角洲地区的 2G 新建项目，要建设好 120 个站点。虽然项目规模并不是很大，但是客户要求在非常短的时间内交付，本来站点之间的距离就给华为项目组的工作造成了一定的困难，客户方还临时增加了商用目标。付旭照第一次参与这种大型的项目工作，虽然之前积累了一些经验，也主动学习了一些知识，但面对重重压力，他还是不知所措。于是，除了每天奔波于各个城镇的站点现场，他还一直跟在项目组专家的身后学习流程、理论，并且将这些理论知识全部付诸行动，他跟着本地 PM

和站点工程师在各个站点处理各式各样层出不穷的问题，最终成功将站点激活。

因为在这个大型项目中的突出贡献，付旭照在2012年初被提拔担任TIM SWAP项目PM，他除了依靠之前项目积累的经验联合客户做好了全年交付站点、优先级、站点级到货和实施计划等工作，还牵头项目各个环节的工作，完成了客户要求的连续6个月100%月度发货目标，6个月完成了1600多个站点搬迁工作，计划完成率接近100%。

在付旭照的带领下，项目组顺利完成了交付工作，获得了当年GTS最佳交付项目奖，他也获得了当年的金牌个人奖。

付旭照在接触自己不熟悉的工作领域时积极展开行动，努力完成任务，这就是华为提出的“跑步上岗”。如果等新员工完全熟悉工作流程再承担职责，对于一个企业而言成本过高，也不利于培养员工自主学习的能力。股神巴菲特说：“如果你要依靠知更鸟来报春，那春天就快结束了。”言外之意是，期待万事俱备后再行动，工作可能永远不会有“开始”。因此在华为没有人会问：“准备好了吗？”有的只是对目标永不放弃的执着，对解决问题的锲而不舍。

华为强调所有的华为人都要“跑步上岗”，绝不允许虚位以待。任正非指出：“公司的很多岗位，特别是市场部，都是跑步到位的。先是一个人扛着一杆大旗去招聘，然后队伍扩大了。”在华为，很多新员工刚出大队训练营就被派往一线市场，没有任何缓冲。华为就是强调这种“跑步上岗”的执行态度和力度。

5.3 在实践中解决问题，成为专家

很多企业的员工希望自己能够快速成长，成为全能人才，于是在这个领域研究一下，在那个领域研究一下，每个领域都不深入，结果什么都懂一点，但真正让他解决某个领域的问题他就做不好了。实际上，真正要成为一个领域的专家，需要的是从实践中发现问题并亲身解决问题。只有切身在实践中体验过，才能了解每一个工作细节，真正深入了解从事的领域，从根本上解

决工作上的难题。所以华为多次强调华为人要能够深入一线，在实践中解决问题，成为自己领域的专家。

2005 年，在博茨瓦纳做了 5 年建筑项目的颜年勇加入华为，成为通信行业的新兵，对通信领域一片空白的颜年勇进入华为不到一个月就被派到尼日利亚，支持华为在非洲的大型国干项目。还没等他熟悉项目，原项目 PM 就离职了，他也被“赶鸭子上架”接任 PM 一职。颜年勇忐忑之下接手了这个价值一亿美元的项目，当时频频被客户投诉的项目组正处于最艰难的时候，他作为跨界的新人只能硬着头皮开展工作。

颜年勇分析出了这个联合投标项目的两大困难：第一难是分包商首次在非洲做国干项目，因为缺乏能力和经验，实际上无法很好地完成项目交付，在这种情况下，分包商还埋怨投标价格过低。第二难是客户投诉项目进度缓慢。

为了解决这两个难题，颜年勇邀请客户和分包商一起到现场核实情况，客户在实地考察后发现分包商的资源和能力不足，同时也意识到现场的交付成本确实高于预期，如果按照之前的流程工作是无法加快进度的。最后，在客户的示意下，颜年勇和客户代表一起说服分包商退出了这个项目，并且引入了两家实力更强的分包商，有了新分包商的加入，就解决了项目的交付进度问题。而客户也在颜年勇摆事实讲道理之后同意提高单价。最终项目在华为、客户和分包商三方努力下扭亏为盈，并且提前一个月实现商用，三方实现共赢。

颜年勇在项目中摸爬打滚之后，找到了适应华为工作的方法，也找到了学习工作技能的诀窍，并在后续多个项目中历练多年，辗转亚非拉 15 个国家。虽然经历了许多挫折，但颜年勇在 10 年间从外线工程交付责任人成长为多领域复杂项目的管理者，于 2015 年获得了年度“GTS 全球专业技术领军人物奖”，并成为交付项目管理六级专家。

华为非常推崇日本企业和德国企业的工匠精神，在任正非看来，只有真正丢掉速成的幻想，保持一丝不苟的敬业精神，将全部精力放在踏踏实实地工作上，才能真正从实践中学习到解决问题的方法，累积更多经验，真正掌握工作技能，成为自己工作领域的专家。任正非表示："真正生活中能把某一项技术精通就是十分难的。你想提高效益、待遇，只有把精力集中在一个有限的工作面上，不然就很难熟能生巧。"

6. 聚焦工作， 踏踏实实做好一件事

苹果公司的联合创始人乔布斯说："这辈子没法做太多事情，所以每一件都要做到精彩绝伦。生活就是一件让人倾尽全力、充满智慧的作品，一切都不能任意所为。"这也是华为提倡的工作态度，华为有意识地培养全体华为人把每一项工作做得精彩绝伦的工匠精神，要求员工在做产品时苛求完美。也正是因为华为人对于工作精益求精的精神，使得他们聚焦工作，踏踏实实做好每一件事，从而使得华为做出众多口碑极高的产品，给客户提供最优质的服务。

6.1 做好小角才可能做大角

华为强调实践才是工作水平提高的基础，简言之，不管是处于何种岗位，做的是什么工作，只有踏踏实实做好自己负责的每一项工作，从中找出以往的不足，从而改进自己的工作，才能有所进步。尤其是那些想要成为企业专家和管理干部的人才，想要成为"大角"，就要聚焦于工作，实践再实践，并通过实践后的归纳总结，实现飞跃的提高。正如任正非所强调的："不怕做小角色，才有可能做大角。"

曾有新员工问华为轮值 CEO 徐直军："作为刚加入华为的新人，如何能在起步阶段快速成长？"

徐直军这样回答："作为刚加入华为的新人，不管过去多有本事，也不管对自己的定位有多高，到了一个新的工作岗位，都应该以一个'学徒'的心态，从一件件容易的事情做起。也许有些人认为这么简单的事情，怎么交给

我做呢，这不是看不起我吗？于是不认真做、消极地做，结果当然是做不好，然后主管一看，怎么这么一件小事情都做不好，只能找更简单的事情给他做，如果这个人还是不认真对待，就会进入一个恶性循环，最后主管就会认为这个人根本做不成事，那这个人最终就被埋没掉了。而另一些人不管接到任何事情，都认真对待，发挥聪明才智把事情做好，并力争超过团队的预期。主管一看事情做得不错，就会再给难一点的事情让他做，然后他又做得很好，主管就给更难一点的事情让他做，最后主管看到这个人每件事情都做得很好，而且超过了预期，就会重点去培养，把越来越重要的事情交给他做。这个人就有了越来越多发挥自己聪明才智的机会，他就进入了一个良性循环。当然，最终能做到什么程度，能承接多大的挑战，要看这个人的能力，但积极的态度是获得展现能力机会的前提。”

“您想做专家吗？一律从基层做起。”这句话已经深入每个华为人的心中，在华为，员工的发展都要凭自己的实际能力以及为公司所做的贡献，只有做出实际的成绩，为公司的发展添砖加瓦的人才，才会被华为注意到，才能走上华为提供的走向成功的阶梯。华为人在这种踏实工作的价值观的引导下，通过实践实现了自身的价值，也造就了华为的成功。

6.2 把当下每件事努力做好、做精

曾有人问伟大的建筑师密斯·凡·德罗成功的秘诀，他反复强调：“细节的准确、生动可以成就一件伟大的作品，细节的疏忽会毁坏一个宏伟的规划。”事实上，华为对待工作的态度也是如此，华为要求所有员工都认真对待工作，将工作的每一个细节都做到完美无缺，以此来成就华为的伟大事业。

华为强调要把当下的每件事都做好、做精，这也反映在华为对于员工的管理上，“屋不扫，专想扫天下”在华为是行不通的，员工只有做好了一件事，才有机会做更大的事，所以华为人都坚持做好手上的每一件事。

华为IT资料部的魏佳因为出色的工作能力被很多同事称为“魏老师”，

当被问到是如何快速成长，将工作做得精彩绝伦的时候，魏佳回答道："就是把当下每件事努力做好、做精。"

魏佳加入华为之后一直在资料岗位上，实际上，这个岗位上的工作相对而言较为枯燥乏味，但魏佳一直都默默在岗位上坚持，坚定地做资料工作。甚至在华为进行重大变革的时候，她也丝毫没有动摇，不管工作环境有什么变化，岗位有什么变动情况，她都始终如一坚守在资料岗，把资料工作做精、做细。她甚至笑称自己得了一身的"职业病"，说看到文字就下意识地去看有没有错字病句。更不用说面对自己的本职工作，做多媒体相关工作的时候，她会一步步吃透脚本的撰写、视频的录制以及配音、剪辑等工作，甚至自学并熟练掌握了视频工具。项目开局的时候，她会从办公室走出去，走进用户现场，贴近客户，了解他们的真实需求，从客户角度出发修改资料。就这样日复一日的坚持，魏佳从一名初出茅庐的大学生成长为独当一面的"魏老师"。

魏佳自己也说自己并没有干成什么轰轰烈烈的大事，但她坚持做好了每一件小事，也正因为如此，魏佳成了部门的一把手，成了部门的"魏老师"。

华为坚持做好工作要"从大处着眼，从小处着手"，所以像魏佳一样，大多数华为人都能坚持把所有的工作细节做到位，做好本职工作。而对于企业而言，每个员工能够做好自己的工作，才能成就企业的大业。正像任正非说的那样："假大空成不了世界第一，世界第一就是一件件小事积累起来的。工作提升是一个长期、持续的过程，我们不能期望做一件大事改变环境。若要在当地国家改变认知，获得理解，建立信任，减小发展阻力，需要的正是这种几年、十几年、几十年碎片化、润物细无声的过程。'大志小行、知行合一、持续改进'的工作要求，适用于华为全体员工。"

6.3 干一行、爱一行、专一行

古训有言："欲多则心散，心散则志衰，志衰则思不达。"华为秉持这种理念，告诫所有华为人要在事业上有所成就不是一朝一夕的事情，要靠持续的积累来成就，如果一件事都做不好，就分散精力去想其他的事，注定一事无成。因此，任正非强调华为人要干一行、爱一行、专一行，在很小的领域里甘于寂寞、刻苦钻研，培养核心竞争力，做成一个领域的专家，再去考虑扩展更多领域。

有一次，任正非在华为的一个实验室看到一位工程师，就很随意地跟他聊起来。任正非问道："老产品的不断优化和对新产品的开发，你更喜欢哪一行？"这位工程师很随意地答道："我当然喜欢新东西越多越好，将来离开华为后，还好就业。"任正非听了之后非常生气，他并不觉得这位工程师表示要离开华为有什么错，但他气恼于这位工程师对工作的态度，任正非认为过于追求新事物，每样都只懂得一点，最后不可能有所成就。于是，任正非拿微软举例，告诉那位工程师在华为工作相当于给一条铁轨上的一段枕木钉道钉，如果到了微软，普通员工连钉道钉的工作机会都没有。他说，微软分工比华为更细，还得做频带更窄、更细的工作，简直就是0、1、0、1、0、1地累加下去，这样的工作会更加无聊，却更加专业化，只有专注于眼下的工作，做好每一个细节，才有可能成为行业的顶尖专家，才能在各大企业都"好就业"。

任正非的一番话表明了一个人将有限的精力投入各个领域的研究，终将会一事无成。很多人抱怨自己的付出没能获得应有的期望回报，很大一部分原因就在于此。任正非表示，工作应该像磨豆腐，坚持、专注，才能有所成。所以，一直以来，华为都提倡干一行、爱一行、专一行。

2014年6月，华为在国内众多报刊上刊登了半版广告，广告图片上是一位蓄着胡子、光脚穿着布鞋，看上去像一位农民的老者。广告也只有一句话："华为坚持什么精神？努力向李小文学习。"李小文是中国科学院院士，是地理学与遥感科学泰斗，被称为"扫地僧""光脚院士"。李小文是一个纯粹的科研人，耐得住寂寞，守得住清贫，一直专注于科研事业，不为外界干扰。华为向李小文学习正是学习这种对事业的专注和热爱的精神，华为意在通过这个广告告诫所有华为人，在大时代下，千万不要机会主义，要坚守寂寞，专注于本职工作，发扬"板凳要坐十年冷"的艰苦奋斗精神。

华为要求华为人以“平常心”专注于本职工作，要对工作保持耐心，爱一行、干一行、专一行。华为的《致新员工书》写道：“希望丢掉速成的幻想，学习日本人踏踏实实、德国人一丝不苟的敬业精神。能把某一项技术精通就是十分难得的。你想提高效益、待遇，只有把精力集中在一个有限的工作面上，这样才能熟能生巧。你什么都想会、什么都想做，就意味着什么都不精通，任何一件事对你都是做初工。努力钻进去，兴趣自然在。”

7. 宽容，是领导者走向成功之道

宽容是华为的管理哲学之一，也是华为灰度管理的核心思想之一。显然，在任何企业中，管理者都必须处理好和员工的关系，而宽容就显得尤为重要。因为管理者的宽容能为企业带来和谐的发展环境，同时，管理者如果宽容就能有效地处理好企业内部与外部的种种错综复杂的关系。这也是有人把管理定义为“通过别人做好工作的技能”的原因。

7.1 容忍个性，褒奖英雄

任正非在乔布斯去世后，曾感叹道：“中国不具备产生乔布斯的文化土壤，我们的社会太缺乏宽容，对知识产权也缺乏保护。上亿的中国人悼念乔布斯。为什么就不能对中国自己的企业家多些包容呢？有包容才能有创新，才能诞生出伟大的商人。”

乔布斯去世的时候，任正非一家正在云南度假，任正非的小女儿非常崇拜乔布斯，听闻他去世，她提议一起度假的家人和公司同事一起在酒店的户外餐厅默哀。当所有人都在围成一圈默哀之时，任正非想到了乔布斯的经历，也在后来与其他人分享了他的看法。

乔布斯的确是个天才，但他也实在是个怪诞的人，他年轻的时候吸食大麻，从大学辍学，看上去就是个不学无术的人，但美国文化的宽容给他铺就了成功之路，让这个不谙世故的天才有了发挥自己才能的天地。实际上，很多国家都有着宽容的土壤，英国街头到处矗立着人物雕像，既有伟大的思想家、艺术家、贤君，又有历史上的千古暴君、小丑……这也是国外频频出现天才人物的重要原因。

正如任正非所说，中国企业的文化更倾向于“是即是，非即非”，但往往黑白之间不是清晰的分界线，而是灰色地带，因为只要是人都存在缺点和糟糕的一面。企业要有容忍人才缺陷之心和宽容人才错误的胸怀，才能真正使得个性各异但各有所长的人才都能充分发挥自己的才能，共同推进企业的发展。正如华为公司的高级管理顾问田涛在《不完美的英雄也是英雄——从百米短跑奥运冠军乔伊娜说起》中写道：

“华为的英雄是多种多样的，在最佳时间段以最佳角色做出最佳贡献的人，他们都是华为编年史上的英雄。也许他们中的少数人是‘冲动’驱使下的‘瞬间英雄’，过往与往后都不再光彩夺目，那有什么关系呢？我们不能因此而淡忘英雄们曾经的功绩，并进而否定英雄。

“容忍个性，褒奖英雄，是任何一个成功组织持续扩张的前提。当组织中到处晃动着高倍数的显微镜时，图灵式的天才将会被湮灭，有缺陷的英雄们将会弃甲而去。组织领袖们的责任就是构建跑道，确定规则与秩序，让乔伊娜们奋不顾身地在无障碍的空间与时间去竞跑，去冲刺冠军。”

任正非曾多次表示华为的用人理念是不求全责备，在他看来，很多时候完美意味着局限，也限制了人才的成长，而容忍人才的个性往往能够有意想不到的收获。因此，华为一直秉持着“能为华为做出突出贡献的就是英雄”以及“容忍英雄的个性，褒奖英雄”的用人理念，以宽容的胸襟看待英雄的行为。

任正非曾多次强调：“宽容，是领导者的成功之道。”因为宽容的本质是接受企业各型各色的人才之间的差异，让有着不同性格、不同特长、不同偏好的人都能够凝聚在组织目标和愿景的旗帜下，将他们的力量聚集在一起，助力企业的发展。

7.2 给人才“试错”的空间

在任正非看来，没有不断试错与纠错，就不会有最终的胜利，因为华为就是在不断的试错中成长起来的。试错是解决问题的必经之路，只有根据已有经验，辨别出错误的方向，才能尝试其他可能的答案，最终找到正确的道路，从而从根本上解决问题。因此，任正非提出：“要宽容失败，不怕失败，敢于探索，我们才有光辉的未来。”

2000 年，受互联网和 IP 业务的影响，下一代电信网络的发展出现了两种演进策略：ATM（基于电信的实时高可靠性传输技术）和 IP（基于互联网的简单传输技术）。当时华为的研发团队还沉浸在 C&C08 机 128 模块获取了巨大成功的喜悦之中，于是研发团队信心十足地开始了新一代交换机的开发工作，但也正是因为华为当时获得的巨大成功，导致研发团队基于惯性思维模式，认为 ATM 的综合交换机才是客户所需要的产品。一心做研究的华为研发团队全身心投入到新产品的研发工作中，即使中途有人提出反对软交换的演进方案，客户提出了一些可行性建议，华为研发团队也都没有放在心上，而是加快步伐研发产品。

所以到 2001 年，当华为的研发团队以令人震惊的速度拿出新一代综合交换机 iNET 时，并没有得到客户的认可，而是被客户劈头盖脸地批评：“华为根本不懂新一代电信网络！”客户对华为的解决方案彻底失望，并选择摒弃华为 iNET。

中国电信客户方不允许华为的产品入网，这意味着华为两年来几百人的心血和巨额投入统统打了水漂，而华为的研发团队也将面临被解散的局面。在整个研发团队陷入绝望时，华为给了研发团队重新再来的机会，公司的宽容让他们感到欣喜，也让他们坚定了拿下客户的心，于是他们立即根据战略方向对方案进行了调整，决定选择 IP 技术，重做平台。

华为研发团队做的新的平台是基于新的硬件架构来搭建的，全面基于 IP 从头开始。由于一开始选错了方向，华为必须在一年的时间内完成从操作系统、数据库到通信机制等基础功能的构建，这不是件容易的事情。华为的产品部对此感到担忧，于是每次计划会产品经理都会问研发团队："你们能不能按时交付?"研发团队每每都回应道："保证不拖产品后腿!"

2003年，华为研发团队总结了失败的原因，并且改进了原有的技术，在所有团队成员的共同努力下，软交换平台渐渐成型。这个产品构建了众多基础架构，技术上也有许多亮眼的特性，这些优势让华为的产品在关键技术和性能竞争力上，大幅超越了友商。华为最终得到了中国电信的宽容和认可，也赢得了和客户的合作机会，而且在后续阶段，因为设计上的创新，产品一经上市就大受欢迎。

华为没有因为研发团队的第一次失败就否定他们，反而给他们一定的时间和空间，让他们能够及时调整策略，最终让产品重新在市场中"站"了起来。

马克思曾说："成功都是千千万万失败中的积累，多少可歌可泣的奋斗才造就了今天的人类文明。"华为也倡导华为人不要害怕失败，因为只要开展工作就不能避免错误以及失败情况的出现，但只要善于从失败中总结出经验，就能在之后的工作中不在同一个地方摔倒，能够更大概率地获得成功。任正非强调："我们要像美国当年宽容麦克阿瑟在菲律宾的失败那样宽容员工。没有常胜将军，没有失败就没有胜利。失败是成功之母。"

7.3　失败的经验也是宝贵的财富

对于员工的工作情况，华为是不局限于一时成败的，而是以容忍失败的胸襟看待成功与失败。华为认为跌倒之后站立起来的过程实际上是最为宝贵的积累经验的过程，也是从另一个角度学习更多知识的过程。因此，华为将失败的经验看作宝贵的财富。

任正非也强调在华为不能随便使用"失败"这个名词，而是把失败当成一种探索，因为在工作中难免失败，在这里失败了，也就意味着此路不通，换一条路说不定就成功了。因此，这是一种"探索"。

3M公司有一个很著名的做法：鼓励“Honest Mistake（美丽的错误）”。领导者对于工作偶有失败的员工表示理解，并允许他们犯错误。就像外界评论家所说：“3M公司从来没有过员工因为希望多做点事情，结果没有做好而被惩罚的例子。”

3M公司的很多伟大的发明都源于“美丽的错误”，被广泛应用的便利贴就源自一个技术错误。当时，3M公司的一位工程师在新产品实验中产出了一种胶带，但这种胶带粘什么都粘不牢，随便一撕就会掉。3M公司以胶带制造技术闻名于世，该工程师却产出了这样一种粘不牢的胶带，其尴尬可想而知。但3M公司后来成功地将此技术运用到了办公室贴纸上，结果大受市场欢迎。

后来，3M公司确立了一个重要规定：“只有容忍错误才能够进行革新。”3M公司基于失败的经验也是宝贵的财富这一理念给员工最大的自由空间，鼓励他们去试验新点子，并告诉他们，把“失败当作学习的过程”。

可见，不管是华为还是国外的企业，成功的企业对待失败并不是一味持否定态度，而是鼓励员工从错误中学会转化思维，另辟蹊径去解决问题，而往往在这种思维转化的过程中，员工能够探索出真正的成功之道，或者是走上了另外一条与原计划不同的胜利之路。

当然，企业的宽容并不是毫无原则的迁就，而是在失败率高、需要通过不断地试错才能探寻出出路的领域给员工更大限度的自由空间，华为就建立了在研发领域和创新领域宽容失败的制度和机制。任正非说：“宽容失败也要有具体的评价机制，不是所有的领域都允许大规模地宽容失败，因为你们是高端研究领域，我认为模糊区域更多。”所以，华为规定，基础科学的研究投入为30%的时候，接受50%的失败率。

2002年，华为生产的一个产品在竞标时全面溃败，当时有5个供应商中标，但华为不在其列。经过分析，华为团队发现他们提供的产品无法满足客户需求，也就是说华为研发团队的创新失败导致了这次竞标失败。就在团队面临解散的局面之时，华为表示一次失败不算什么，还鼓励研发团队开展自我批判，找问题，重新来过。研发团队在公司的鼓励下，回溯错误，发现了研发过程中的种种不足和问题所在，总结经验教训，然后不断优化和改正。后来，这个团队重新调整方向，做出了全球销量第一的核心网产品。

正是因为华为对于创新工作的宽容，华为研发团队才能正视失败，将失败当成宝贵的经验和财富，总结出真正的可行之道。

实际上，任何企业想要在创新领域有所突破，都要有接纳失败的胸襟，就像著名的管理学家杰克·韦尔奇所说的："企业领导者过于关注员工的错误，就不会有人勇于尝试。而没有人勇于尝试比犯错误还可怕，它会使员工故步自封，甚至拘泥于现有的一切，不敢有丝毫的突破。"

第5章 华为的人才培养

任正非主张：『企业不只是培养人才的岗位技能与执行能力，同时也要注重从企业战略的高度拓宽企业成员的视野、提升企业成员的境界，要始终保持着实用主义与战略眼光的无缝对接。』

1. 用优秀的人培养更优秀的人

华为公司高级管理顾问吴春波在谈到华为是如何做好人力资源管理工作时表示，华为善于利用中国最丰富的资源，也就是人力资源，依靠一大群聪明、勤奋的优秀人才通过“人才培养人才”的方式帮助华为把“喜羊羊”变成了“大灰狼”，把华为的青年知识分子变成能打胜仗的战士。

1.1 优秀的人有责任培育新人

英国学者贝尔纳天赋极高，是一名科学天才，有很多人看好他在晶体和生物化学领域的研究，认为他能够获得诺贝尔奖，但贝尔纳没有按照旁人预期走上科学的高峰，而是走上了另外一条道路。他尽自己所能将一个个开拓性的课题提出来，指引其他学者登上科学高峰，这一举措大大推进了世界科学发展，他这种伯乐精神和牺牲精神也被称为“贝尔纳效应”。

实际上，在企业中也需要员工具备这种人梯精神，能够为更多有才干的下属创造脱颖而出的机会，因为在企业人才培养中，要以企业大业为重，集体为先。为此，华为基于贝尔纳效应提出了要让优秀的人培育新人，指导更多有才能的人为企业做出贡献。所以，在华为，许多资深专家和优秀干部都甘为绿叶，将培育更多出色人才当作自己的责任，敢于提拔任用能力比自己强的人，积极为有才干的下属创造崭露头角的机会。

2014 年，华为维护部门的资深专家马昌华（化名）远赴秘鲁，除了建立和完善网络信息数据库，以做好网络分析和预防工作之外，马昌华的主要任务还有带领好资历尚浅的本地团队，培养更多维护人才。

当时，华为的本地团队对于网络信息库领域没有深入的了解，对于网络信息库建设工作的理解还比较肤浅。对于如何整理信息数据、如何应用好这些信息，并借此创造价值，这些“新兵”都没有准确的认识。为此，马昌华极具耐心地带着所有团队成员一点点熟悉，为所有成员讲解网络信息的知识，从基础的网元信息到网络拓扑，再到网络承载的业务以及用户和流量信息，深入复杂的网络性能和用户体验等内容，每一个细节马昌华都说到了。

在一段时间的培训之后，这些本地员工对于业务有了较深的了解，并且熟练掌握了信息的分析和应用，对于工作处理得心应手。本地团队的整体工作能力大幅提升之后，马昌华对能力突出的员工进行了更深一步的指导，在他的帮助下，本地员工能够独立做好各方面的工作，并通过熟练的操作使得网络性能指标和SLA满足率稳步提升，得到客户的认可和支持，为团队创造出更大价值。而团队中也有许多优秀人才逐渐成熟，成长为能够独当一面的“小专家”。

在华为，像马昌华这样除了个人业务能力突出之外，还能为组织培养更多出色人才的专家还有很多，正是因为这些优秀的人以培养新人为己任，给更多的优秀新人创造表现的机会，才使得华为能够人才辈出。因此，企业想要建设出出色的人才队伍，就要让优秀的前辈带领新人入门，为企业培养更多人才。

1.2　让优秀的人带动周边

做过泡菜的人都会发现，将不同的蔬菜放在同样的卤水中浸泡一段时间之后进行卤制，会发现这些蔬菜的味道会非常相近。同样的道理，当不同的员工处于同样的环境中，因为长时间的耳濡目染，这些员工的职业素养、思维方式、工作能力等都会变得越来越接近，这就是管理学家所说的“泡菜效应”。如果企业能够利用这一点，让优秀的员工带动组织中的其他员工，久而久之，这个组织中的所有成员就会变得越来越优秀，这也就是人们常说的“近朱者赤，近墨者黑”。

而华为就抓住这一点，优先培养出一批各方面表现突出的优秀员工，再让他们去带动组织的其他成员，使得周边员工都奋发向上。

2008年，华为的海外业务发展渐快，在海外的本地员工也由不足千人发展为万人规模，但是随着海外本地员工规模的扩大，一些问题也随之出现。

文化差异、语言障碍、地域障碍让海外的本地员工很难融入华为的工作环境。为了解决这一问题，让海外本地员工了解公司、认同公司，成为华为真正的同路人，华为开始为本地的优秀骨干提供各种各样的培训，并在培训结束之后让他们承担更大的职责，带动周边的员工一起成长。

在培训期间，华为的海外代表处推选出一些优秀的本地员工飞往中国，由华为的机关部门为这些优秀人才量身定制详细的培训方案，并且为他们安排导师进行一对一的指导。这些优秀的员工按照计划参加完项目实践、技能培训、文化培训等培训后，能够更深入地感受、学习到华为的管理运作方式和企业文化。

这些优秀员工回到海外代表处之后，将在机关收获的经验和技能分享给代表处的全体员工，为他们带来了思考问题、解决问题的新视角，并且带着他们重新理解了公司的价值观。这些优秀员工承担了“桥梁”的作用，让更多本地员工成为华为的“同路人”。

而在后续的工作实践中，华为对海外代表处的工作情况进行了解，发现这些优秀员工学习后回到海外代表处对周围的同事产生了非常积极的影响，他们有效地带领周边的员工积极工作，使得代表处的业务能力大幅提升，本地员工对于公司的认可度也越来越高。

可以看出，在职场中，优秀的员工往往会成为其他员工学习的榜样，因为职场的竞争异常激烈，不能超过优秀的人变为更优秀的人，就很有可能被企业淘汰。所以，当一个组织出现能力突出的人才的时候，所有的组织成员都会感受到压力，从而向这些优秀人才学习，使自己变得越发优秀。这也是华为能够通过一批优秀的人才带动周边，使得整个集体都处于积极向上的工作状态的原因。

1.3 主动接受指导，才能快速成长

现代人际关系学大师戴尔·卡耐基在斯坦福大学管理学院演讲时带去了一只母鸡和一把米，他在演讲开始后把米撒在桌子上，强按着母鸡的头去啄米，结果遭到了母鸡的强烈反抗，母鸡怎么都不肯啄米。卡耐基说：“这就像

你们未来将要去管理的员工，如果他们自己不想学习，而你们非要让他们去参加培训，那么，培训的成本（那把米）就会被浪费掉。”

卡耐基认为，强制性的教育会造成员工的反抗，从而使员工丧失主动学习的本性。而华为深谙此理，于是在督促员工学习的过程中以引导为主，激发员工的自学意识，让员工主动接受指导，从而快速成长起来。

2006年，刘卫平成为华为的一员，但在入职后的前几年，刘卫平的绩效都不是很理想，有一段时间绩效考核还接连拿了C。最艰难的时候，他几乎想要放弃，即使是他的业务导师主动联系他，帮他疏导压力和情绪，他都没能转变自己的消极心态。

直到刘卫平在海外过第一个生日的时候，他主动找到了导师，一起在当地的餐馆简单庆祝，这也是刘卫平第一次敞开心扉，主动向导师诉苦并寻求帮助。在刘卫平讲完自己在工作上的困难之后，他的导师劝解道：“你要有毅力和决心，千万不能有‘等靠要’的思想，只要你努力主动去想，自然会有一千种实现目标的办法。”

导师的话令刘卫平心绪难平，他立即给自己定下了三条规定：不管工作多忙都要坚持每天总结当天的工作；做好第二天的工作计划；将与客户、本地员工、分包商沟通中遇到的问题都详细记录下来，主动向导师请教和学习。

果然，坚持一段时间后，刘卫平对业务越来越熟悉，渐渐打开了工作的局面。2010年开始，刘卫平的绩效接连拿A，最多的时候一连拿了五个A。到2011年，刘卫平在导师的指导下接手了第一个大项目，2013年，刘卫平获得了公司金牌个人奖。这一切都源于他主动迈出了第一步，接受导师的指导，从而快速成长起来。

事实上，每个人对于职业的规划不尽相同，所以，企业很难提供满足每一个员工所有需求的培训。华为为了解决这一问题，除了提供全局性的培训之外，还为每一个员工安排了一名导师，这样一来就解决了培训的独特性和针对性等问题，但每一个导师都有自己的工作职责，不可能围着自己的学生转。所以，华为强调员工要积极主动地向导师求助，主动接受指导，根据个人需求自主学习。

高级人才光靠企业培训是培养不出来的，必须依靠他们自我培训。华为表示要给员工提供学习的渠道，为他们安排优秀的导师带领他们入门，但更强调培养他们主动学习的意识。任正非说："关于员工的提升，我认为一定不能完全依赖于公司，公司再卖力搞培训，员工主观上不愿意学习，也是没有用的。所以，一定要让他们形成主动学习的意识。"

2. 华为大学是人才培训基地

任正非说："华为大学一定要办得不像大学，因为我们的学员都接受过正规教育。你们的特色就是训战结合，赋予学员专业作战能力。整个公司第一是要奋斗，第二要掌握去奋斗的办法，光有干劲没有能力是不行的。"

2.1 华为大学："将军的摇篮"

2005 年，华为在深圳总部建立了著名的华为大学，这所被称为"中国企业的黄埔军校"的大学为华为员工以及华为的客户提供了许多有针对性的培训课程，包括员工文化培训、新员工的上岗培训以及专门针对客户设计的培训课程，不仅致力于将华为打造为学习型组织，为华为提供更多能上战场的"将军"，而且为业内培育更多人才，是产业发展的助推器。

（1）华为大学的责任定位：训练和实战相结合。

事实上，华为对于工作方面的训练非常严格，要求在训练时学习到的表格和实际操作时的表格一模一样，包括代码、标识符……都要一模一样。但这一点是非常难以实现的，因为在很多企业的培训课程中都做不到这一点，不管是内部培训机构或是外引的培训团队，培训的内容和实际的工作内容都有较大的差距。

为了解决这一问题，华为大学的讲师在给员工做培训的时候，会尽可能缩小培训内容和实际操作的差距，注重培训的"所学即所得"。华为大学做到了培训简单化，更贴近作战，辅以原理讲解，从而使得很多有潜力的人才能够悟出工作之道，而这些人在之后都成为华为的战略家和“将军”。

(2) 训战结合的赋能和考试全部以沙盘为中心。

华为大学的现实工作中为了不影响实战，不主张多考试，但是在培训阶段主张多考试，一个星期最少考三次。并且考试以沙盘为中心，参与培训的员工必须在培训结束之前将自己的沙盘讲解清楚，在培训结束之后带着自己的沙盘回去，通过实践对沙盘进行修改，最后看结果。

(3) 华为大学通过战略预备梯队赋能。

华为的人才战略强调：没有经过严格训练的员工不能上岗；训练好储备人才以实现扩张或替换不胜任者；形成激励机制，鼓励更多人上战场。因此，华为以战略预备梯队为整体，进行文化、管理以及关键业务能力的训练，为各方面做好能力储备的训练。

(4) 重点培养种子选手。

华为主张培训不是一次两次的断层式教学，而是通过学习与实践的循环模式培养出真正能打胜仗的“将军”。于是，华为集中资源在公司的关键人才身上，重点关注并管理优秀的种子选手，为每个班的优秀学员提供上战场的机会，让他们在项目实践中成长。在这个过程中，只要项目实践做得好，就会提拔他们成为华为的“将军”。

(5) 华为大学中层培养秘籍。

华为培养“将军”的模式和IBM的“蓝色经理人”的经典训练模式相似，如图5.1所示。

任正非曾明确指出，除了华为已经成熟的人才成长系统，华为还要通过华为大学这一融合国内外先进管理智慧以及华为自身实践经验的培训基地，依据华为总体发展战略和人力资源战略，推动员工培训体系的建设，以满足华为不断增长的人才需求。

任正非更是在此基础上提出“华为大学就是要培养‘将军’”，在他看来，华为在一些战略计划的实现过程中遇到的最大困难就是缺少带兵的人，缺少拥有成功实践经验的优秀干部。而华为大学能够帮助更多人通过学习和实践，逐步成长为各级管理骨干，也就是华为所说的“将军”。

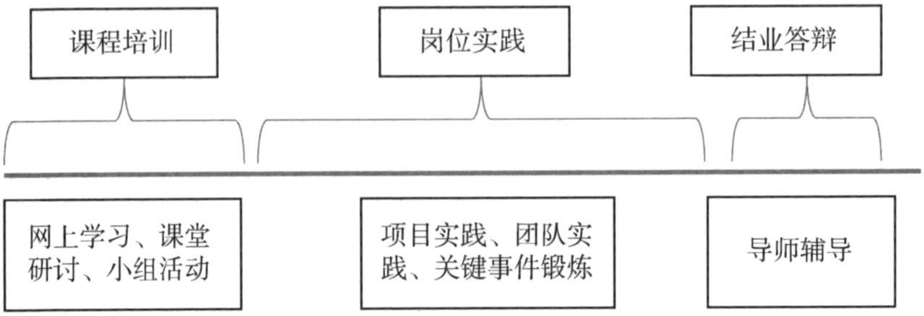

图 5.1　华为培养“将军”的模式

2.2　为产业链和客户培养人才

在数字化转型趋势下，整个 ICT 产业都面临着 ICT 新人才紧缺的局面，尤其是各大运营商对于 ICT 领域的人才有着迫切的需求。为了解决运营商的 ICT 人才发展战略的规划问题，为产业链和客户培养更多行业人才，华为大学凭借多年对 ICT 行业的深入研究和理解，聚集了全球顶尖师资力量，为整个行业有需要的组织提供能力咨询、技能认证、产品技术培训以及管理技能提升等服务，帮助各大运营商培养急需的 ICT 领域优秀人才，有效匹配和支撑整个行业的人才发展战略。

华为大学不仅是华为内部的“将军的摇篮”，更成为整个行业的人才基地，为客户、供应商、合作伙伴等产业链的各个环节培养更多优秀人才，以满足整个产业的发展需要。

作为全球领先的 ICT 解决方案供应商，华为为 ICT 行业提供了许多优质的服务，同时，为了给产业链培养更多人才，华为推出了始终聚焦于 ICT 行业的“管理培训”服务。

为了将华为的实践经验以及行业最新资讯分享给更多客户和运营商，华为长期投入巨资以保证对 ICT 行业有深刻的理解，并保持技术领先。同时，通过在企业运营中不断验证与创新，以及吸收全球顶尖咨询公司的优秀方法，形成了华为的一整套管理实践培训体系，并通过华为大学这个平台传播给行业的伙伴。

华为大学提供的课程培训包括网络精品化运维能力的构建、掌握新技术能力的快速提升、管理者能力提升以及人才发展战略体系的建设。这些内容帮助ICT行业的运营商技术人员和管理者在ICT融合趋势下获取知识，快速了解技术发展趋势，使得关键技术能力及时提升并迁移。并整合业界优秀咨询公司和运营商的资源，帮助管理者提升领导力、商业能力、专业能力，支撑企业发展。华为借助行业资源为人才提供发展咨询服务，建立完善的ICT人才培养体系，实现人才发展战略。

华为始终聚焦电信行业的人才发展，除了聚集全球优秀的学习和发展资源，华为面向ICT行业打造了专业的课程体系，构筑ICT人才发展的生态链，并通过培训教学的方式每年培训30万人次，为ICT行业培养出大量的优秀人才，推动整个产业链的发展。

在整个行业面临数字化转型的关键时期，华为有针对性地为行业设计了多个“实践式学习”课程，凭借对整个行业的深刻理解，将培训与实际工作紧密结合，将理论知识很快转化为能够在工作中应用的能力，帮助产业链更好地应对转型挑战。根据数据统计，已有近10万运营商的管理者参与了华为开发的课程，并彼此分享实践经验。华为通过提供培训服务，为产业链培养了大量的行业人才，提升了竞争力。

2.3 聘请内部杰出人才当讲师

华为大学自2005年正式成立以来，培养了数十万名“学子”，最初以客户培训为主，后来转向对公司内部新员工和管理者的培训。但是在逐步完善华为大学培训机制的过程中，有一个非常重要的问题，那就是请谁来当讲师？

外聘讲师是非常好的选择，但具有一定的局限性。因为外聘讲师也许有丰富的经验，但是每个企业的状况不一样，他未必能够对华为的“症”下“药”。另外，认可度的问题。外聘讲师也许在业界非常厉害，但从员工的角度出发，在华为这个平台有着突出表现的榜样更能激发出员工的学习欲望。为此，华为决定聘请内部的杰出人才当华为大学的讲师。

2003 年，获得清华硕士学位的高正贤成为华为的一名数据开发工程师，开始了他在华为的职业生涯。此后他担任过俄罗斯代表处的产品经理、东太地区部区域网络销售主管、全球产品行销解决方案部副总工等职位，多地的各个岗位实践让他具备了丰富的工作经验和突出的工作技能。华为非常看重他出色的工作能力和知识背景，特聘请他为华为大学的兼职讲师。

2006 年，高正贤从海外回国之后开启了他的讲师生涯，一开始他只是尝试性地给新员工上了一堂“发展中的华为”，没想到这一堂入职培训课，他一讲就讲了 9 年。

高正贤成为华为大学的讲师之后，不仅让华为的新员工学习到华为的文化和背景，快速融入华为的工作环境中，他自己也从中体会到教学相长。高正贤表示他在授课过程中不仅深入了解了华为的发展情况和文化价值观，更因为和新生力量的接触，让他思维更为开阔，从而有了更多想法。

但凡在华为大学向高正贤学习过的学员都会对他的授课内容和授课方式表示肯定，他们纷纷表示：“授课真诚、富有感染力!”也因为在华为大学的精彩表现，高正贤在某次教师节凭借在华为大学学习项目交付中的突出贡献再次获得了“金牌讲师”的荣誉，成为唯一一位连续 4 年蝉联该荣誉的华为大学兼职讲师。

可以看出，华为聘请内部的杰出人才作为华为的讲师，在华为员工群体中的认可度是非常高的。实际上，内部讲师的优势还体现在他对于华为的企业文化和价值观的高度认可，能够帮助华为指引更多员工成为华为的同路人。此外，内部讲师因为有在华为的工作经历，能够为员工提供更具针对性的培训，帮助员工快速成长。

3. 大队训练营，让新人快速融入

能否认可企业的文化以及价值观，以及是否适应岗位，很大程度上决定了新员工入职后的工作状态。为了让新员工能够认可华为文化以及价值观，华为特意以大队训练营的培训模式，帮助新入职的员工迅速熟悉环境，融入集体。并借助部门培训，让员工能够初步了解岗位职责。

3.1　导入文化、价值观和制度

华为非常重视对新员工的培训，针对不同的工作岗位，华为的新员工培训时长从1个月到6个月不等，此外，由于员工的职业资格、级别及员工类别的差异，华为大学也制订了不同的培训计划，为每位员工的事业发展提供有力的帮助。

在新员工的入职培训期间，除了让员工了解产品知识、营销技巧、产品开发标准，以及各个岗位的工作内容和工作性质等外，华为还格外重视对员工输出企业文化、价值观，并要求新员工严格按照企业的制度执行。

关于华为的文化熏陶和价值观导入，许多华为人都印象深刻，曾经有一名华为员工写了一篇题为《从百草园到华为大学》的文章，其中有这样一段：

“华为大学的授课老师是来自公司各部门的骨干，课程内容很多，但文化课程占了一半，如诚信、自我批判、团结合作、集体奋斗、互助、责任心与敬业精神、服从组织规则、以客户为中心等；其余的是工作基本常识，保密、信息安全、质量、消防、办公软件等，当然最重要的就是关于华为现状以及通信专业类知识了。”

华为曾表示新员工培训的最重要的目的并不是提升员工的职业技能和专业度，而是希望借助这个机会让所有华为人能够认同华为的核心价值观和企业文化，新员工能否真正融入华为并且长期在华为奋斗很大程度上取决于华为能否为他们导入华为的文化、价值观和制度。而这种人才管理理念并非华为独有的，很多先进企业也非常看重员工与企业价值观的契合度。

为了准确把握员工与企业价值观的契合度，GE（通用电气）采用了360度考核法。360度考核法把人员分为四组，这四组的构成分别是跟被考核者存在关联的上级、同级、下级、服务的客户。考核内容包括企业理念、企业战略、客户价值等。四组人员根据对被考核者的了解来评价其行为是否符合价值观的要求。对于同一位被考核者，每一位上级、同级、下级和服务的客户可能会对其给出不同的评价，最后由专门顾问公司对结果进行综合分析，得出被考核者的评价结果。

被考核者如果发现在某个方面有的组比其他组给的评价低，那么他可以找到这个组的几个人进行沟通，大家互相交换意见，并会从评价者那里得到自我改善的有效建议。

通过360度考核法，每一位GE员工都清楚地认识到自己在哪些方面尚未与公司契合，之后便可以有针对性地加强该方面的训练。

事实上，像GE公司一样，除了新员工的入职培训，华为还会利用各种各样的沟通渠道和手段，促使员工针对共同价值思想进行充分交流，使华为的员工都能够从内心深处认可华为文化和价值观。这样一来，不仅在人才管理上节约很多时间和成本，还能最大覆盖面地促使员工上下一心，推动华为的发展。因此，所有的企业都应有意识地强化员工对企业价值观的认知，导入企业文化和制度，让员工自然而然地去遵循企业价值观而行动。

3.2 新员工入职180天全方位培训

企业的新员工培训是让企业和员工彼此熟悉的重要阶段，但许多企业往往只将重点放在前15天，忽视了新员工培训带来的深远影响，导致新员工离职率居高不下。大量的数据表明大多数企业的离职高峰期在入职6个月到1年这个彼此磨合的阶段，企业已经投入了巨大的成本，员工的流失不仅让企业损失巨大，还打乱了企业原本的人才规划和发展步伐。

为了避免上述问题，华为将新员工入职的前6个月看作重要的人才培养周期，除了重视新员工的企业文化、价值观教育，华为还为新员工定制了为期半年的全方位培训。

第一阶段（3～7天）：新人入职，让新员工快速融入企业。一般分为以下7点：

（1）给新员工安排好办公桌椅，并让新员工通过不短于一分钟的自我介绍与周围的同事互相认识；

（2）举办迎新会或部门聚餐，彼此熟悉；

（3）直接上司为新员工简单介绍企业文化、发展战略等公司情况，同时了解新员工的专业能力、职业规划等；

（4）HR 主管为新员工介绍其工作职责并分析发展空间及价值；

（5）直接上司明确安排第一周的工作任务，包括每天要做什么、怎么做，以及了解与任务相关的同事和部门负责人是谁；

（6）检查新员工的工作情况，及时发现工作中的问题并纠正，对值得肯定的地方及时给予表扬；

（7）让工作一年以上的员工带领新员工入门。

第二阶段（8 ～30 天）：新人过渡。帮助新员工完成角色过渡，做好关键的 5 点：

（1）带领新员工熟悉公司环境和各部门成员，为新员工讲解工作细节；

（2）将新员工安排在老同事附近，方便观察和指导；

（3）及时观察其情绪状态，及时做好调整；

（4）适时将资深员工的工作经验传授给新员工，让其在实战中学习；

（5）对其成长和进步及时肯定和赞扬，并提出更高的期望。

第三阶段（31 ～60 天）：让新员工接受挑战性任务；适时给予压力，促进新员工的成长。其包括以下 4 点：

（1）明晰工作要求及考核的指标要求；

（2）通过团队活动，观察新员工的优点和能力，指导他们扬长避短；

（3）给予新员工改正错误的机会，观察新员工处于逆境时的心态和行为，考察是否具备培养价值；

（4）如果实在无法胜任当前岗位，看看是否适合其他部门。

第四阶段（61 ～90 天）：表扬与鼓励，建立互信关系。其包括以下 3 点：

（1）新员工完成挑战性任务或者有进步的时候要给予表扬和奖励；

（2）要给新员工多种形式的表扬和鼓励；

（3）向部门同事展示新员工的成绩，分享新员工成功的经验。

第五阶段（91 ～120 天）：让新员工融入团队主动完成工作；鼓励新员工

融入集体，参与集体奋斗。其包括以下 4 点：

（1）鼓励新员工积极踊跃参与团队会议并在会议中发言；

（2）做好激励机制、团队建设、任务流程等方面的工作；

（3）肯定新员工提出的处理任务的好方法与好建议；

（4）及时处理新员工与同事间的矛盾。

第六阶段（121～179 天）：赋予新员工员工使命，适度授权。其包括以下 5 点：

（1）帮助新员工重新定位，重新建立对工作价值、工作责任等的认识，找到发展目标和发展方向；

（2）时刻关注新员工，及时调整新员工的负面情绪；

（3）让新员工感受到企业的使命、愿景和文化价值；

（4）分享公司的重大事情或者振奋人心的消息；

（5）开始适度放权让新员工自行完成工作，但放权不宜一步到位。

第七阶段（180 天）：总结，做一次正式的评估与发展计划。其包括以下 6 点：

（1）与新员工正式面谈绩效；

（2）让新员工做好自我评价，明确绩效的目的；

（3）确定绩效的考核内容：成果、能力、日常表现等；

（4）协助下属制定目标和措施，并监督检查目标的进度；

（5）为下属争取发展提升的机会，多与其探讨未来的发展，每 3～6 个月给下属评估一次；

（6）给予新员工参加培训的机会，鼓励新员工多学习，分阶段检查新员工的成长计划。

华为的这套 180 天全方位培训方案促使新员工能够全面认识华为的企业文化和工作环境，也能够在华为的引导下，一点点了解自己、提升自己，并判断自己的发展规划是否符合华为的发展方向，在双方还未投入过大的成本之前就能做好双向选择。这种双向选择式的培训，除了能够帮助新员工快速适应新的工作环境，还能建立长期稳定的雇佣关系。

3.3　部门培训与大队培训双管齐下

为了让新员工能够快速融入华为，除了企业文化、价值观以及制度方面的培训和全方位的引导，华为还特别注重通过大队培训培养员工的集体意识，通过部门培训指导员工更快适应岗位。于是，华为为新员工设计了部门培训与大队培训双管齐下的培训模式。

部门培训和大队培训双管齐下是华为坚持多年的培训方式，华为的大队培训是严格的军事化培训，聘请了刚从军队退伍的军人担任教官，从早到晚以军队管理模式管理新员工。

每天早上六点，华为的新员工就要按时到达指定地点开始跑操，所有的新员工都按照要求穿着统一的培训出操服装，迈着整齐的步伐，喊着“1——2——3——4”的口号跑操，教官在一旁监督大队的跑操情况。

大队培训的内容除了这类军事化的演练培训，还有各类课程和小组讨论，培训期间课程安排得非常紧，除了华为的企业文化、核心价值观的输出，还有岗位的一些知识讲解。除此之外，新员工在小组讨论的时候都能够勇敢提出自己对于华为文化的独特见解。

经过大队培训之后，新员工就可以到部门报到了，以PFC部门为例。PFC部门的新员工入职之后要先去秘书处领取自己的办公电脑，然后到指定的座位上办公。PFC部门负责新员工的导师接到新员工之后召开一个简短的会议，给所有的新员工介绍PFC的工作内容，并询问他们每个人的分配意向，是否愿意去海外锻炼，比如非洲。

简短的培训之后，总导师给新员工各自安排一个导师带领他们入门。在部门培训的前两周，新员工要做的就是学习导师给自己的资料，包括PFC工作的基础知识、高阶知识，还有Excel办公工具等，并在导师的指导下正式开始工作。

实际上，每个人都是独立的个体，行事准则和风格各不相同，但是要将这些不同类型的人才聚焦到一起，就不可能赋予每个人特立独行的特权，为此，华为以军事化的大队培训来培养员工的集体意识，帮助他们形成“自己是集体中的一分子”的意识。而员工对于部门运作模式以及基本流程的了解越多，就能够越快适应工作环境，快速掌握岗位的工作技能，为此，华为加强了新员工的部门培训，让员工快速熟悉环境，融入集体。

4. 导师制：一帮一，一对红

一直以来，华为都将导师制视为培养员工的一种重要手段，华为导师制提倡对知识、经验与智慧进行分享、沟通与交流，以此来提升员工的工作能力及其企业忠诚度，培养后备干部和核心员工的管理能力和责任心，进而实现企业与企业成员之间的共赢。

4.1 业务上“传、帮、带”

华为给每一个新员工都安排了一个导师，通过这种捆绑的“导师制”实现“一帮一，一对红”，从而让新员工快速成长起来。在华为，导师和新员工之间不是驯兽师和被驯服的猛兽的关系，而是一把钥匙配一把锁的关系。这也就说明了，华为的导师不是关注新员工一时的绩效和表现，而是通过长期的观察，发现新员工的长处，并通过循循善诱的方式去指导这些员工在处理工作时发挥自己的长处。

华为导师的这种指导实际上可以被分解为两个动作，也就是先教后做，要使得新员工在工作上有突出表现，就要先教会他什么是应有的表现，什么是应做的贡献。传递完这些信息之后，还要帮助新员工熟悉工作，并真正掌握工作技能。最后就是带着新员工操作，让他明确应该如何将自己的长处发挥出来，这些动作就是业务上的“传、帮、带”。

2004 年，李扬加入华为，当时他只是对机械领域非常感兴趣，对于职场、交付等却完全没有概念。所以，他被车间主任问到有没有兴趣做 3001C 无线基站的维护工作时，他毫不犹豫就答应了，但真正面对 3001C 无线基站的时候，却不知从何入手。

3001C 无线微基站是华为的第一代无线产品，也是当时华为体积最大、结构最复杂、维保年限最长的产品。面对如此精致的机器，李扬充满了工作的激情，但是这个任务对于一个刚入职的新人来说，无疑是一个巨大的挑战。李扬担心自己完不成任务，甚至想打退堂鼓。这个时候李扬的导师表示可以带着他一点点熟悉业务处理方式，李扬当即就兴奋地表示要跟着导师好好学习。在跟着导师学习一段时间之后，李扬终于能够自己动手做 3001C 无线基站的维护工作了。但由于 3001C 无线微基站生产已经停产了，维修时没有足够的器件可供更换，因此李扬的维修工作并不顺利。

导师安慰李扬，并提供了一个解决方案，但也指导李扬转换思维，自己思考一个更好的解决方案。李扬认为导师的提议虽然很好，但要解决根本问题还需要更深入地研究。于是，李扬开始探索更好的解决方案，在这个阶段他养成了收集缺少的配件数据的习惯。一段时间之后，李扬对维修作业中需求量大的小配件进行了临时编码的采购，并且在一次维修时顿悟到可以直接按临时编码领用配件，这样一来就完美解决了问题。李扬的这个方法不仅提高了维修成功率，而且降低了维修成本，满足了 3001C 产品的市场交付。

其实，像李扬这样的知识技能型劳动者在工作上的贡献往往不能定量比较，因为他们的贡献跨越时间、空间，而且很多时候都是通过团队的方式发挥作用的。所以，华为采用导师制还有一个重要的作用，就是通过业务上的“传、帮、带”，帮助新员工迅速融入工作环境，找到最适合自己的工作方法，成为团队的贡献者。

4.2　关注团队中存在的思想动向

事实上，决定一个员工能否长期在一个企业奋斗的关键因素，除了员工能否适应新的工作环境和工作岗位，还在于员工能否正确面对在公司内部遇到的挫折，比如在与其他员工或上下级之间有矛盾的时候，或者在工作上遭受不公平待遇导致心理不平衡的时候，能否以积极的心态去解决这些问题。

为此，华为的导师除了业务上的“传、帮、带”，还有一个非常重要的作用，就是思想指导。

华为导师做思想导师的主要形式是和员工交谈，通过言语的安抚和思想上的指导疏导员工的心情，帮助员工以积极的心态对待工作。

一个典型的例子就是1996年初，为优化组织结构，激发组织活力，华为市场部的领导决定带领市场部集体辞职。这次重大变革对于华为的整体发展有极大的推动作用，但是对于市场部的员工，就意味着要下岗重新竞岗，如果竞聘失败，就意味着要被华为淘汰。在这种情况下，思想导师的作用尤为重要，疏导员工情绪，帮助他们建立起奉献精神，将自己的岗位暂时让出来，为了企业的整体发展牺牲小我……这些都要依靠思想导师的帮助，才能让员工尽可能地接受，并以平和的心态应对突如其来的变革。

市场部集体辞职是一个经典的案例，除此之外，华为内部时常会出现某些员工或干部在岗位上做得不好被免职的现象，这些员工会产生被冤枉和委屈的情绪，甚至会开始抱怨，认为不是自己的原因，而是工作环境恶劣，竞争过于激烈，客户过于刁蛮……于是陷入悲愤的情绪之中，不能自己走出坏情绪。而华为的思想导师就是那个时时刻刻关注团队成员思想动向的人，他会帮助员工理解公司的决定，鼓励员工重拾信心，在新岗位上加倍努力，一定能够重新被公司重视。

思想导师也会主动关注团队中存在的思想动向，比如新员工认为自己的工作内容过于简单、大材小用的时候，思想导师就会及时帮助他排解悲观的情绪，制订下一阶段的工作计划，将新员工往积极工作的道路上引导。

华为之所以如此强调思想导师要关注员工的思想动向问题，一方面是为了深层次了解员工的心理状态，观察他们是否能够跟随华为的步伐积极工作；另一方面是为了了解团队的组织氛围及团队管理者的管理状态，通过思想导师的思想指导，解决员工思想问题的同时，帮助华为干部更为合理地开展管理工作，让员工和干部都能得到成长，并且能够保持积极的工作心态，和华为步调一致。

华为强调思想指导工作的价值，并多次表示要壮大思想导师的队伍。于是，华为号召所有干部积极主动承担员工的思想导师的责任，根据员工的业务成熟度和思想成熟度给予工作上或是心灵上的支持。

4.3　做教练式辅导，提升业务能力

事实上，大多数民营企业的员工流动性都比较大，很多员工在工作过程中如果长时间不能提升自己的业务能力，将会产生很大的挫败感。这时给这些处于迷茫状态的员工安排一个导师，不仅在生活中关注他们，在思想上指引他们，还一对一地为他们做教练式辅导，让他们能够适应企业的工作环境，快速提升自己的业务能力，无疑是企业最佳的留人之道。

而华为决定建立“全员导师制”，正是因为发现了全员导师制不仅有思想指导作用，还能在业务上起到“传、帮、带”的作用。于是，华为开始建立起系统的导师制度，为企业全员提供教练式辅导。

1998年3月，钱志杰（化名）加入华为之后先后在华为的终端研发、基带算法研发等部门工作过，但从2008年开始，钱志杰逐渐从开发人员转变为管理者，在这个过程中他经历了工作的瓶颈期。

面对职业变化的关键时期，钱志杰难以克服心理障碍，实现从做事到管人的转变，不知道如何带领好一个团队。他发现以往的同事变成了自己的下属，自己不仅需要对他们的工作进行指导，还需要将他们工作上的偏差全部指出来，并且明确告知他们哪些地方没做好，哪些地方还需努力。尤其是面对关系很好的下属时，要让自己抛开这层关系，秉公处理员工的考评。

钱志杰向导师求助的时候，曾表示他带领的团队中有几个非常有个性的员工，因为季度考评成绩不理想就直接投诉了他们的PL，钱志杰作为管理者也被上研所所长叫去沟通团队运作的问题，钱志杰表示压力非常大。他的导师听完这一番话，笑道：“你还记得当时我是如何引导你处理好业务，取得理想的业务成绩的吗?”钱志杰听完之后立即想到当时导师是如何一步步指导自己的工作，把每一个工作的细节都梳理出来，对自己进行教练式辅导的。他当即就明白了，要让自己的下属完全遵照、执行自己的要求，就要言传身教，

以身作则，并对他们进行业务上的详尽指导，多与他们沟通，做更为精细化的辅导。

钱志杰花了大半年时间，对他团队中的PL进行了教练式辅导，成功带出了几个能力突出的PL，不仅帮助他们提升了业务能力，自己也实现了从做事到管人的转变。

可以看出，钱志杰有导师指导自己的业务工作，同时他自己也是其他员工的导师，由此看来，华为的导师制和过去国有企业实行的师徒制不尽相同，华为的导师制是全方位的、全员参与的。在华为不仅新员工有导师，每一个员工都有导师。除了产品生产部门实行这一制度，行政、人事、后勤等所有部门都实行这一制度。华为认为，所有的员工都需要导师进行业务上的具体指导，通过教练式辅导实现“一帮一，一对红”。

华为的全员导师制，不仅能够让老员工通过成为导师更大限度地发挥自己的价值，也能够帮助新员工少走弯路，迅速提高业务能力。最终，不仅使公司资源得到了充分利用，也为公司进一步的价值创造打下了坚实的基础。

5. 以战代练，将能力转化为成果

华为CFO孟晚舟在清华大学演讲时说道：“华为在实战中选拔人才，通过训战结合培养人才。华为的英雄都是在泥坑中摸爬滚打打出来的。华为不论资排辈，所以华为的英雄‘倍’出不是一辈子的辈，而是加倍的倍!”可见，华为提倡以战代练的培养方式，让华为人能够将能力转化为成果。

5.1　在实战中，让新人实现知识转化

许多企业都会有新人的入职培训，但大多数都是不涉及业务实践的理论培训，在这一点上，华为与其他企业最大的不同在于华为的真正目的是让新员工在实战中实现知识转化，让他们在实践中累积能力和经验。在华为看来，仅仅关注理论知识培训和企业文化宣导的新员工培训，并不具备历练作用。

这也是很多企业新员工难以快速适应企业的工作环境的症结所在。

2017年，蔡杰成为华为的一名新员工。为了让新员工深切体会以客户为中心的企业文化，并了解公司的服务和解决方案，蔡杰和同时进入华为的新员工被安排参与到中国区交付实践培养活动中。作为南京大学心理学系本硕毕业的应届生，相较于那些技术专业出身的新员工，蔡杰在无线知识领域是一张白纸，对半年到一年的交付实践毫无信心。

蔡杰怀着忐忑的心情加入了新员工一营，他所在的班级中大多数都是网络技术工程师，为了不做班级的倒数第一，他每天都非常投入地学习。当时的培训节奏非常快，从早上八点半到晚上八点半，新员工都在接受培训。因为课堂上的信息量较大，而课程又比较多，为了能够及时理解并消化学习到的新知识，蔡杰会在课后主动求助。即使是周末休息，蔡杰和其他新员工也会在一起探讨课程内容，并由知识掌握情况最好的人来给其他人讲解知识点。

在一个半月的高强度培训之后，所有的新员工都被安排到沈阳代表处接受挑战，开始在实战中实现知识转化。

2017年9月，蔡杰参与到辽宁某运营商的搬迁项目中，开始了自己的实战训练。这个项目规模庞大，华为要在规定时间内完成辽宁省内一万多个基站的版本升级，这也就意味着项目组成员每天都要做大量的工作。于是蔡杰进入了每天忙得团团转的状态，不仅开始做大量的准备工作，还要在深夜里激活软件……

某天凌晨3点左右，蔡杰强打精神处理工作事宜时突然听到导师说："X站怎么没升上去？"蔡杰立即去检查了相关设备，发现站点并不存在故障，他推测应该是漏升了。于是他立即匹配到该站的版本信息，并且重新查询，及时解决了这个站点的升级问题。而蔡杰也在接下来的实践中投入更多精力，做好了基站版本信息的刷新、升级规划以及检查风险、排查情况等工作。也正是通过这一次次的实际操作，蔡杰才能够了解站点升级的全部工作流程，任何一环出了问题都能及时解决，将在培训前期学习到的知识全部应用到实践中，实现了知识的转化。

华为将这种实战训练当成新员工入职的必备训练，并且将这个训练过程当成新员工的一次重新定位的机会。因为在实践过程中，新员工改变了伏案工作的方式，真正深入一线，将自己学习到的理论知识转化为实际工作中的技能。同时也能了解到代表处各产品线之间的协同运作方式，以及代表处的组织架构。在这个过程中，新员工能够从自己未来岗位的角度去体验、去感受，并重新思考自己的工作方向。

5.2 用训战开阔干部与专家新的视野

随着通信行业的环境变化，行业内的企业都将面临 CT 和 IT 加速融合、ICT 行业迅速进入转型期等转变所带来的前所未有的挑战。任何企业想要谋求长远发展，都要主动适应行业的变化，转换思维去思考与客户的关系，以更宽广的视野探寻到更多发展机会。

为此，华为鼓励更多干部和专家重新赋能，在实战训练中开阔视野，找到适应新环境的方式，探寻出在新时代赢得客户青睐和信任的特质，以此来推动华为的发展。

2015 年，华为的一线客户经理袁方晨被安排到培训队伍中进行学习。袁方晨以往的工作思维是二维的，即客户关系和项目运作。所以，在培训初期，他感受到了“削足适履”的阵痛。第一次做项目汇报时，袁方晨按照以往的思维方式，强调客户关系的重要性。本以为会得到导师认可的他，却被导师质疑：“你的项目为客户带来了哪些独特价值？客户关系是独特价值吗？你整合了哪些资源？你的交易模式是否可以延伸？如果讲给后来人，哪些方面可以提高交易质量？概算和预算是否匹配？最终能否盈利？”导师这一串环环相扣的问题，袁方晨一个也回答不上来，因为袁方晨从来没从这些角度思考过。

在“将军池”历经了十多天的训战学习和演练之后，袁方晨终于转换思维，用新的思维方式和方法论分析了全球十几个真实案例，以新的视角理解了商业的本质。在后阶段的训战过程中，袁方晨更是有针对性地分析出客户的独特价值，探寻出能够传递这种价值的渠道，并以此为基础进行分工，设计出不同时段应做出的关键动作。

作为营销团队的干部，袁方晨在训战实践中开阔了自己的视野，能够以新的视角去规划项目的关键动作，明晰项目组成员的工作职责，让每个项目组成员都做到心中有数，使得工作变得更简单，目标更清晰，责任更明确。这样一来，袁方晨在管理团队的时候，只需要说明项目的价值主张、关键活动、需要上级提供的资源……就能够顺利完成项目工作。

华为训战结合的赋能方式让袁方晨这类已经陷入固定思维模式的干部和专家能够开拓思维，以新的视野来看待项目运作，找到更好的方式和客户做生意。

在当前市场环境下，干部与专家的视野对于企业业务的发展尤为重要。在如何拓宽干部与专家的视野上，华为的做法值得其他企业思考和学习。

5.3　训战赋能，实现新成果的快速转化

2009 年，任正非在华为 EMT 办公会议上强调："我认为干部还是以成功的实践经验为基础，根据你对成功的实践的总结，来看你成功实践的延长线，看你明天可不可能成功。在此选拔的基础上，再听你对明天的认识，进行第二次认证。"

在华为，即使是管理层干部，也需要在一次又一次的训战演练过程中重新锻炼实战能力，实现新成果的转化，以此获得晋升机会。

2013 年初，张伟响应华为的号召，从东南亚地区部干部部长转岗成为泰国子公司监督型董事会的试点董事，他也因此成为华为最早的海外专职董事。但从一名地区部管理者转升成为专职董事并不是一件容易的事情，加上当时华为的海外子公司董事会组织正经历从无到有的过程，张伟在摸索过程中没有任何现成的模型可以借鉴。为此，张伟只能依靠在实践中摸索，运用训战结合的模式，来做好董事工作。

决定好工作模式之后，张伟立即与 BCG 顾问、投资管理部同事一起开启了在泰国的工作之旅，通过边摸索、边思考、边总结的方式，整理出子公司

董事会的运作方案、合规管理方案以及工具包等。在张伟及团队的共同努力下，他们终于找到了真正适合每个国家子公司董事会的运作模式和工作重点，团队的每一个成员也在实践中找到了最佳的工作方式，明确了自己的工作职责。

张伟通过训战结合的方式帮助华为实现了新成果的快速转化，在这个过程中，虽然每个子公司的情况各有不同，但是张伟及其团队一个国家一个国家地将这种工作模式推行落地，最终实现了华为全球大规模建立海外子公司董事会的目标。

除了实现工作目标，在训战赋能的过程中，张伟通过参加董事会的种种事宜，逐渐掌握了法律、财务和审计等专职董事勤勉履职的基础知识和必备技能。

到 2015 年，华为的海外子公司董事会经历了从无到有的过程，逐渐遍布全球 113 个国家，张伟也实现了从泰国子公司董事会方案试点到东南亚日韩区域规模推广的目标。在这两年的实践工作期间，张伟实现了从地区部干部到“合格”的海外子公司专职董事的转身。

华为让张伟这类管理层干部重新回到一线上战场，是为了通过训战结合、人员循环流动的方式，对华为的干部进行重新赋能培训，让华为的干部能够在训战演练中提升项目管理能力与经营能力，实现新成果的快速转化，从而获得更多职业发展机会。

6. 通过战略预备队向人才赋能

惠灵顿公爵曾说：“滑铁卢之战是在伊顿公学的体育场上打赢的。”在华为看来，华为要能够赢得关键的战争，也要通过这种训战结合的方式培养出更多能打胜仗的人才。为此，华为强调战略后备队的建设，将战略后备队中的成员输送到最困难、具备不确定性的项目中去，通过实践训练给人才赋能，为转型做好骨干的准备。

6.1 让更多的人卷进来赋能

智能终端产业的市场瞬息万变，在巨大的市场机遇面前，通信类企业唯有通过训战结合的方式为企业的人才赋能，培育出更多能够为企业所用的行业人才，才能迎接新时代的挑战，谋求更长远的发展。

为此，华为在全球范围内快速投放和使用人才，给人才循环赋能，实现人才、能力、经验的共享循环，四面八方产粮。而建设战略预备队就是快速提拔、快速培养更多“种子”的最佳方式。

2015 年 3 月 31 日，任正非在变革战略预备队进展汇报会上说道：“加强变革战略预备队建设，扩大变革战略预备队的种类和数量，让全公司 LTC 流程经过的所有人都要‘洗一次澡’。要通过这次变革战略预备队选拔出首席合同场景专家、首席交付专家、首席供应专家，减少流动、承担责任、提高级别，把守城工作做好。

“变革实际上就是改朝换代，要加强战略预备队的建设，特别是高级干部，更要让他们卷进来。变革战略预备队要大，不仅是变革队伍自己用，还要给别的部门输送。战略预备队到底在哪些地方培养，培养多少，你们要有计划和预算。变革战略预备队由李健统管，田峰协助。变革战略预备队不光是为变革储备人才，还要让全公司 LTC 流程经过的所有人都‘洗一次澡’，不管多老资格的员工也要‘洗一次澡’。

“将来我们在干部任职资格上，要强调正副主管一定要有基层工作经验，最好是项目级管理经验。你们认为公司哪些部门的正副主管必须有变革训战经验的，就去跟 HRC 沟通，让它成为任职的必要条件。没有这个经历，就不能做官，就要去补课，‘洗个澡’再上岗。”

任正非所说的“洗个澡”就是让员工通过战略预备队的赋能快速成长并完善自己，任正非曾表示战略预备队的训战规模要逐年扩大，实现每年训战 1 万～2 万人的目标。华为之所以让越来越多的人参与到战略预备队的赋能中，就是为了培养出更多“种子”，让这些“种子”在全球各地生根发芽，开花结果，推动华为的变革进步，实现华为在新时代的战略目标。

6.2 从培养“斗士”转向培养“将军”

任正非表示，为了迎接下一个挑战，华为需要做好重大项目部的转型工作，多方位培养能打胜仗的“将军”。除了战略预备队的循环赋能，华为还将从在战略预备队充完电的优秀员工中选拔出20%的优秀学员进入解决方案重装旅，让他们进一步接受实战训练。而重装旅训练后在一线有突出表现的学员，华为一定会给机会让他们升官提级，以此培养出更多“将军”，把整个公司的干部队伍盘活，使得干部队伍能够循环流动。比如华为14级的员工，训战之后因为优异表现被推荐到18级岗位上干，这样就产生了优秀的将领，使得华为拥有大把三四十岁的“将军”，这样干部队伍就能壮大起来，华为就实现了从培养“斗士”向培养“将军”的转变。

为了能够从培养“斗士”转向培养“将军”，华为特别规划了“2周的总部集训营训练+6个月的一线作战训练”的解决方案重装旅训战周期。

前2周集训营的训练内容包括标准化技能训练、场景化实战演练、依循业务流程。这个模块的培训重在模拟一线的实际工作情景，针对一线作战的标准动作和场景、工具和模板，以课程讲解、案例分享、项目复盘、对抗演练等方式，让员工能够身临其境、真枪实弹地训练，并通过模拟训练补齐能力短板，提升核心作战能力。

接下来就进入一线战场的作战营，开始为期6个月的实战训练。接受集训营的实战演练后，学员要在一线战场将在集训营掌握的关键动作都应用到一线实战项目中，也就是说，全体学员要根据一线业务的作战地图，调整在集训营准备好的作战计划，投入一线实战中。与此同时，公司会派有经验的营长在学员战斗过程中提供及时的辅导，帮助学员巩固集训营期间所学的作战方式，并且从一线作战角度出发，帮助学员优化与客户的沟通方式，切实提高一线的作战能力。

重装旅除了是给华为人才赋能的资源池，也是将军池，经过重装旅严酷洗礼的华为学员，在2周加上6个月的训战之后，会成长为全球循环作战的

"将军"，并通过分享经验的方式把真正有效的作战方式传递给更多华为"战士"。同时，华为也依靠这种循环赋能模式促进公司各部门间解决方案人才的循环流动。

可以看出，解决方案重装旅不仅仅是一个"将军"干部培训机构，更是一个作战单位。在六个半月训战结合的过程中，重装旅的学员们都承受了巨大的压力和挑战，也在训练过程中承受了各种挫折和磨难，从而由战士蜕变为能打胜仗的"将军"。

任正非曾表示，解决方案重装旅作为华为的三大战略预备队之一，能够推动干部循环流动赋能，从而使整个队伍充满能量；也能在这个过程中，进一步使基层作战队伍的各类优秀人员成长为专家和干部，使得华为上下都能朝向一个胜利的目标，努力前进和奋斗。

6.3　战略预备队培训立足于实战

随着人工智能的快速发展，未来企业的人力资源将受到巨大的冲击，许多岗位的职责不再依靠人力承担，而是转而依靠人工智能技术。也就是说，各行各业的人事可能要面临改朝换代的局面。为了迎接人工智能时代的冲击，华为秉持着以企业的胜利为重的理念，不追求每个人都能成功，这也意味着那些跟不上企业发展步伐的员工将被企业扬弃，唯有通过战略预备队的训战，在实战训练中成长，跟上企业发展速度的人才才能获得成功。

华为的战略预备队不是对每个人负无限责任，而是立足于实战，实现人才在业务转折过程中"转人磨芯"，即磨砺人、转换人、筛选人，让在实战中有突出表现的人才能够为华为所用。

华为非常重视人才的战略预备队建设，并且在任正非的建议下成立了战略预备队指挥委员会，由任正非亲自担任指导员，三个轮值 CEO 担任委员。华为将战略预备队视为最重要的转换中介，意在从包括市场、研发、财经、管理、供应等在内的所有体系中选拔出优秀干部和人才，并通过战略预备队的实战训练，培养他们适应未来战场的能力，将历经训战结合培养的优秀干部和人才输送出来，把他们送到一线，重新参加作战。

在训战过程中，华为强调任何员工都要抛开资格、经历等因素，全身心投入训战，围绕目标开展工作。任正非曾表示：“在训战过程中，最重要的是靠自己努力，最好的训战结合是在实践中，而不是在课堂上。实战无论何时何地都存在，如何自我培养，学学毛泽东、邓小平，他们可没有进过任何队。你们作为选出来的优秀分子参加集中训练，要安心接受赋能。华为大学不能过分强调条件，黄埔军校只有两条绑腿，抗大（即中国人民抗日军事政治大学）只有一条小板凳，但它们是真正的世界名校，培养出大量人才。参加集训可能也是你们人生的一次宝贵机会，看你们自己如何把握。”

实际上，正如任正非所说，华为提供了实战的机会，但能否抓住机会快速成长要看员工是否能够创造性地理解并应用在自己的工作中。比如华为引进了西方先进的管理模式，其中包含了表格、代码等内容，华为人才要通过实践在项目中因时因地地运用并优化，而不是照搬照抄国外的工作模式。

对于不能参与集体训练的人，华为也提供了网络学习渠道，华为的案例是全开放性的，是面向全体员工的。但海量案例的背景和实际情况不尽相同，需要员工自己判断是否适用于自己，能否应用到自己的工作实践中，需要员工自己在实战中不断摸索和学习。

可以看出，华为建设的战略预备队立足于实战，让学员不仅能够贴近项目，在实际演练中探索前进，还能通过在战略预备队中的深刻体会和充分实践，探寻出发展规律，学习到面向未来的工作方式，及时调整自我，改进自我，并在以后的工作中充分吸收并化用学习到的经验。

7. 打造学习型团队， 自主学习

美国管理学者彼得·圣吉提出企业应建立学习型组织，在外部环境发生剧烈变化的时候，力求精简、扁平化、弹性化，能熟练地创造、获得和传递知识。所以，华为表示要打造学习型团队，组织内部成员养成终身学习、善于修正自身行为的习惯，以改善和提高整体的能力，维持企业的竞争力。

7.1　组织开展全员自主学习活动

日本社会学家横山宁夫提出的横山法则指明，在任何组织中，只有组织成员主动参与工作，他们才真正有工作积极性。企业如果一味地强调“约束”和“压制”的力量，往往不能达到管理效果，只有让组织成员具备主动意识，才能够实现有效的管理。

基于这一考虑，华为提出要通过适当的引导，培养员工形成自主学习的意识。为此，华为多次组织开展全员自主学习活动，希望打造出自主学习型组织。

2015年，华为鼓励公司上下开展“自主学习，提升能力”的全员学习活动，恰逢华为对供应链提出更高要求之际，华为西非供应链首先开始组织大家开展全员自主学习活动。

当时，华为的西非供应链面临的最大问题是要为重点优质客户制定最佳的供应业务战略，并分析出客户的真正痛点，提供使保税仓、订单可视化等交易体验提升的整体方案。这也就意味着，华为西非供应链的员工要快速提升自己的业务技能，将方案转化为实实在在的成果。

为了迅速展开自主学习活动，让全体员工快速适应业务需求，华为西非供应链组织召开了大型会议，让全体员工通过自我批判、头脑风暴和业务沙盘演练等方式识别出各自的业务短板，并将员工按照订单内控、管理、仓储、物流、清关五大业务模块分组，每组配备一名专业的导师提供专业知识的答疑和技术指导，让每个组的成员通过实践和学习快速成长。

自此，华为西非供应链的各个学习小组的成员都以组为单位，积极参与到每周的供应链大讲堂中，通过自主学习快速补齐最新业务知识短板。除了在大讲堂上积极学习之外，各组成员学习氛围浓厚，在晚上回到宿舍之后还会展开激烈的讨论和互相学习。

到了周末，华为西非供应链将自主学习课堂搬到了户外，以开放式的引导培训和研讨让各组成员能够聚集在一起头脑风暴，彼此学习。

在这个自主学习的过程中，西非供应链的员工逐渐掌握了供应链业务的工作方式，为组织做出的贡献也越来越大。随着西非供应链的学习氛围渐浓，西非供应链的组织凝聚力也逐渐加强，团队的战斗力也越来越强。

可以看出，华为非常重视培养员工自主学习的意识，除了开展类似的全员学习活动，华为还多次请高校的教授以及科学家在华为内部开展讲座活动，就是为了让华为人养成不断学习的习惯。任正非说："其实每个岗位天天都在接受培训，培训无处不在、无时不有。成功者都主要靠自己努力学习，成为有效的学习者，而不是被动的被灌输者，要不断刻苦学习提高自己的水平。"

7.2 自发分享经验，共同进步与成功

在华为看来，善于总结并且能够自发将个人的成功经验分享给组织的每一位成员，以此来促使整个团队共同进步与发展，是每一个华为人都应该具备的职业素质。任正非曾鼓励所有华为人："现在是信息社会，知识很重要，更主要的还是视野。所以要把经验写出来，年轻人看了经验，上战场再对比一次，就升华了……现在你们要善于把经验总结出来，否则做完了沾沾自喜，经验还只留在你一个人的脑子里，没有传承。"

在这个过程中常常有人质疑，表示如果将自己在工作中的心得体会分享给旁人，会让自己的竞争力变低，从而导致自己的价值降低。对此，华为表示，分享的过程是员工个人能力再次提高的过程，只有善于分享，才能够以更开阔的视野学会吸收团队的智慧。

2003 年，华为高价中标拿下了阿联酋 Etisalat 和香港 SUNDAY 的 3G 商用网络两个重量级项目，但当时的华为却拿不出一套系统的资料指导这两个项目的交付。谢智斌是香港 SUNDAY 项目的主要负责人，由于没有资料指导工作，他只能和同事一起慢慢摸索。在他们的探索过程中，谢智斌发现自己通过实践成长了很多，但确实是浪费了太多的时间，如果以后的员工不能学习到已有的经验，就要自己从头摸索。于是，谢智斌想到一个方法，就是一边交付一边将交付流程和遇到的问题总结整理成书，并且在项目中进行验证和

优化，最终整理出了一本网规网优指导书，为指导更多项目交付员工的工作提供了资料。这本指导书果然大受欢迎，并且为很多项目提供了有效的指导，也就是从那以后，谢智斌养成了总结工作经验并自发地分享给更多人的习惯，让更多人都能够通过经验分享共同进步。

2010 年，谢智斌负责一个挪威项目，按照以往的习惯，他在工作过程中主动寻找能够降低出错率的流程、方法和工具，并总结出一套技术方案，以技术方案为载体不断总结经验，形成问题处理的标准动作，这样一来就大大提升了团队的交付效率。

这种以技术方案为载体不断总结经验的方式给了谢智斌新的灵感，他意识到一个人的经验总结只有转化为团队和组织的资产才能真正被复制和传承下去。于是，2011 年，谢智斌在华为的 3MS 社区创建了一个经验分享团队，团队成员在短时间内超过 3000 人，总访问量也很快超过 30 万，大量的员工在这个团队中分享经验，共同学习成长。与此同时，谢智斌还创立了三个技术交流群，为更多网规网优工程师提供技术、工具、资料等方面的帮助，让更多工程师能够有一个平台分享经验，交流技术，提升能力。

从谢智斌的事例中可以看出，工作中总结出正确的工作思路，将成功的经验分享给更多人，能够避免返工，节约工作时间，帮助组织提升工作效率，同时也能促进组织成员共同学习、共同成长，通过组织的成功获得个人的胜利。

7.3　想进步，就要善于不断归纳、总结

任正非曾指明华为最大的浪费是经验的浪费，他提出华为有很多工作的重复率较高，是因为很多人常常在解决工作中碰到的难题之后没有及时归纳、总结的习惯，导致已有的经验教训和有用的数据等宝贵信息没能被保存下来。这样就会导致在后续的工作过程中碰到类似问题时，还要重新走一遍原路，浪费不必要的时间和精力。

为了防止这一现象再次发生，任正非鼓励华为人通过不断的归纳、总结，更好地利用以往的工作经验，让自己的每一次工作都能有所进步。

2007 年 5 月前，王焕伟（化名）一直都在华为某研究所负责产品的开发工作，但他在产品在一线的实际应用方面没有任何经验，工作也无从展开。于是，王焕伟只能白天忙着学习测试，晚上与那些理论知识的书为伴，拼命从那些书中寻找一些跟工作相关的案例，然后按照自己的思路重新写下来。

直到有一次，王焕伟到某地参加 V 项目的第一个商用网启动仪式，在验收测试中，遇到了一个语音与数据业务组合的用例，测试时总是失败。正当大家不知所措的时候，王焕伟想到了之前自己写过的一个案例，茅塞顿开，问题很快就得到了解决。这件事让他第一次尝到了在实践中总结经验的“甜头”。

2009 年，王焕伟来到了某海外办事处，白天的室外温度达到了零下 30 摄氏度。在这种天寒地冻的环境下，王焕伟每次到现场处理问题的时候，都会坚持把每个操作细节都详细地记录下来。回到基站，他就会总结出其中有价值的部分，并形成案例，然后在公司网站上发表。很快，他就从一个对一线技术一窍不通的“菜鸟”一跃成了“专家”。

王焕伟的经历也充分证明了任正非的那句话：“实践后经过归纳、总结，才会有飞跃的提高。”而很多成功的华为人的经历也证明，只有那些勇于实践并善于总结的人，才能找出自己存在的问题、原因，当他们及时更正后，便能够快速地成长起来。

第6章 华为的留人管理

任正非说：『华为主张在顾客、员工与合作者之间结成利益共同体。公司努力探索企业按生产要素分配的内部动力机制，使创造财富与分配财富合理化，以产生共同的更大的动力。我们决不让雷锋吃亏，奉献者定当得到合理的回报。』

1. 打造具有全球竞争力的薪酬体系

“高效率、高压力、高工资”是华为的三个显著特点，在华为看来，高工资是员工的第一推动力，所谓“重赏之下必有勇夫”，就是这个道理。可以说，华为之所以每年都能从国内各大名牌高校招聘到大量的优秀毕业生，很大程度上是因为华为选用了高薪招揽人才的战略。用华为的话来说，就是“我们能提供有竞争力的薪酬待遇”。

1.1　高工资是第一推动力

为了在全球范围内吸收顶尖人才，华为从早期开始就采取高薪“掠夺”人才的政策，尤其是近年来，华为几乎每年都因为行业最高的薪酬水平引发民众讨论。很多企业认为华为此举的成本过高，要想留住这些人才，后续还要投入更多成本，这样不利于企业的后续运作。但从华为的实力和规模以及未来几年的发展预测来看，实际上，员工的工资越高，成本反而越低。因为员工在享受高于同行业的薪资待遇的同时，将承受高于其他企业员工的高压力和高绩效目标。为了实现目标获得高薪酬，这些员工将发挥出自己最大的作用，为华为创造巨大的价值。在任正非看来，薪酬越高，对于员工的推动力就越大，华为收获的价值将远远超出其投入的资金。

2016年，华为再一次因为高工资引发热议。日本厚生劳动省的应届毕业生薪资调查显示，华为主要以即将大学毕业和研究生毕业的学生为对象，在日本招聘通信网络工程师、终端测试工程师等四种职位的员工，数据显示，华为招聘的日本本科毕业生的平均月薪为40.1万日元（折合人民币23000元），硕士毕业生平均月薪为43万日元（折合人民币24800元）。事实上，索尼公司、夏普公司等日本名企每年给应届毕业生开出的月薪在21万～25万日元之间，每年都有无数日本学生为进这些企业争破了头。而华为开出的月薪几乎是索尼公司、夏普公司等企业的2倍。面对比日本企业高出近一倍的工资，日本人第一反应是备感震惊，但也将华为当成首选企业，许多顶尖人才都在华为发布招聘消息之后向华为投了简历。

除了屡次因为高薪被民众热议，从华为的员工薪酬定位表（表6.1）也可以看出，华为的员工薪酬普遍偏高。

表6.1　华为员工薪酬定位表

薪酬构成	低于25分位	20～50分位	中位值	50～75分位	高于75分位
基本工资	0.4%	5.1%	55.7%	34.9%	3.9%
短期激励	4.4%	9.8%	56.6%	27.3%	2.0%
长期激励	6.9%	6.9%	56.4%	26.6%	3.2%
福利与特殊待遇	3.6%	8.5%	60.3%	25.4%	2.2%
薪酬构成	低于25分位	20～50分位	中位值	50～75分位	高于75分位
最高管理层	0	0.5%	32.2%	53.5%	13.1%
高级管理层	0	0.0%	36.1%	53.8%	10.1%
中级管理层	0.4%	0.8%	45.9%	46.7%	6.3%
初级经理	0.4%	4.7%	55.0%	36.0%	3.9%
专业技术人员	0	8.9%	63.6%	25.2%	2.3%
操作人员	1.6%	13.4%	60.4%	20.9%	3.7%

事实上，很多应届毕业生都会将薪酬看作第一份工作的首要考虑条件，华为正是抓住这一点，使出“撒手锏”——高薪酬，广泛吸引全球的优秀人才，让世界顶尖的人才汇聚在华为，助力华为的发展。

也正是因为对人才的重视和力度空前的薪酬体系，华为得以借助人才战略在国际市场上更进一步。

1.2　打造差异化薪酬体系，激活人才

华为在职能工资制的基础上实行按贡献大小拿待遇的薪酬分配方式，

这样一来就能够将公司的资源和价值分配坚定不移地向优秀员工倾斜。而这种分配方式实际上是根据差异化策略来实现的。在华为，为组织做出越多贡献的优秀人才拿的薪酬越多，反之则拿的越少。同时，华为依据科学的绩效考核来拉大员工之间的薪酬差，给高绩效员工更高的薪酬，以此打造差异化的薪酬体系，让全体员工都能够朝着工作目标前进，激活人才，保持组织的活力。

华为根据绩效变化（调薪激励矩阵，图 6. 1）来打造差异化薪酬体系：

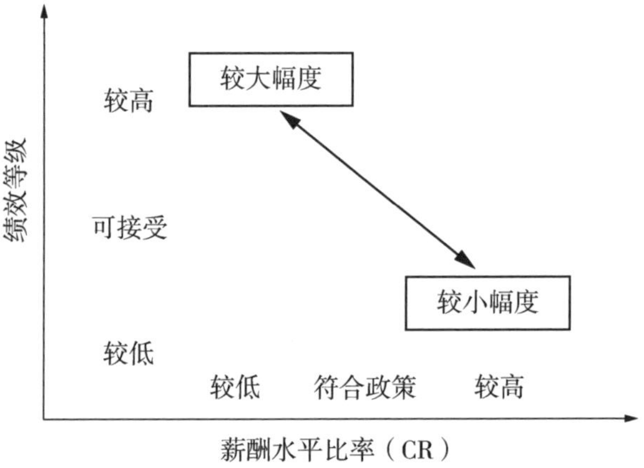

$$\text{薪酬水平比率（CR）}=\frac{\text{岗位任职者现有的薪酬水平}}{\text{岗位任职者所在级别的薪酬目标水平}}$$

图 6. 1　华为的调薪激励矩阵

从华为的调薪激励矩阵可以看出，薪酬调整体现了员工的贡献和绩效导向，在相同工资下，绩效越好，调幅越大；薪酬调整考虑员工现有的工资水平，相同贡献和绩效下，CR 值越低，调幅越大。

可以看出，华为实行基于能力的职能工资制，将员工的工资与工作能力、工作态度和责任心挂钩，并且员工的业绩直接影响员工的薪酬水平。华为通过这种持续的物质激励，保证员工的工作积极性，并且在物质激励的基础上打造差异化薪酬体系，拉开奋斗者和一般员工的差距，让更多员工走进奋斗者行列，激活人才，也激活组织。

1.3　大胆投入，促进人才快速成长

任正非曾表示华为在人才战略上要舍得投入并且大胆投入，他说："大胆人才投入，收获是迟早的事情。"在他看来，实际上企业在招聘人才的时候，不能保证招进企业的人是最优秀、最适合企业发展的，但是企业如果能够大胆地在员工身上投资，以薪酬带动员工的积极性，就能促进人才快速成长。而员工在成长过程中一步步按照企业的绩效体系、薪酬体系的指引，将会建立起符合企业的价值观和思想体系，保持和企业发展战略一致的步伐。

所以，华为强调以高薪促进人才成长，借人才之力帮助华为实现战略胜利。任正非曾说："你们这些年轻的、未来的将军，在胜利鼓舞中、在炮火震动中，一定会一步步走向最终的胜利!"

华为年报显示，2015年，华为在员工工资、福利、时间单位计划、离职后计划等方面的总开支约为1008亿元人民币，加上当年作为分红分发给员工的大部分净利润，华为一年的人才投入高达1377亿元人民币，也就是说，当时华为的17万名员工的人均年收入超过80万元人民币。

华为的人力成本投入除了体现在员工的工资上，还有股票分红。以2015年华为的虚拟股票分红为例，当年华为的股票每股1.95元，升值0.91元，合计2.86元。2003—2004年进华为工作的员工级别为17～18级，配股普遍为几十万股。仅分红，这些员工就能拿60万～70万元人民币（税前）。而2000年前进入华为的员工，分红已超过了100万元人民币。

此外，华为的奖金也非常可观，这一部分的物质投入与绩效有着非常强的关联，一般来说，在华为工作3年左右的员工，年终奖约为15万元人民币。

可以看出，华为并不是那种空画大饼的企业，而是实实在在地对人才"不计成本"地投入。但华为的大胆投入绝不是盲目投入，而是要获取远超于投入的回报的。实际上，华为通过高薪"强制性"地要求员工取得高绩效，只有在员工通过努力奋斗做出了突出贡献，并且获得了好的绩效评价时，华

为才会给予相应的报酬。也正是因为这种“强制性”，华为员工能够在短时间内快速成长，适应华为的工作环境，并且将精力投入在为公司创造价值，从而实现个人价值上。

2. 奖金与分红是吸引人才的第一诱因

与国内其他企业相比，华为在人力资源管理上最具特色的就是股权激励。华为员工的薪酬包括工资、奖金、股权或期权，以及福利共四个部分。在华为看来，工资只是成本，要想真正吸引人才，更要关注奖金、分红和福利的作用。而事实上，对知识型企业的核心人才而言，奖金和分红是吸引人才最不可或缺的诱因。

2.1　工资是成本，用利润分红捆绑员工

任何企业要想捆绑住员工，使员工长期为企业创造价值，就一定要认识到“工资在组织中是成本”。因为工资实际上是员工的人工费用，工资总额越来越大实际上在市场上是没有竞争力的，而当员工的工资总额与公司的销售收入挂钩的时候，无疑在市场上具备更大竞争力。

之所以强调要将员工工资与公司的销售收入挂钩，是因为员工和公司之间一旦有了牢固的利益关系，就能够让员工对企业高度忠诚。华为就是通过开放股权，让员工享受到公司的利润分配，让员工和公司成为利益结合体，从而捆绑住员工。

华为早在1990年就推出了内部员工持股计划，当时华为开出的工资超过行业的平均水平，但对于发展初期的华为来说，直接将工资全部发放下去，会使公司的现金流出现问题。而让员工购买公司股票，不仅解决了公司的现金流问题，还让员工因为长期利益持续为华为奋斗。

但很快，华为就发现这一持股方式带来的弊端——老员工掌握股权或已离职的员工仍享受企业的利润，不利于华为的发展。为此，华为在1997年做

了股权改造，推出了员工持股分红机制，员工离开华为就要交还公司股权。

随着不断改善价值分配机制，华为后来又推出了 TUP，也就是现金奖励型的递延分配计划，这种长期激励模式是更好地捆绑员工的办法。因为 TUP 是不涉及所有权性质的股票，只在分配额度上参照分红和股本增值。也就是说，华为先给予员工一个获取收益的权利，但这个收益要在未来 N 年中逐步兑现。举例说明，假如 2014 年，华为为某员工配股 5000 股，当期的股票价值为 5.42 元，该员工当年（2014 年）是没有分红权的。到了第二年（2015 年），该员工可获得 5000 × 1/3 分红权。第三年（2016 年），该员工可获得 5000 × 2/3 分红权。第四年（2017 年），该员工可全额获取 5000 股的分红权。到第五年（2018 年），这名员工在获取分红权的同时还能结算股票值，如果股票升值到 6.42 元，那么第五年他就能在 2018 年分红之外，获得 5000 ×（6.42 − 5.42）元，但同时该员工的 5000 股将被清零。

“财聚人散，财散人聚”是企业的用人之道，华为正是基于这一考虑，形成了利润分享模式，在企业内部形成了持续奋斗的机制。华为人深知自己只有持续不断为华为做出贡献，才能持续分享企业的利润和价值。

华为真正做到了将工资当成成本，将股权分红分配给员工，让利给员工，从而让员工明白，自己是企业的一分子，奋斗是为自己奋斗，而不是为企业打工。这样一来就让员工真正成为企业的奋斗者，让员工乐于为企业做贡献。

2.2 不让奋斗者吃亏的奖金机制

在华为还未设置合理的奖金分配机制之前，曾有员工因此而丧失工作积极性，导致部门整体经营状况不佳。最为突出的一例是 2008 年初，虽然华为确定要将 LTE 视作战略投入产品，但当时华为上研所的员工还停留在“3G 持续 10 年奖金低”的状况中，对于加入 LTE 积极性不高。

为了解决这一问题，华为专门设计了“不让奋斗者吃亏”的奖金生成机制，将员工的奖金与部门绩效和个人绩效形成紧密的联系，充分肯定员工的价值贡献，引导有能力、有志向的员工持续奋斗。

从华为的奖金生成机制图（图6.2）可以看出，华为的员工奖金并不是一笔固定的收入，而是具有弹性的，根据几个因素有升有降。其一是公司的经营状况，可以看出，华为的利润除了盈余公积和股票分红之外，大部分会用作员工奖金；其二是员工所在部门的业绩情况，组织绩效也将影响员工的个人奖金；其三是员工个人绩效贡献以及个人职级，员工的奖金很大程度上取决于个人对组织、对公司的贡献。

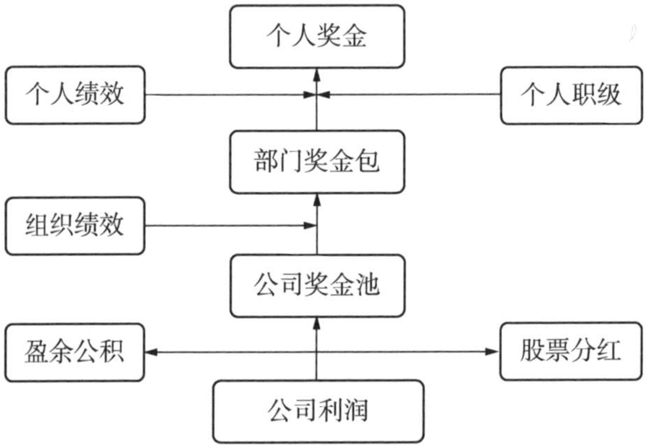

图6.2 华为的奖金生成机制

华为员工的奖金就是综合这三个因素生成的，可以看出华为的奖金生成机制不承载过多的非绩效因素的管理要求，并且奖金分配打破平衡，向高绩效的奋斗者倾斜，在一定程度上保证了分配的公平性。

任正非曾明确表示："我们要理解做出大贡献的员工，通过分享制，要比别人拿到手的多一些，或多得多。"

在任正非看来，员工的奖金生成机制应该起到激活组织、激活员工的作用，通过合理的奖金分配有效激励员工，以促进公司实现有效发展，并改善经营状况。而华为设计的不让奋斗者吃亏的奖金机制就实现了华为的奖金管理机制的目标，以向高价值贡献的奋斗者倾斜的奖金分配机制，加强了公司的价值创造和价值管理能力。

2.3　利益动态分配，激发新人投入奋斗

华为在完善薪酬体系和奖金分配机制的过程中，发现很多时候需要依靠及时激励来刺激员工的积极性。也就是说，利益分配要有规可循，但可以适度跳脱出制度管理，从实际角度出发，动态分配利润，以激发更多员工投入奋斗之中。

为此，华为通过建立更为灵活的价值分配体系，形成了企业成长和发展的新的内在驱动力，从而促使员工不断提升能力，为组织创造更大价值。

2012年底，华为在A国中标了一个价值近10亿美元的项目，这个项目是华为多年来瞄准的“一块肥肉”，是与同期竞争的企业斡旋斗争多年才最终拿下的高价值项目。而攻克这个“大粮仓”的华为竞标团队也依据公司的奖励制度，获得了高达700万元人民币的奖金。

到了2013年上半年，双方正式签订合同后，华为CEO任正非又当即拍板追加了1000万元的奖金，时任所在地区部的总裁当即表示：“老板，已经奖励过了，这次您请大家吃个饭就行了。”

任正非当即就回绝了，并接连给对方打了5个电话表示：“你要认真想想，弟兄们在一线干活不容易，要给大家分好钱啊……”

地区部总裁认为1000万元的奖金过多，他感觉到肩负的压力过重，多次拒绝任正非突如其来的追加奖金。但任正非认为有突出的贡献就要有相应比例的奖励，坚持道：“那你告诉我多少合适……”

最后，在双方的来回交流后，确定了700万元的追加奖金，也就是说，华为给这个项目组支付了两次奖金。

“我们要一碗米，他不是给你一斗米，他给你十斗米；你准备了一顿大餐，他给你十根金条。”华为运营商BG总裁邹志磊就此事发表了自己的看法：“老板做的事短期内不要评价，拉长看很少有人能超过他。”

正像邹志磊说的那样，任正非灵活调整利益分配，看起来有不合理之处，但实际上，从长期来看，这是一次回报颇丰的“投资”。对于华为来说，拿下

这样一个重要项目，不管是从利益回报的角度还是实现战略目标的角度来看，华为所得到的利益远远超过项目团队获得的利益。而跳脱开固有的价值分配体系，灵活调整价值贡献巨大的团队的奖金，能够让员工在头脑中形成“多劳者、贡献者则发财”的概念，从而激发他们投身于奋斗者的行列，为华为拿下更多高价值的项目。

3. 拉开差距，给火车头加满油

公司的发展需要“火车头”的引领，为了能够激励更多员工向“火车头”的行列前进，任正非表示在价值分配上不能保证绝对公平，但要尽量做到合理。为此，华为提出要向公司内部承受更大压力、工作难度更大、创造价值更多的员工倾斜，拉开员工之间的差距，给火车头加满油。

3.1 打破平均主义

哈佛大学托德·罗斯教授在他的《平均的终结：如何在崇尚标准化的世界中胜出》一书中提到，现代社会背后有个底层逻辑，就是平均主义。他所说的平均主义并非仅仅是数量上的绝对平均，更多的是指在组织中由于管理过于标准化，忽视个体的差异，从而导致个体创造力的丧失和组织活力的下降。

实际上，放到企业人才价值分配上来看是最为明显的，如果企业忽视个人对组织的贡献差异，在员工价值分配上采取平均主义的分配模式，那么组织管理将呈现失衡的状态，企业也很有可能因此分崩离析。

20世纪60年代，美国心理学家斯塔西·亚当斯提出了公平理论。公平理论的基本观点是：当一个人做出了成绩并取得了报酬以后，他不仅关心自己所得报酬的绝对量，还会关心自己身边人的报酬情况。换言之，员工不仅会思考自己的收入与付出的劳动之间的比率，还会将自己的收入和付出比率，与相关人员的收入和付出的比率进行比较。当人们把自己的报酬与做同样工作的他人的报酬相比较，发现二者相等时，他们会感到这是正常的、公平的，因而心情舒畅地积极工作；当他们发觉二者不相等时，内心就会产生不公平感，于是有怨气、发牢骚，继而影响到工作积极性。

21世纪初，德国社会行为学家弗雷·莱纳德在亚当斯公平理论的基础上指出，如果企业能够合理利用这种“相对”差距，并且让员工充分意识到产生这种差距的根源并非管理者的失误，而是两个比较对象之间确实存在价值创造能力上的不同，那么，这种差距就会成为低报酬一方努力追逐的动力。

华为正是利用了这种相对的差距，以奋斗者对企业的贡献和自身的人力资本为尺度来进行价值分配，重视对组织做出高价值贡献的员工，以此来保证员工的积极性和组织活力。

华为打破价值分配的平均主义，不强调均衡，而是强调价值贡献大小带来的差距，用差距来鞭策员工持续奋斗，形成了“高能力、高报酬、高绩效”之间的良性循环。

3.2 价值分配上要打破平衡

华为很早就提出要打破平衡，逐步拉开员工之间的差距，提高优秀员工的待遇，让火车头先跑起来，带动后面的车厢一起前进。为此，任正非在1996年的“脚踏实地，摆正位子，迎接公司全方位的改革”的讲话中强调：“华为缺少火车头。我们一定要坚定不移贯彻倾斜政策，向更大价值创造者倾斜。要在很长一段时间维持这种倾斜，要保证优秀员工的受益最大。”

自此，华为针对既有的工资政策进行了改革，“同工同酬，易岗易薪，以能力和贡献拿工资”这一全新的薪酬体系替代了原本的由部门领导定工资。

自20世纪末，华为确定了全新的薪酬体系之后，华为一直都追求更为合理的分配方式，并持续改善薪酬体系。到2009年，华为进一步实现分配机制的优化，强调在价值分配上必须打破平衡，如果哪个区域或是哪个部门的奖金很平均，那么这个区域或是部门的干部就要下台。此外，华为还规定：“奖金评定要简单，当期贡献，贡献好马上就给奖。不要把一大堆事情放到一起评，这样奖金就变得很复杂，就不公平。”

以华为的网络设备业务奖金分配为例，华为规定，每个代表处必须实现基线管理，即每个代表处都要根据业务计划和业务目标做出一个相应的业务基线，而员工的考核以基线为准。这个业务基线可以有多条，比如销售基线、利润基线……这些业务基线的权重大小根据不同区域和不同时间灵活调整，员工只需对照基线标准去工作，并努力完成目标，该得多少奖金就能够得到多少奖金。这就意味着员工得多得少完全取决于个人的业务成绩，成果一经公布，每个人的工作情况一目了然，做得好的就拿得多，做得差的就拿得少。

根据这样拉开差距的奖金分配机制，整个2009年，华为共有596名员工的奖金为零。并且定不出零奖金的部门，整个部门的奖金就不能启动发放，直到所有零奖金者一一对位。从2009年开始，华为一直坚持“不达目标零奖金”和“以贡献大小判断奖金多少”的打破平衡的利益分配原则。

任正非指出华为在上一阶段害怕分配的不平衡，但随着华为进入下一阶段，真正要担忧的是分配平衡带来的弊端。基于这个思考，华为确定了将奖励和机会向成功者和奋斗者倾斜的分配机制，通过这种大胆的倾斜，拉开业绩优秀者和后进者的差距，使得优秀者更有动力前行，后进者有奋斗的方向和动力，以此激活整个组织。

正如任正非所说：“我们要敢于拉开分配差距，破格提拔贡献者，优秀员工要多拿钱、快速提拔。选出几个优秀人员来树立标杆，大家看到了榜样，就会开始争着上战场冲锋，去超越标杆，这样队伍的士气才能起来。”

3.3 让“拉车人”比“坐车人”拿得多

华为早年以股权激励的方式来捆绑住人才，但随着时间的推移，华为的股东和资本的规模越来越大，在公司内部形成了“坐车人”和“拉车人”两个利益层次。这也就使得华为内部出现了“拉车人”夜以继日地劳作的收获比不过“坐车人”每年享受的红利分配的状况。任正非意识到，长此以往，不管是“拉车人”还是“坐车人”都将不愿意“拉车”，但企业要存活、要发展，需要“拉车人”持续不断地推动。

于是，华为提出要平衡“坐车人”和“拉车人”之间的利益分配，让工资改革逐步合理化，让“拉车人”比“坐车人”拿得多，从而使得“坐车人”也转变为“拉车人”，调动全员的积极性，提高劳动生产率，以此促进企业发展。

华为为了最大限度激励“拉车人”，推行了获取分享制。按照获取分享制的规定，华为的股东每年都只能享受公司利润的25%，其余75%会通过奖金分配机制分享给当年为华为创造价值的人。

实际上，华为CEO任正非个人仅占华为1.24%的分红权，而华为89%的员工占华为98%的分红权。在这种强调创造价值的人获得最大价值的分配机制下，华为的员工通通由“要我干”转变为“我要干”。华为员工都争着做“拉车人”，做“火车头”，让列车跑得更快，做功更多，以此获取更大利益。

可以看出，华为通过“给火车头加满油”的方式，拉开不同价值贡献的人才之间的差距。而对于那些在最前面拉动全员前进的“拉车人”，华为明确表示要切实保障这部分人的利益分配。也就是说，华为强调待遇水平要向一线的研发人员倾斜。

研发工作是华为的核心活动，同时也是为华为创造价值的创造性劳动，为此，华为坚持向研发人员倾斜的薪酬政策。除此之外，华为还提出要尽可能包容一线研发团队，不以暂时的产品成败来“论英雄”，优待这些“拉车人”。对于技术管理部门等不在一线直接输出上市产品、未从事一线研发工作的部门，虽然待遇上会与一线团队有差距，但还是要保持合理的价值分配。

任正非说：“有成效的奋斗者是公司事业的中坚，是我们前进路上的火车头、千里马。我们要让火车头、千里马跑起来，促进对后面队伍的影响；我们要使公司15万名优秀员工组成的队伍生机勃勃，英姿风发，你追我赶。”

为此，华为一直按照员工的贡献和责任结果来完善人才的待遇体系，以“向优秀的奋斗者倾斜，给火车头加满油，让千里马跑起来”为价值评价和价值分配的导向，管理好“拉车人”和“坐车人”的分配比例，让“拉车人”比“坐车人”拿得多，“拉车人”在“拉车”时比“不拉车”时要拿得多。

4. 善用荣誉激励，赋予人才成就感

知识管理专家玛汉·坦姆仆提出，激励知识型员工的前四个因素依次为个体成长、工作自主、业务成就和金钱财富。可以看出，金钱财富的激励作用其实是比较靠后的，真正能够激发员工更有激情投入奋斗之中的实际上是员工在事业上能够获取的成就和发展。华为抓住这一点，通过荣誉激励，赋予更多人才成就感，以此激发员工的奋斗心。

4.1 把英雄的盘子画大，敢于表彰

在任正非看来，要让企业“人才倍出”，就要利用好非物质激励这个关键动作，敢于表彰，敢于把英雄的盘子画大一些，通过颁奖典礼上的种种非物质奖励和荣誉奖励让更多人成为“英雄”，推动员工的成长。

为此，华为表示要像毛泽东提出的“遍地英雄下夕烟”那样，保证60%～70% 的高英雄比例，剩余的30%～40%要通过末位淘汰制剔除一部分，从而逼着全体员工朝“英雄”的方向前进。同时，要多花一点钱做表彰大会和颁奖典礼，因为精神激励的影响是长期的，有利于员工形成长期的自我激励的习惯。

华为的非物质激励手段（表6.2）是多方面的，除了公司对员工的认可，以及给员工提供舒适的工作环境，使员工保持良好的工作心情之外，华为还为每一位员工提供学习和发展的机会。

表 6.2 华为的非物质激励手段

类别	激励手段
认可	荣誉奖、荣誉证书、奖杯 嘉奖函、通报表扬 “明星”员工、杰出地带宣传 与总裁合影、共进晚餐
学习与发展	承担更大的责任 主管关心员工的个人发展 绩效管理的沟通和辅导 轮岗的机会 奖励性培训
工作环境	主管的关心和认可 主管与下属的单独深度沟通 和谐的工作环境 关心员工健康 节日、生日祝福和问候

除了上述的各种非物质激励手段外，华为还多次召开表彰大会以及颁奖典礼，庆贺每一年在全球奋斗的华为人做出的成绩。在表彰大会和颁奖典礼上，华为将根据团队成绩和个人成绩颁发众多奖项。

如最佳销售项目、战略竞争奖、竞争优胜奖、优秀小国经营奖、区域优秀 BG、最佳交付项目、战略项目奖、区域能力提升奖、最佳机关支持、最佳专业支撑、优秀大 T 及子网系统部、优秀单国运营商系统部、特别贡献奖、代表处经营优秀奖、地区部综合绩效奖等重量级大奖。以及“蓝血十杰”“明日之星”“天道酬勤奖”等重量级的个人大奖，甚至考虑员工家属，为员工家属颁发各类奖项，以此感谢华为员工背后默默支持的家人。

此外，华为每年都会有数百支金牌团队获得表彰，数百名员工获得公司级的金牌个人奖。

事实上，华为抓住了非物质激励的关键作用，即让更多人变成英雄，让更多人看到机会，从而拼命去奋斗、去努力，实现那些“近在眼前”的成就。所以，华为明确指出要增加各类奖项的比例，让华为的员工都成为先进人物和优秀分子，不管是在表彰大会上的公开表扬，还是在颁奖典礼上的一枚奖章，一定要让更多人感受到非物质激励在思想激励上的作用。

4.2 用心激励，牵引员工实现自我价值

一直以来，华为的激励方式都以物质激励为主，这种激励方式能够广泛吸引业内人才，但是华为从长期发展角度思考的时候，发现过分依赖物质激励不是企业长久留人之道。实际上，在很多企业中，员工在离职的时候会有许多埋怨，除了待遇之外，很多员工真正的离职原因是“感觉自己被公司当成工具，而非员工”“继续工作没有前途”等。可以看出，在挽留员工这一方面，非物质激励有时会起到关键的作用。

很多时候管理者即使明白这一道理，在非物质激励方面也经常做不到位，比如直接主管不出面表扬员工，而是通过秘书来完成激励过程；或是通过一封邮件来表彰员工，员工根本体会不到荣誉感和被重视的感觉……实际上，要做好非物质激励并通过物质激励产生管理效益，需要公司的用心，需要管理者的用心，只有用心践行非物质激励，牵引员工实现自我价值，才能真正实现非物质激励的留人作用。

2012年，华为员工王克参与到香港和记管理服务项目群的工作中，这是一个人力资源转移项目，但王克第一次担任管理服务项目经理就遇到了许多麻烦。当时正赶上华为的客户收回60名网规网优员工的时机，被留下的员工产生了被老东家遗弃的挫败感，整个员工团队士气低落，导致员工离职率居高不下。而因为员工的工作情绪问题，项目组和客户的关系也比较紧张，导致在与客户前期谈判时，华为无奈做出了巨大让步，使得项目经营压力变大。

面对种种问题，王克感受到了前所未有的压力，在梳理项目组情况的过程中，王克发现管理服务项目的SLA/KPI、客户满意度等都需要员工来承载，

提高效率、开源节流等更需要团队全员的努力。所以，其实项目组的关键在于管理好项目组成员，解决人心不稳的问题。于是，他将“以人为本”作为管理的切入点，和项目组的每一位员工都进行了深入的沟通和交流，明确员工的顾虑，真正用心体会员工的难处。在全面了解员工的情况之后，王克首先给那些转移进项目但是多年未加薪的老员工提升了工作待遇。同时，开始识别团队的骨干员工和高绩效员工，通过考评拉开团队成员间的收入差距。并且设置了“留才奖”来稳定军心，留住员工。在非物质激励方面，王克将员工满意度设置为团队的首要关注事件，将员工的反馈落实到实际行为上，并且每月开展员工主题活动，保障每月都有深入的交流……

在种种用心的激励措施落地之后，王克带领团队实现了项目经营指标的稳步提升，同时，网络指标和员工稳定性也获得了客户认可。

实际上，很多企业的项目一直没有好的业务成绩，就是因为出现了上述员工情绪问题导致的业务停滞不前的现象。而要解决这类问题，只能像王克那样积极地换位思考，用心体会员工需求。同时，根据员工需求，设置符合实际情况的激励手段，满足存在不同需要的员工，牵引他们实现自我价值，从而赢得员工的满意，让员工能够跟随企业的步伐，做好企业的建设工作。

4.3　表彰是企业对员工价值的认可

对于很多企业职员而言，很多时候企业的肯定和激励是让他们能够真正获得成就感的方式。这种成就感能够长期影响员工的工作行为，让他们能够保持工作的激情，通过取得更大成就获取公司的肯定从而实现更深层次的成就感。

华为正是抓住了员工的这一心理，长期召开表彰大会和颁奖典礼，以此形成“员工得到肯定，从而获得成就感，更加投入工作以获得下一次肯定”的良性循环。

2015年，华为人力资源管理部门对西非地区部获得“明日之星”奖项的员工进行了深入采访，通过这些获得奖项的员工的真实感受，了解表彰对于员工的作用，并希望借此改善公司的表彰大会和颁奖典礼。

获得“明日之星”奖项的员工方骏（化名）表示获奖之后，他感觉到前所未有的激动和感恩，因为他意识到公司了解他为组织做的贡献，并且充分地信任他、认可他。在他看来，这个奖项和公司的表彰对于他的意义远远超过物质激励，他说：“我感觉到我不止只要做好自己的工作了，我会感觉我必须做得更好。因为现在我知道，大家在看着我，我要更加努力地工作。就像一个家庭，你知道家人喜欢你，相信你，你就会更努力，做更多的事情。”

另一个获得“明日之星”奖项的员工表示这个表彰活动对于自己、对于公司都是一件非常好的事情，因为公司充分肯定了自己的价值，让他更有激情、更努力地投入工作之中，为公司创造更大效益，为身边的同事提供帮助。对于公司而言，表彰不仅激励了获奖者，也激励了更多想获得事业成就感的员工，因而所有的员工都会奋发向上，争取项目成功，公司和员工都会因此成功。

实际上，华为善用表彰这种激励形式，让华为员工形成“奋斗是为了站到成功的领奖台上”的想法，从而让员工持续不断地奋斗，取得个人的成功，获得公司的认可。在这个过程中，员工的努力不仅造就了个人，也造就了公司的成功。

5. 打造良好组织氛围，留住人才

任何企业想要留住优秀的人才，除了合理的薪酬和适当的奖励之外，还要为员工打造良好的组织氛围。只有处于相互信任、相互理解、相互激励、相互关心的组织氛围之中，员工才能保持工作的激情，从而与组织其他成员共同朝着一个目标发力，进而产生合力，实现组织目标。

5.1　尊重和关爱员工

任何企业想要实现可持续发展，员工一定是主体力量，只有借助员工的推动作用，企业才能够保持自己在市场上的竞争力，才能够在行业内占据领先地位。在任正非看来，要让员工全身心投入企业的事业建设中，就要让员工有归属感，只有真正为员工着想，在实际行动中做到关爱员工，企业才能充满活力、和谐有序地发展。为了做好员工关怀工作，华为从员工福利保障入手，除了国家规定的社保之外，还为员工提供了很多特色福利。

从图6.3可以看出，华为在福利管理方面下了功夫，不仅为员工提供了保障性的福利，还提供了非保障性的福利。

在保障性福利方面，华为提供了养老保险、医疗保险、生命保障等基本保障和合理补偿。并且考虑员工所处地域的因素，遵从员工所在国家和地区的社会保障和相关法律法规。此外，华为还会综合考虑员工所在国家和地区的保障性福利水平，确保华为员工的保障性福利水平至少处于当地同行业的中间水平。

在非保障性福利方面，华为充分尊重并参考员工所在国家和地区的情况，为员工提供具备个性化和差异化的非保障性的福利。

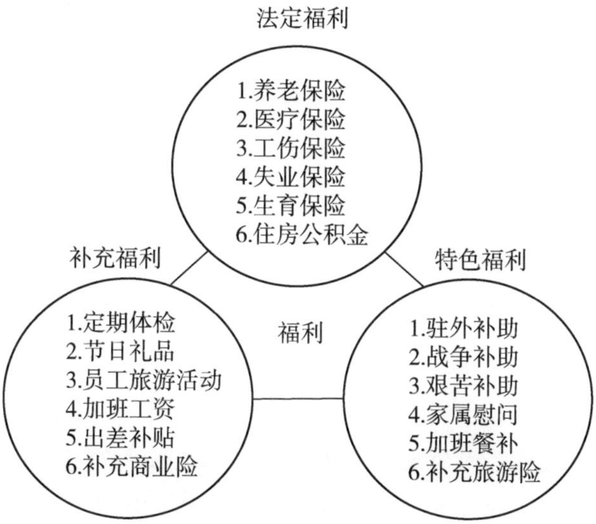

图6.3　华为的福利分配方式

华为文化中有一条是“以奋斗者为本”，可见华为非常看重每一位员工，并且以他们为核心，为他们提供一系列的服务，让他们在工作中体会到满足感和幸福感。也正是因为华为始终秉持“以奋斗者为本”的理念，将关爱员工作为企业的重要责任，并且融入企业运营的方方面面，才能够让员工投入工作中，让他们在实现个人价值的同时，帮助企业实现价值。

5.2 凝聚不同背景的人

随着华为在全球铺开自己的事业版图，越来越多不同文化背景的国际化人才加入华为。如何将这些不同国家的人才凝聚在一起，让他们能够超越文化和语言的限制，集中力量为华为创造价值，逐渐成为华为最关注的问题。

为了凝聚不同背景的员工，华为做了很多努力，除了让上级引导他们融入集体，与不同文化背景的同事友好交往之外，员工的上级也会主动与每一位员工亲近，用心拉近与员工的距离，并将自己作为员工之间的桥梁，拉近团队成员之间的距离。此外，华为还会定时组织团队活动，通过良好的活动氛围带动整个团队的气氛，使得团队成员彼此熟悉。

2008 年，Federico 加入了华为意大利地区部，他承接第一个项目的时候接触到了来自世界各地的同事，这让他感到新奇的同时也感到内心忐忑。他不确定自己能否适应华为的工作环境，和不同背景的华为人友好相处。

很快 Federico 的主管就发现了他的情绪问题，并主动引导他多参与团队活动，让他能够融入集体。Federico 的主管不止一次地对他说：“Federico，要成为华为的项目经理，首先你得有远见，乐于接受新的挑战，了解其他国家的文化，就像我一样。”

Federico 跟随主管的步伐融入了华为的大集体，并且和华为来自不同国家、拥有不同文化背景的同事一起攻克他加入华为之后的首个项目。当时，为了能够将所有人集合在一起讨论项目事宜，项目组在卡塔尼亚的一家旅馆订了几个房间和会议室，作为工作和休息的场所。

起初，团队成员之间的配合并不默契，但是在主管有意的引导下，所有的团队成员都能够互相尊重、互帮互助，根据项目组的安排做好自己负责的工作，最终实现共同的目标。日复一日的磨合和相处使得这些有着不同文化背景的员工成了亲密无间的兄弟，为了完成项目紧密团结在一起，为了共同的目标而奋斗，甚至超越了文化和语言的障碍。

可以看出，Federico 的主管起到了积极的引导作用，因为上级给予的支持，团队能够迅速凝聚在一起，为共同的目标一起奋斗。并且在这个共同奋斗的过程中，拥有不同背景的员工都超越了文化和语言的局限，紧紧地团结在一起。

事实上，华为这种将来自世界各地、有着不同文化背景的员工团结在一起的方式，能够在团队中产生一种凝聚力和向心力，使团队的各个成员感到个人的工作、生活等都离不开企业这个集体，从而与企业同甘苦、共命运，共同为企业的长远发展而努力。

5.3 管理者与员工要并肩作战

要想打造良好的组织氛围留住优秀人才，需要管理者起到推动作用。管理者除了要适时引导员工处理好和同事之间的关系，让组织成员友好相处之外，自己也应该处理好和下级之间的关系。

在很多员工的心中，管理者能否及时发现自己在工作中的难处，并及时给予帮助，反映出管理者对自己的关注度和重视程度，员工也会根据管理者对自己的关注度预测自己未来在企业的发展情况。同时，管理者对员工的关怀也会让员工对组织产生依赖感。也就是说，在任何组织中，管理者能否赢得组织成员的认可，决定了这个组织的稳定性。基于这个考虑，华为的中高级干部在带领团队工作的时候，都会抛开自己的身份，与员工并肩作战、共同奋斗。

2015 年，华为的客户 Z 国 M 运营商紧急求助华为，称之前选择的供应商折腾了半年都没有丝毫进展，希望能够通过华为的帮助顺利交付项目。于是，10 月底华为拿到了合同订单，并且根据合同规定，要在短短 10 个月内完成 1400 多千米的干线项目。而往年华为代表处的干线产能历史基线是最多每年

1000千米，加上这个项目期间正处于非洲的雨季，对华为项目组来说是一个巨大的挑战。

项目组负责人范哲志（化名）立即将所有组织成员召集在一起共同商议对策，在大家集思广益的讨论之后，项目组总结出了迅速完成项目交付的方案。干线项目要尽快交付就要保证资源充足，物料及时到位，并且及时获取路权。

范哲志首先确定了一体化机械施工的方式，代替了原先的人力加挖机的传统施工方式，这样一来就大大提高了施工效率。但是采用一体化机械施工的方式有一个很大的风险，就是机械的维修及保养。于是范哲志找到分包商，一起商量制订了专门的机械保养计划和技工安排计划，并提前购买了易损部件的备件。

在范哲志的带领下，项目组的成员都满怀信心，跟随他的步伐一起跑遍路政、市政以及环境保护部，研究透彻所有的流程，找出关键点以及预算出每一步需要多长时间等，与分包商一起确保了路权的及时获取。

到2016年7月底，在项目组全体成员的努力下，项目实现了全线贯通，实际施工时间仅9个月，创造了非洲干线交付的超短期纪录。

可以看出，如果没有范哲志的全程参与，项目组不可能这么快就交付，也正是因为项目组有一个负责的引导者，项目组才能尽快找出解决问题的关键，快速完成项目目标。

实际上，管理者要管理好一个团队，让团队的每一个成员都能发挥出自己的作用，就像是指挥一个交响乐团，每个部分都很重要，不能让乐手孤军奋战，一定要有一个在前引导的指挥家，和团队一起并肩作战，共同奏响一支和谐的乐曲。

6. 好环境是吸引和留住人才的补充

随着社会的发展，企业员工对于办公环境的要求越来越高，好的工作环境也逐渐变成企业争夺人才的一大利器。对于一般职员来说，每周都要工作40个小时，企业如果能够从员工的身心健康考虑，为员工提供优良的办公环境，是非常有利于组织的沟通和提高员工的工作效率的。

6.1 舒适的居所与丰富的娱乐活动

在任正非看来，企业为人才创造什么样的环境，将直接影响人才的成长，并且同样会直接作用于企业发展本身。所以，华为一直致力于为员工提供更为舒适的居所和工作环境，通过优越的环境和丰富的业余活动吸引业内人才。在这个过程中，华为也发现企业如果对员工用心，为他们提供更好的环境，员工是能够感知到的。这样一来，不仅能够提高员工的工作积极性，而且能使员工对组织更有依赖感和信任感。

2009年，华为成立了一个新的部门——供电系统开发部，为了给员工创造良好的办公环境，华为在供电系统开发部门的各个办公室摆放了发财树、绿萝、散尾葵、绿巨人、步步高升等绿色植物，两百余盆植物为供电系统开发部的办公区带来了活力和生机。

除了基础的设施、办公场地等，华为还会有针对性地为员工提供丰富的“福利”活动。华为的产品工程工艺部每年都会举办“集体婚礼”，除此之外，产品工程工艺部考虑已婚的员工也需要通过这样的活动放松心情，于是特别策划了“爱情礼炮”活动，专门为已婚夫妇祝福。

此外，还有更多有利身心健康的娱乐活动都会定期在华为举办，比如测试与装备部的“海上升明月，欢乐共此时”趣味游泳赛，让全体员工通过蛙泳赛、潜泳赛等基本比赛，以及“水上渡人”“水上蛙泳男女混合接力”“带游泳圈男女混合接力”等趣味比赛项目享受工作之外的生活。

华为定期举办的娱乐活动让员工充分体会到自己不仅有工作，还有更加丰富多彩的生活。让所有员工保持身心愉悦，能够在享受生活的时候好好享受生活，工作的时候尽情工作。同时，华为提供舒适的工作环境，使得员工长期处于最佳的工作状态。因此，华为得以留住业内众多顶尖人才，为华为持续不断地做出优良的产品，创造更大价值。

6.2 家属随行，扎下根来艰苦奋斗

随着华为的日渐壮大，有许多国外业务都相继开展，很多华为员工都被外派到国外工作。华为 CEO 任正非去往海外问候这些华为员工的时候，发现虽然华为在工资、保险以及众多福利上没有亏待任何员工，但远离故土、久居艰苦地区的员工更需要金钱之外的一些东西。于是，在任正非的指导下，华为调整了海外员工的工作安排和生活环境安排，更多地从心理层面满足员工所需。

此后，华为为海外的员工提供了与家属一起出游的机会，甚至提供了家属随行的机会，以此帮助华为奋斗者及其家属解决心理问题，维护他们的心理健康，稳定华为人的工作状态。

2014 年，王菀之（化名）结束了 8 年国企的职业生涯，正式加入华为，一切从零开始。在入职培训之后，王菀之被外派到非洲开拓市场，但对于一个需要兼顾家庭的妻子和母亲而言，这无疑是一个不小的挑战。

考虑王菀之的女儿刚满三岁，华为为她提供了家属随行的机会，王菀之当即欣然接受。于是，王菀之就带着丈夫和女儿一起远赴海外，开始了在华为的职业生涯。

刚到埃及代表处，王菀之就承担了一项重要工作，上班第一天就没能回家，并且接连三天高强度地工作。因为时差调整不过来，加上劳累过度，王菀之肺部感染，几乎难以承受从国企白领到“非洲病人”的心理落差。好在王菀之的丈夫陪伴在她身边，为她跑遍了当地的超市和菜市场，从老城区马阿迪买来中国雪梨搭配从国内带来的川贝，治好了王菀之的咳嗽，也抚平了她在脆弱之际的思乡痛。

王菀之在海外工作的几年里，丈夫和女儿给了她身体和精神上的双重支持，让她能够全身心地投入事业之中。

由于埃及的生活物资供给有限，华为员工的孩子们都没什么零食，王菀之的丈夫就托人从国内带来坚果仁，并且用冰糖炒制后装成小袋分给自己的

女儿和其他员工家属。当女儿生病的时候，王菀之的丈夫就24小时照顾她。在其他员工家属有急事的时候，他也会帮一把。在接送自己孩子上学放学的时候，如果其他员工的孩子没人接，他就一个人带回家十几个。可以说，王菀之的丈夫不仅让王菀之能够安心扎根在非洲为事业奋斗，也帮助很多员工解决了生活上的难题，让更多人安心工作。

2014—2015年，王菀之连续两届被部门同事推选为“明日之星”。回家后，王菀之在奖牌的背面用白板笔写上了丈夫的名字。

可以看出，对于长期承受高压力、高强度工作的王菀之而言，丈夫和女儿的随行给了她最大的精神支撑，这也是王菀之能够放心地在海外拼搏事业的关键原因。

中国的管理专家段俊平曾说：“什么叫作福利？让员工感到幸福，并且从中获利，才是真正的福利。”华为基于这个思考，为员工提供了更人性化的工作环境。在华为，驻外工作人员只要达到一定的资格就可以申请家属随行，并且随行家属享受华为提供的必要生活福利，包括医疗费用和保险等。对于那些家属无法随行，在境外工作满一年的员工，华为为他们的家属提供了一年一次的探亲费用。正是因为华为能为这些奋战在一线的员工提供家庭的温暖，华为的奋斗者才能坚定决心，为自己、为企业创造更好的未来。

6.3　国际化的办公设施与环境

很多企业的管理者认为只要给员工开出合适的工资，优秀的人才就能够被长期吸引，为企业的建设持续做出贡献。但实际上，在物质生活水平逐渐提高的如今，优秀人才对心理舒适的追求在逐渐提高，并且越是优秀的人才越关注企业的环境和形象。就像著名的“雷尼尔效应”一样，好的环境也是留住和吸引人才的资本。

位于美国西雅图的华盛顿大学坐落在太平洋沿岸的华盛顿湖畔，天气晴朗时，可以看到北美洲雷尼尔山这座美丽的雪山。学校曾提出修建一座体育馆，但遭到学校教授们的强烈反对。因为教授们可以透过教职工餐厅的窗户欣赏到华盛顿湖畔美丽的湖光山色，而体育馆的修建地就在华盛顿湖畔，体育馆建成后会挡住教授们透过教职工餐厅窗户欣赏美丽湖光山色的视线，后来校方只好作罢。

校方之所以顾及教授们的意见，是因为华盛顿大学教授的工资比美国教授的平均工资低20%左右。而这些教授没有离开去别的学校，就是被华盛顿湖畔美好的景色所吸引，因此华盛顿大学的教授们将之称为“雷尼尔效应”。

事实上，“雷尼尔效应”频繁出现在各个企业中，不少企业的离职调查显示员工因工作环境差而选择离开的比例居高不下。由此可以看出，企业对环境的建设其实也是一种吸引员工的手段，良好的环境能够让员工保持良好的心情，让他们能够享受工作。

而华为在这一方面也下了很多功夫，比如华为的上海研究所。华为上海研究所的内部环境建设秉持着华为一贯的原则，就是要让员工感觉舒适，并且尽可能为员工提供方便。在华为看来，在这样舒适的环境中工作，员工的工作效率才能达到最高。

华为上海研究所的建筑富有现代气息，进门就有一个漂亮的水面景观，由2个3000平方米的玻璃天窗屋顶水溪流花园组成，包含2000平方米屋顶无边水池、60米宽入口景观瀑布，在这样优美的水面景观下是上海研究所的食堂。园区内有一座面积为36万平方米的巨型独栋高科技办公楼建筑，长度为770米。从外面可以看到“呼吸式”的幕墙，这种光控百叶双层外玻璃幕墙十分昂贵。园区内树木很多，风景优美，还有湖和小屋，就像一个公园。这是很多人参观完华为上海研究所后对其外观的印象。

从华为上海研究所的国际化办公环境就可以看出华为在办公设施和办公环境建设方面的投入，华为将好的办公环境当成吸引人才和留住人才的一大法宝。事实上的确如此，越来越多的人不再通过事业追求温饱，而是追求自我价值的实现。好的工作环境会在很大程度上满足员工的事业成就感，也在一定程度上决定了员工是否能够长期在这个企业奋斗。

7. 助力做好人才的职业发展，做好人才职业规划

在华为看来，企业的未来需要人才来成就，只有用心支持、培育、留住最优秀的人才，企业才能借助这些人才不可估量的贡献、经验、知识和能力更上一层楼。所以在企业持续成长的同时，华为也格外关注员工的职业发展，为员工提供多种价值实现通道，帮助员工实现个人价值。

7.1 为员工的职业发展创造机会

很多企业中常常有一些正处于职业黄金期的人才，明明能够为企业持续创造价值，却选择了离职。事实上，越是处于职业上升期的人才对于职业发展的重视度越高，很多企业认为给了这些员工高薪酬或是好的福利待遇就能留住他们，但其实未来的职业发展机会才是决定他们去留的关键。

华为抓住挽留人才的关键决定因素，真正关心员工未来的职业发展，为华为员工量身定制了一系列人才发展渠道，给他们提供充分发挥自己潜能的机会。

华为的人才大致分为两类，一类是技术研发类人才，另一类是机关管理类人才。为了给员工更多发展机会，华为基于华为人才的特点为员工定制了“双职业通道”模式，这种“双职业通道”打破了人才发展的单渠道局限，在为大部分员工提供正常的职业发展路线的同时，也为专业人才设计出一条更合适的职业发展道路。

依据华为“双职业通道”模式，新员工进入华为之后从基层开始工作，成为骨干员工之后可以自行选择成为管理人员或者技术专家。在达到高级职称之前，基层管理者和核心骨干，中层管理者与专家的工资相同，同时两个职位之间还可以相互转换。而到了高级管理者和资深专家的职位时，管理者的职位和专家的职位不能改变，高级管理者的发展方向是职业经理人，而资深专家的发展方向是专业技术人员。

华为能够抛开资历、年龄、工龄等限制，依据员工的个人绩效结果和能力来决定其能否升迁。华为为员工量身打造的完善的职业发展双通道不仅能有效地帮助员工成长，也在很大程度上降低了优秀员工的离职率。

可以看出，华为设计的人才“双职业通道”模式（图6.4）为员工的职业发展创造了更多机会，因为很多企业的技术专家在职业发展道路上都会考虑“在企业中做管理者比做专家升迁速度更快，回报更多”的问题；管理人才也会因为长期从事管理工作而对自己的发展产生疑惑，认为需要一门过硬的技术让自己升值。华为的“双职业通道”真正让技术线和管理线“两条腿都硬”，华为的管理人才和技术专家都能够自行设计自己的职业之路，并且能够灵活转换职业身份，有更大的发展空间。这也是华为能够留住人才的重要原因之一。

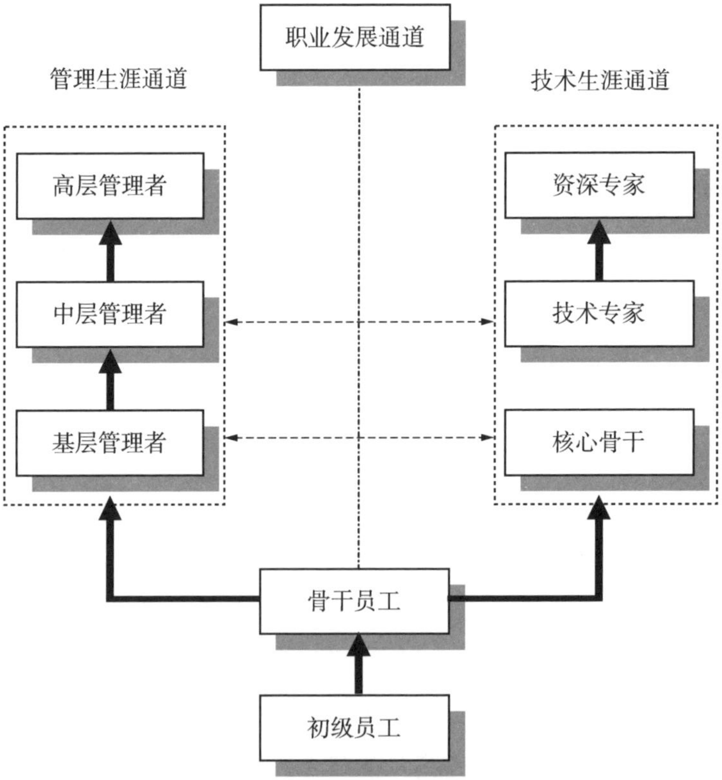

图6.4　华为人才的“双职业通道”模式

7.2　前瞻性地做好员工职业规划

华为曾经做过内部员工的职业规划方面的访谈，让华为感到意外的是，对大部分员工而言，薪酬福利虽然是企业吸引人才的最常规的因素，但其实也是最不堪一击的挽留人才的手段。对于更多员工而言，薪酬福利、组织气氛、企业文化、企业发展等都只是他们在选择企业时的参考因素，个人的前途才是员工真正关注的核心问题。如果员工在一个企业中长期看不到上升空间，认为自己在这个企业的发展潜力有限，很有可能会选择离开这个企业。

为此，华为提出了“创造让优秀员工脱颖而出的机制”，通过各级主管与员工共同探讨，前瞻性地做好员工职业生涯规划，明确员工的发展目标，实现员工在企业内部的自我发展与自我实现，让更多优秀人才能够长期为华为所用。

华为多次提到要以机会牵引人才，所以公司内部为员工提供了多个发展机会，并从五个方面为员工做好了职业生涯规划与梯队建设，牵引员工看到机会，让员工朝着目标奋力前行。

第一个方面就是培育第二梯队，以梯队建设促进团队活力。根据华为的战略规划，不断加强第二梯队建设，促进技术专家与管理人才的成长，是华为重要的人力资源战略。以沈阳华为工程部第二梯队建设的“一一三五工程”为例，华为提出要让一个成熟的区域经理培养一个区域经理、三个产品经理以及五个成熟的技术专家，此举意在给沈阳华为的工程技术人员提供更广阔的发展空间。

第二个方面，华为建立了完善的内部岗位调度制度，为员工的职业生涯发展提供发展通道，为优秀员工的流动创造条件，使公司的人力资源配置处于持续激活的状态。

为此，华为采取了以下措施：

（1）坚定不移地做好干部的培养工作。

（2）不直接通过社会招聘解决公司各级管理职位的空缺，而是优先从公司内部选拔干部。

(3) 人力资源部根据公司的用人计划进行招聘时，坚持“内部招聘优于社会招聘”的原则，优先发布内部招聘通知，组织内部应聘或竞聘。

(4) 根据员工的意愿以及业务需要允许适当的员工流动。

第三个方面，建立主管与员工的职业生涯规划沟通制度，华为规定各级主管每年都要与员工就个人在公司内部的职业发展进行双向交流。

第四个方面，华为坚持推行任职资格认证，提供同一职位的不同专业水平阶梯，这也意味着华为为员工提供了更多职业发展选择，除了往管理层发展，员工还能够选择专业技术领域的深入发展。

第五个方面，华为职业生涯规划不仅适用于核心业务部门，而且适用于行政后勤服务部门，除了满足员工养家糊口的物质需求之外，还能满足其关于职业发展的愿望，鼓励员工通过技能与岗位等级的不断提升来实现在公司的发展。

根据马斯洛的需求层次论，个人需要的最高层次是自我实现和自我发展的需要。在华为这样的高科技企业里，许多员工低层次的需要往往已基本或部分得到满足，因而员工更关注的是个人的未来发展，包括在企业内部的职位发展。华为为员工做好职业生涯规划，也就是在员工面前放好了那一把职业发展梯子，引导员工产生渐进式的发展目标。通过这种激励方式，促进员工在企业不断成熟与发展，企业员工队伍逐渐稳定与成熟，同时也造就了一种双赢的结果。

7.3 最好的激励是提供做“将军”的机会

相较于很多大企业，华为能够吸引行业顶尖人才的一个尤为重要的原因是华为愿意给员工提供更多发展的机会。实际上，在任何一个企业中，员工都有自己的职业发展目标，都渴望自己能够得到晋升的机会。企业能够给员工提供成为“将军”的机会，无疑是对员工最好的激励方式。而华为正是因为能够为广大华为人提供建功立业的机会，才使得华为人拥有远远超过其他企业员工的工作积极性和创造性，这也是华为打赢人才战争的关键原因之一。

35岁的Grygoriy毕业于名校金融系，做过企业会计，也当过政府税务检察官，但由于乌克兰哈尔科夫区域经济不景气，为维持生计，这名高才生不得不开起了出租车。2015年5月，一次偶然的机会，Grygoriy正式加入华为，岗位仍然是司机。但对Grygoriy来说，他真正的愿望是成为华为的工程师。

Grygoriy每天的工作就是接送华为的工程师到各个站点进行巡查，但是他在完成往返接送的任务之外，还会跟在华为工程师的身后，帮忙拿电脑、拎设备，换取学习的机会。因为他的热情好助，站点工程师们都愿意耐心地为他讲解相关知识，也因为他的勤学好问，他很快就完全熟悉了站点的工作流程。

Grygoriy作为司机加入华为项目组的一年，华为的项目组因为频率问题有过停滞期，也因为加快速度搬迁站点有过紧张的冲刺期，Grygoriy全程参与了整个项目过程。除了在自己的岗位上兢兢业业，他还利用了每一次接送技术专家的机会，全面地了解站点工程师的工作内容和必须掌握的工作技能，在不断地学习和沟通中，Grygoriy逐渐掌握了成为一名工程师要具备的基础技能。

2016年，华为在乌克兰的业务快速增长，于是在乌克兰代表处加大了年度招聘力度。在招聘过程中，华为代表处PMO主管收到了区域经理对Grygoriy的推荐。虽然早已了解过Grygoriy的事迹，但因为从司机转为站点工程师的跨度过大，PMO主管并不敢贸然录用他。PMO主管立即号召人力资源部主管一起讨论，最后根据公司的规定，不管应聘者来自何地，有何种经历，只要能够胜任这份工作，就能够不拘一格地选拔聘用。

大家一致同意给Grygoriy做工程师的机会，但对于他的考核也非常严格。在考核现场，招聘官发现Grygoriy对于站点流程、设备安装、物货管理等项目事宜的熟悉程度远超在这个岗位上工作两年的老员工，于是Grygoriy成功成为一名初级工程师。而后Grygoriy因为个人能力突出，接连担负重要职责，最终被提拔为一名真正的站点工程师。

在成为华为的工程师后，Grygoriy难掩激动地说："我很感谢项目组那么多愿意帮助我的人，也感谢公司。我觉得华为是一家领先的公司，培养自己的员工，提供很多的可能性。"

可以看出，华为不仅能够为中高级干部提供事业发展的机会，也能够不拘一格，给予基层员工通过“战斗”成为“英雄”的机会。这样一来，不仅能够将优秀人才聚集在华为，也能够使得整个公司的组织氛围受到正向激励的影响，使公司呈现欣欣向荣、奋发向上之态。

第7章 华为的人才流动

任正非说：『高级技术与管理干部在流动中成长，通过这种传输方式，使基层的血液不断流动，带去新的能量和管理方法，提升管理水平。对公司的快速、稳定和协调发展，起到了积极的促进作用。』

1. 业务机会牵引人才全球化流动

随着经济全球化的进程加快，人才全球化流动已经成为人才流动的新趋势。在这个关键时期，华为表示要通过业务机会牵引人才全球化流动，充分调动和发挥华为人才的积极性、主动性、创造性，释放企业活力，保证华为在全球竞争中取得优势。

1.1 通过业务机会吸引人才

任正非曾多次强调，机会、人才、技术和产品是华为公司成长的主要牵引力，而这四者之间存在着相互作用。任正非表示："机会牵引人才，人才牵引技术，技术牵引产品，产品牵引更多、更大的机会。"人才在企业成长圈中处于重要的主动位置，要通过业务机会吸引人才流动，让机会、人才、技术、产品这四者彼此作用，且实现有效循环，才能让人才充分释放潜能，更有力、有序地推动公司前进。

所以，华为强调要通过业务机会吸引人才，实现人才在全球的流动，同时牵引技术和产品在全球的流动，实现华为的全球战略目标。

2005 年 4 月，刚从电子科技大学毕业的何祖浩（化名）成为华为的一员，他在新员工培训时听说当时华为员工总数已经超过了 3.5 万人，这让他感到未来的职业发展机会非常有限，所以一直在寻找展现自己的机会。

新员工培训结束之后，何祖浩被分配到华为的光网络国际行销部网络规划和设计部，这个部门是做市场拓展支撑的，员工发展的机会远远比其他部门少。同时，这个部门对于产品技术的要求非常高，所以对员工的工作细节要求非常苛刻。虽然发展机会有限，但何祖浩认为作为新员工的首要任务就是在工作中积累经验，学习更多技能，于是他沉下心来投入工作中，很快就成长为部门的优秀员工。何祖浩在不断学习积累的同时，也一直在等待一个能够帮助他在职业道路上有所突破的机会。

2006年，华为的海外市场进入快速发展阶段，光传输产品成了各个国家开拓市场的首推武器，尤其在欧洲市场上广受欢迎。特别在传输项目多且网络复杂的西欧地区，机会尤其多。所以，当地区部向机关反映需要一名对网络设计工作非常熟悉的员工外派西欧的时候，终于等到机会的何祖浩主动要求去往西欧支持项目。

在西欧参与多个项目之后，何祖浩又等到一个很好的业务机会。当时华为的意大利代表处拿下了瑞士电信下一代全国传输项目，这个项目规模庞大，是地区部和代表处尤为重视的高价值项目。经过对项目的分析和前期规划，华为项目组发现该项目的客户对于网络规划和设计的要求非常高，且实现难度也很大。有丰富网络设计经验的何祖浩自然就被委以重任，成为项目组的产品经理，被派往瑞士现场支撑项目。

于是，何祖浩开始了长达9个月的项目支撑工作，在不断完善本地平台和改进产品的过程中，何祖浩每一次都用最专业和最快速的响应速度赢得客户的认可，推动项目最终实现完美交付。而完成这个项目也意味着华为成为当时瑞士电信传送网领域的独家供应商，实现了华为的网络产品在瑞士市场零的突破。

何祖浩也终于通过抓住业务机会实现了自己的职业理想，成为当年的金牌产品经理，得到了公司的重用。

从何祖浩主动申请去西欧工作这一点可以看出，人才的流动不是依靠上级的命令实现的，而是通过业务机会的吸引力来牵引实现的。所以，任何企业想要通过人才的力量实现企业的战略目标，都要善用业务机会的牵引力，为员工提供锻炼和发展的机会，将人才往公司需要的地方牵引。

1.2　积极挑战，实现自我价值

虽然华为为各级人才提供了众多的业务机会，但是华为也表示，员工要能够积极主动地迎接挑战，在实践过程中实现自我价值。任正非说：“从现在开始，你们只要开放自己，广泛地吸收别人的营养，珍惜时间，珍惜机会，找到自己的人生切入点，积极挑战，超越自我，你们就一定会有希望！”

Alekseev Sergey N. 是华为乌拉尔代表处的产品经理，在华为工作的数年，每当一线有任何工作，他都会积极挑战自我，努力实现自我价值。

在一次担任项目负责人的时候，为了能够尽快完成任务，他在休息日坐火车 250 千米、汽车 120 千米到达另外一座城市，协助完成项目的调试工作，一直工作到第二天早上，紧接着赶往下一个城市进行维护，并解决了多个网络故障问题，之后他又回到了自己工作的城市，对项目进行支持，在客户要求的时间内调通了全部 10 个局向，单程 7000 多千米。实际上，他对于项目涉及的很多领域都是初次接触，能够在这么短的时间内完成这么多工作，完全是因为他自己的努力和付出。

这个项目的网上交换机容量较大，同时有多个版本的交换机局，维护难度和操作难度都特别大，项目过程中大大小小的问题特别多。Alekseev Sergey N. 一开始并不知道如何操作 CRMS 系统，他也可以指派其他人辅助完成项目，但这样一来，工作效率就会降低，而且随后的同类型问题都要借助其他人的力量来解决。于是 Alekseev Sergey N. 自己主动学习了相关的知识，一丝不苟地完成了 CRMS 系统的操作，并一边学习一边推动各类问题的解决，在学习过程中他也发现了自己以往存在的一些问题，通过不断改进工作也提升了自己的工作能力。由于他的出色表现，在这个项目完成后，产品线为他申报任职资格为三级工程师。

在工作中，员工把有挑战的任务当成一个机会，在完成挑战的过程中全方位地展示自己的能力，这不仅是提升和完善自我能力的最好方式之一，还是实现个人价值和团队价值的最佳途径。

在华为看来，企业的未来需要与时俱进的人才来支撑。所以，在职场上，每一个企业职员都应该积极主动应对调整，主动学习、进步，更好地支撑企业的发展，从而实现个人价值。

1.3 以全球化作战需求为导向，调动人才

由于没有建立起科学的人才调用体系，华为在实现全球化战略的初期遇

到了很多阻碍，因为无法及时满足作战需求，常常错失良机。为此，华为提出要基于全球化的作战需求来调动人才，也就是说，作战团队在开疆拓土的过程中有任何人才需要，就向公司准确清晰地提出并输入需求，公司就能够清楚准确地理解作战团队的需求，按需求提供人力支持。

2014年，韩国开始了一年一度的无线网络比拼测试，这个项目是由当地政府组织的国家级年度运营商无线网络的质量评比，评比结果将直接影响运营商的公众形象和接下来的运营收入，而且评比结果完全由第三方机构评定，所有参与测评的运营商都高度紧张，非常谨慎地对待此次评比活动。

华为的客户LG U+在2013年年度比拼中排名末位，华为承诺其在2014年的评比中将帮助LG U+实现首尔区域排名第一的成绩。

在2014年的比拼专题中，载波聚合是最为关键的一个项目，但当时支持载波聚合的手机6月刚上市，到9月就要开始比拼，华为项目组在之前毫无这种规模的商用经验，再加上其中要用到的LTE-A技术，操作困难和风险非常大，华为又急于借此机会打入韩国市场，实现华为的全球化战略，所以整个华为作战团队的压力非常大。

在作战团队反映这一问题之后，华为立即派遣一支技术人才团队飞往韩国支持业务。人才团队到了韩国之后立即去首尔的大街小巷反复行走测试，并针对每一个关键技术点都设计了充分的测试用例，以尽快采集数据，整理出可行方案。

采集完数据之后，人才团队根据采集的信息进行初步分析，并且和作战团队一起沟通测试计划，在华为的作战团队和人才团队的共同努力下，华为项目组很快确定了方案，解决了过程中遇到的问题，及时地推动了工作的进程。

从华为的人才团队快速前往战略需求地支援作战团队的工作就可以看出，华为的项目组能够借助两支人才队伍的共同作战，找到作战过程中的问题和障碍并及时清理干净，使得项目组能够快速完成任务，实现华为在全球的作战计划。

2. 建立人才流动的保障机制

随着华为管理制度逐步秩序化，华为内部的人才结构越来越稳定，人才的调动也越来越流程化，但是过于秩序化就会损害组织活力。所以，为了能够在保证组织稳健发展的基础上适当打破秩序，激发活力，华为在人才管理方面提出要建立人才流动的保障机制，以保证人才的循环赋能，激发组织活力。

2.1 把成长机会给予勇于挑战的人

任正非曾提出华为要培养出一大群敢于抢滩登陆的勇士，在他看来，只有勇于挑战的人才能真正抓住机会创造价值，并且不断激发他所在的组织与干部体制的活力。所以，华为提出要把机会和资源向抢滩登陆的勇士倾斜，多给他们实践的机会，让他们能够经过训战快速成长。

2005年胡栋梁毕业之后加入华为，从学校的学生到企业职员的身份转变，让他短时间内难以适应。但胡栋梁每天都保持积极的心态应对新的挑战，对于全新的业务知识和财务实践，他都投入十二分的努力。很快，胡栋梁就适应了华为的工作环境，并且在工作上取得了很好的成绩，得到了上级的重视。胡栋梁工作一段时间之后，已经能够又快又好地完成自己的工作任务，于是他开始寻找更具挑战性的工作方式。在这个过程中，胡栋梁养成了思考工作背后的逻辑，以此找到更好的工作方法的习惯。

2008年，胡栋梁因为出色的业务能力被华为调去IFS项目组，这个项目极具挑战性，胡栋梁虽然有些忐忑，但仍然选择勇敢地面对。很快，胡栋梁发现项目组分析问题、做解决方案、写项目总结有一套成体系的方法论指导，于是他抓住机会投入实践与学习之中，在自己的工作中用这一套方法论指导，并且根据自己的思考和总结，学习从一个全新的高度去分析与总结业务与工作。

胡栋梁在参与IFS项目的这一段时间内成长速度非常快，他的经验、眼界、做事情的系统性、方法论都有了一个质的变化。而他对于挑战性工作的积极态度正是他能够快速成长的重要原因，他也因为勇于挑战并想方设法去寻找资源达成目标的工作态度，获得了更多的成长机会。

胡栋梁的成长之路也印证了任正非“在华为改变命运的方法只有两个，努力奋斗、做出贡献”这一说法。事实上，在任何企业中，绝对的公平是没有的，因为任何企业都不会随便提拔基层员工成为管理者。唯有积极应对挑战、敢于冒险，才是企业职员获取更多机会的唯一途径。

2.2　福利和补助向公司需要的地方倾斜

华为在艰难的创业初期，难以直接打开国内市场，于是希望通过开拓那些几乎无人问津的艰苦地区的通信市场，从而一步步实现自己的战略计划。但对于那些刚从学校这座象牙塔出来的毕业生来说，舒适的工作环境更能吸引他们。

于是，华为只好不断向那些条件极差的艰苦地区倾斜资源和资金来吸引第一批勇士，逐渐在非洲等地开拓出属于华为的天地之后，华为发现越是艰苦地区华为的发展机会越多，成功的概率越大。于是，华为制定了一系列的人力资源政策，将更多的福利和补贴向那些到艰苦地区、到一线为公司开拓市场、创造价值的员工和干部倾斜。

华为为在艰苦地区奋斗的员工提供的福利重点体现在外派补助上，主要包括外派离家补助、外派艰苦补助和外派伙食补助。

外派离家补助一般为 15000（工资基线）×0.75×0.8＝9000 元，其中工资高于 15000 元的员工，按实际工资计算；低于 15000 元的员工，按 15000 元算。也就是说，华为员工的外派离家补助最少为 9000 元。

外派艰苦补助则根据不同的国家条件有所区分，一般分为 4 种情况：

第一类是包括安哥拉、阿富汗、尼日利亚在内的特别艰苦地区，每天的补助金额为 50 美元。

第二类是包括埃塞俄比亚、坦桑尼亚、苏丹、加纳、塞拉利昂、中非、莫桑比克、厄立特里亚、乌干达、马里、刚果（金）、刚果（布）、布基纳法索、乍得、索马里、赞比亚、卢旺达、布隆迪、几内亚比绍、马拉维、毛里塔尼亚、赤道几内亚、尼日尔、马达加斯加在内的非洲地区，包括柬埔寨、老挝、缅甸、孟加拉国在内的亚洲地区，以及包括也门、伊拉克在内的中东地区，这三个大的艰苦地区每天的补助金额为40美元。

第三类是包括丹麦、挪威、瑞典、芬兰、德国、奥地利、瑞士、荷兰、比利时、卢森堡、英国、爱尔兰、法国、西班牙、葡萄牙、意大利在内的西欧、北欧地区，包括澳大利亚、新西兰在内的大洋洲地区，包括美国、加拿大在内的美洲地区，以及包括日本、韩国、新加坡、中国香港在内的亚洲地区，这类发达地区没有任何补助。

除上述三类之外的一般国家，每天的补助金额为25美元。

而外派员工的伙食补助以“员工吃多少，公司付一半”的政策为主，即不管员工吃多少，公司都补贴一半。但有上限规定：高消费地区的上限为每餐25美元，其余地区均为每餐15美元。

可以看出，华为的整个人力资源政策、薪酬、补贴乃至晋升机会，都朝向公司需要的地方倾斜。正是因为华为舍得在需要资源和资金的地方大胆投入，才能够吸引众多华为人才往华为需要的地方流动，而华为也得以借助这些人才的力量突破市场，实现战略目标。

2.3 先学会管理世界，再学会管理公司

到2016年，华为在全球150个国家和地区设立了海外办事处，其中不乏有很多艰苦地区，比如非洲地区、中东地区等。华为的全球业务急需人才支撑，但随着人们生活环境和生活条件的改善，越来越多的人才不愿意去往艰苦地区。

针对这一现象，华为提出要鼓励更多人才去往海外带动海外业务的发展，为此，华为将在人才全球流动的过程中给人才提供更多上升的空间和发展机会，牵引他们去往海外。任正非也对华为人表示，要想在华为有所作为，就要先去往世界各地支撑业务，任正非说：“华为的口号是‘先学会管理世界，

再学会管理公司’。”

2017 年，毕业于美国宾夕法尼亚大学的皮赣清成为华为的一名正式员工。系统工程专业的皮赣清能力突出，且对工商管理领域也有涉猎，在家人和朋友看来，硅谷和华尔街才是他的征途和奋斗方向。虽然华为也是一个非常好的平台，但对于一名海外名校学子来说，穿上一身工装在基地和通信施工人员一起在酷暑严寒中挥洒汗水，是一件让人匪夷所思的事情。

面对家人和朋友的质疑，皮赣清没有任何怨言，而是按照公司的安排，在海外一线的基地上跟随施工队一起实践学习。他目之所及都是施工现场的工具设备，如随时可以熄火的旧工程车、破旧后修修补补过的工具、车里崭新的待安装的通信设备。前期的重体力劳动让刚从海外高校毕业的皮赣清有些吃不消，但是带着对未来职业道路的期许，他认为眼前的磨难都只是他职业道路上的垫脚石。

果然，在海外各个一线基站磨砺过的皮赣清很快就熟悉了项目流程以及一线的业务状况，能够很快分析出一线现场存在的一些问题，并且能够在很短的时间内给出解决方案，快速处理好现场的问题。因为皮赣清在一线的突出表现，公司非常信任他，认为他具备管理能力和专业能力，为他提供了更好的发展机会，很快皮赣清就被调回国内，承担重要职责。

麦肯锡奖得主、哈佛商学院总经理克莱顿·克里斯坦森曾说：“脱离实践谈管理，就像坐在板凳上叫喊着要征服太空，空洞而乏力。”克里斯坦森认为，企业人力资源的检验与提升，必须在实践中才能得以完成。从皮赣清的工作经验也可以看出，华为需要的是真正能够帮助华为解决问题的人才来管理公司。所以在华为，不管一个人的学历、资历如何，都要先在实战中学会解决问题，才能真正成为华为的干部候选人。

3. 用轮岗换位保证人才结构动态化

很多企业中，因为干部久居固定岗位，容易产生惰怠现象，致使组织活力下降；且长期在同一岗位，也容易形成个人权力圈，致使公司发展不平衡。于是华为提出要对中高级主管实行职务轮换政策，让真正有周边工作经验的人来担任部门主管，保证人才结构动态化，以此推进企业稳定发展。

3.1 轮岗换位激活干部

在华为，所有中高级干部的岗位随时都有可能被调整，甚至会让部分干部接触陌生的工作领域。这种跨度极大的动态变化的干部制度，使得所有干部必须时刻保持一种饱满的精神面对高强度的工作和学习。这样一来，华为干部的工作状态就被轮岗制度激活，从而使得组织充满活力。

在华为，轮岗换位并不是简单的岗位轮换，它包括两种状态：第一种是业务轮换；第二种才是岗位轮换。华为的业务轮换是单纯地从提升原有业务能力的角度出发。例如让研发人员从事中试、生产、服务等，以便让研发人员掌握和领会技术商品化的内涵，并用于实践，同时这种交流也使技术人员对其他领域有所了解，以消除技术至上引起的偏见问题。

岗位轮换则是伴随着绩效考核进行的，即不合格的降职，合格的升职。这一举措在许多外行人看来很平常，但华为在执行这一政策时，采取的规模和力度都远超其他企业。例如1996年华为市场部集体辞职事件，上至总裁下至普通员工，通过竞聘的方式进行答辩，公司根据具体表现、发展潜力和企业发展的需要，重新任命。

从华为大规模推行轮岗换位制度可以看出，这种轮岗换位不仅激励员工学习更多专业技能，也帮助员工拓展了职业宽度。同时，避免了企业干部因为工作清闲处于“提前退休”状态，有效激活各级干部，保证了华为的人才结构动态化。

在华为，几乎没有员工没有换过岗位，一般1～2年就要换一个岗位，一些特殊人员和岗位的轮换甚至更加频繁。事实上，华为的轮岗换位制度与美军的用人制度十分相似。美军的岗位轮换非常普遍，在一个岗位任职，两三年就轮换，最多4年。就连美国军事院校的机关人员和教员都是如此。美军的换岗理论是：如果一件事情熟悉到人闭着眼睛都能去干，人剩下的就全是惰性，没有创造力了。越对事情不太了解、不很熟悉，工作就越小心、认真，在这种状态下反而成效更高、更富创造性。

可以看出，在任何企业中，必要的轮岗是激活成员活性的客观要求。因为人才流动能够避免员工由于长期在同一岗位导致的发展局限问题，正如任正非所说："要以轮岗制历练人才，要让所有华为人都动起来，既要有纵向晋升方面的移动，又要有横向拓展上的移动。"轮岗换位能够横向和纵向激活人才。

对于企业的发展而言，轮岗换位能够防止企业内部由于长期没有人员流动导致的僵化。所以，华为推行轮岗换位制，实际上对于人才的培养和企业的稳定性都有积极的作用。

3.2 用轮岗培养"多专多能"型人才

任正非曾提出要让华为的各级干部互相知晓，他表示："财务干部要懂些业务，业务干部应知晓财务管理。有序开展财经和业务的干部互换及通融，财务要懂业务，业务也要懂财务，混凝土结构的作战组织，才能高效、及时、稳健地抓住机会点，在积极进攻中实现稳健经营的目标。"

在任正非看来，"一专多能"型人才只适用于传统组织，而现代企业更需要"多专多能"型人才的支撑。所以，华为鼓励企业的管理干部学习各个领域的知识，并通过轮岗来为管理干部循环赋能。

在华为，管理干部要想获得更好的提升，除了完成接班人计划，还必须有轮岗经历。华为以严格的内部轮岗制度实现管理干部的循环赋能，通过管理层的人员流动培养更多"多专多能"型人才。

为了鼓励干部积极进行岗位轮换，提升干部的综合能力，华为提出了三优先、三鼓励的政策。三优先：优先从优秀团队中选拔干部，出成绩的团队，要出干部；优先选拔责任结果好、在一线和海外艰苦地区工作的员工进入干部后备队伍培养；优先选拔责任结果好、有自我批判精神、有领袖风范的干部担任各级一把手。三鼓励：鼓励干部到一线，特别是海外一线和海外艰苦地区工作，同时奖励要向一线倾斜，要大幅度向海外艰苦地区倾斜；鼓励专家型人才进入技术和业务专家职业发展通道；鼓励干部向国际化、职业化转变。

在这些政策的激励下，越来越多的华为干部积极主动地参与岗位轮换，一方面让自己开阔眼界，了解其他业务领域，另一方面也让自己在新的领域不断学习，提升适应新环境的能力。到如今，轮岗制已成为华为培养人才的一种有效策略。

随着企业规模的扩大，企业内部层级越来越多，管理上的难度也越来越大，华为、阿里巴巴等大企业都有意识地建立了干部轮岗制度，使干部跨部门、跨专业甚至跨国学习，让他们能够在一次次的岗位轮换和循环学习过程中，提高管理能力，向“多专多能”型人才转型。

3.3 要适度轮岗，也要有工匠精神

虽然华为鼓励中高层干部通过轮岗的方式循环赋能，但是对于基层岗位的员工和专业岗位的技术人才，华为更鼓励“钉子精神”。

华为高级副总裁陈黎芳曾明确指出，在一个企业中，如果所有的员工都不停地轮换岗位，那么整个企业的经营管理都会乱套。因此，华为开放轮岗这个渠道，支持中高层干部往“多专多能”型人才的方向发展，但是不是盲目地为了换岗而换岗，而是合理考虑人才成长和企业发展之间的关系，在培养高级管理干部的同时，也培养有工匠精神的技术专家。

胡鹏，华为中研北研分部部长，兼任路由器互连设计部经理、硬件平台TDT开发代表。胡鹏自1998年加入华为，一直从事互连技术工作，曾在基础业务部、中央硬件部、中央研究部等部门工作过。

1998年7月，胡鹏毕业之后成为华为的一名技术岗员工，在互连技术岗工作了一段时间之后，他就向当时的研发干部部申请换岗，表示自己想换岗

到硬件开发部工作，但是这个申请被否决了。

之后，胡鹏一直闷闷不乐，对工作也不上心，他的思想导师发现他的情绪问题之后马上和他沟通。了解到胡鹏心情不佳的原因后，他的导师劝解他："互连其实是硬件开发在物理层实现的二次开发，是国外非常先进的技术，公司在这方面刚刚起步，从事这项工作非常有价值。"并且表示华为很需要能够在这个领域有过硬的专业知识的能人，如果他能够深入钻研其中，一定能够被公司重用。胡鹏解开心结之后，开始努力学习业务知识和专业技能，并且全身心投入工作之中。因为业务能力突出，1999 年胡鹏被派往美国做开发工作，在工作的同时，他也通过学习和观察发现互连技术前景非常好，这也使他更加深爱自己从事的工作，决心要刻苦钻研成为互连技术领域的专家。

2001 年，胡鹏因为出色的能力被调往华为北研负责 SI 工作，进入陌生环境的忐忑，面对不熟悉的下属的紧张感，加上重新整合部门的压力，一下子让胡鹏不知所措。但他也很快整理好心情，顶着压力开始引导下属学习 SI 和 PCB 技术。因为胡鹏本身就是精通两项业务的专家，再加上一身过硬的技术能力，在一段时间的努力之后，他获得了新部门所有员工的支持和认可。

到 2008 年 7 月，胡鹏被提拔为中研北研分部部长，他很快搭建了部门平台并实现了全面规范化地运作。

可以看出，除了提供轮岗换位的晋升通道，华为也为那些在某个领域有着突出能力并且能够坚守岗位做出突出贡献的专家，提供了非常好的职业发展通道。对于研发技术类的员工和专家来说，涉猎过多领域会让他们的专业度受到影响。而华为为技术类专家设计的成长发展规划，让员工能够保持工匠精神，将全部精力投放到自己的专业领域之中，让他们在成长为行业顶尖专家的同时，为企业提供极具竞争力的行业顶尖技术。

4. 推行能上能下的干部管理制度

任何企业，人力资源机制都应该是一个持续的动态激活机制，保证组织结构动态化，使得企业保持更高的灵活性以适应市场需求的变化。为此，华为通过能上能下的晋升体系，激励内部人才向上或向下自由流动，让高能的人走上去，让低能的人走下来并重新积累能力以获得再次晋升的机会，使企业始终充满内部动力。

4.1 个人职级要有升有降

美国管理学家劳伦斯·彼得经过一系列的研究之后提出了彼得原理，他表示在企业的等级制度中，不可避免地存在部分组织成员因为个人的某种特质或特殊技能，被提拔到他们并不能胜任的岗位上，这样一来他们就成了组织的障碍物或负资产，反而使得组织发展被限制。

为了避免这种现象，华为在内部推行干部“能上能下”的管理制度，让真正能够承担岗位职责的干部在重要岗位上发挥自己的才能，让能力尚不能满足岗位需求的干部到新岗位上并为其重新赋能。

到 1995 年，华为已经基本实现“农村包围城市”的市场扩张，随着华为规模扩大，且逐步转向城市市场，很多干部的思想观念和业务能力还停留在上一个阶段，跟不上华为的发展速度。于是，1996 年，华为市场部的负责人孙亚芳带头辞职，所有市场部的员工都紧跟着递交了辞职报告，并表示：“华为公司的目标是与国际接轨，如果我跟不上公司发展的步伐，我愿意让新人，让更有水平的人接替我的工作。”

毛生江也在辞职大军的行列中。毛生江自 1992 年毕业加入华为后，先后担任过研发基层岗员工、项目组经理、开发部经理、生产总部总经理等职务，甚至在短短三年就从一名研发岗的基础员工被提拔为市场部代总裁。虽然他能力突出，表现优异，但在管理上的确有欠缺之处，于是在这一次大规模辞职事件之后，毛生江被调至新成立的终端事业部任总经理。

在这一次干部的调岗活动中，华为市场部的很多员工因为承受的压力过大，不能胜任新岗位，也无法通过重新竞聘的方式回到原岗位上，被更有能力的人代替了自己的位置，最终只好离开华为。但毛生江面临薪酬和职位的下降，没有二话，而是瞄准了华为未来的发展潜力，全身心地投入新岗位，帮助华为开拓新市场，为华为做出了巨大的贡献。

到1997年，毛生江所在办事处在不到一年的时间内飞速发展，销售额同比增长了50%，回款率接近90%。由于业绩非常突出，毛生江接连升职，并于2000年升任为华为的执行副总裁。

《华为基本法》中明文规定，华为的每一位员工都能够通过自己的努力和贡献，以及在工作中增长的才干，获得职务晋升资格。与此同时，为了保证公司能够选拔出最符合公司需要的干部，保留职务上的公平竞争机制，坚决推行能上能下的干部制度。

4.2　对关键事件的评价，要有评定的依据

对于干部的管理，华为认为一定要从上至下贯彻选优留优的原则，从关键事件中考察并选拔出真正符合华为发展需要的干部，不符合的干部要被降职或淘汰。在这个过程中，华为不以书面考试的方法提拔或淘汰干部，而是以干部在关键事件过程中的行为表现为考察重点，多方面考察干部的表现及能力。

华为根据客观、公正的评价依据，在关键事件中考察干部，决定干部是上还是下，有效避免了干部的投机心理，让所有的干部都能够将自己的心思放在为公司做贡献上。

华为非常看重干部在关键事件中的表现，并且在重要的目标上对中高级干部有明确要求。比如，华为中高层管理者的年底目标完成率要达到80%以上，没有完成这项要求的，正职要降为副职或予以免职。各级主管每年PBC成绩为最后10%的将被降职或者予以调整，即使业务能力突出，也不能从本部门副职提拔为正职。同时，关键事件过程评价不合格的干部也不得提拔。对于在关键事件过程中出现重大过失的干部将被就地免职，被处分的干部一年内都不能被提拔。

2005年，在广东省委中心组举行的“广东学习论坛”第十六期报告会上，任正非发言并明确指出：“对于干部关键事件过程行为的评价，我们都有

评定的依据，不同层面的主管会去看他的关键事件以及在关键事件里面的过程行为怎么样，高层主管和基层主管会看你的关键事件或者有意让你在一些关键事件中去锻炼，在锻炼的过程中再对你体现出来的行为进行评价，然后得出绩效考察的结果和关键事件过程行为评价的结果，它和干部的薪酬是直接挂钩的。”“这是人力资源管理的一些变革，形成我们整个人力资源管理的体系和干部培养及选拔的体系，使得我们做任何事情都有章可依，有法可循。”

可以看出，华为将干部在关键事件中的表现视作考察重点，依据客观、公正的考评结果甄别出能够完成组织目标、帮助企业抓住发展机会的干部，让最有责任心的明白人担负最重要的责任。也正是因为华为以公司发展需要为主，根据科学的评价来选拔干部，才能够层层推进，做好干部去留工作。

4.3 不合格干部要重新评估和任用

华为的干部选拔和任用一直是围绕高绩效文化进行的，也就是说，华为的干部合格与否就要看个人绩效是否达标。如果绩效长期不理想，就证明该干部的工作存在一定的问题。为了帮助干部发现自身存在的问题，并且不让“不合格”的干部浪费公司的时间和资源，华为会采取末位淘汰制重新评估干部。

华为虽然推行末位淘汰制度，但也不是以“一刀切”的方式淘汰干部，而是根据干部的工作情况、业务能力等重新调整其工作岗位和工资待遇，让干部在新的岗位上重新锻炼自己，等到他能够担任重责的时候，华为就会将他调回原岗，甚至给予升职的机会。

程武杰（化名）自加入华为以来，业绩表现突出，2001 年，从网优工程师升职为网规网优经理，随后历经了服务经理到客户经理的跨越。在随后的工作中，程武杰通过轮岗换位，不断积累经验，快速转身，顺利成为华为的高级干部。

但到了 2010 年底，程武杰却被告知自己被末位淘汰了。就在他浑浑噩噩沉浸在痛苦之中的时候，他的领导跟他交流之后建议他去埃塞俄比亚从头来过。当时埃塞俄比亚是华为的重点竞争市场，长期被友商垄断，如果能够在市场开拓方面为公司做出巨大贡献，程武杰就能够重新证明自己，并重回管理岗。

程武杰为了抓住这个机会，立即主动申请前往埃塞俄比亚，并以更严格的标准要求自己，总结以往的经验教训，告诉自己一定要拿下埃塞俄比亚市场，重新证明自己的能力。

埃塞俄比亚市场在友商长达四年的封闭式垄断下难以攻坚，程武杰知道这是一场硬仗，但对他来说也是绝无仅有的机会。于是在重大项目部领导以及北非地区部和埃塞俄比亚代表处的指导下，程武杰承担起项目团队的日常组织和具体项目运作以及部分核心客户关系的维系工作，他开始全面梳理客户关系，分析竞争对手情况，挖掘各种可能的机会点。

功夫不负有心人，到 2011 年 8 月初，程武杰带领华为工作组将一线工作推向全面拓展的高潮，华为终于拿下了这块难啃的“硬骨头”。程武杰也通过这一役重新证明了自己的实力，顺利回到了管理岗。

华为不是将末位淘汰制当成裁员的手段，而是作为长期执行的激活机制来鞭策干部时刻保持饱满的工作激情。华为推行末位淘汰制，重点并不是放在“淘汰”二字上，而是强调“末位”二字，给那些长期工作状态不佳、绩效评价处于落后水平的干部提个醒，催生他们的危机感。

在末位淘汰制的鞭策下，华为的大部分干部都能够积极表现，圆满完成自己的工作目标，拿到理想的绩效评价。对于那些“不合格”的干部，这也并不意味着事业的终点，而是一次崭新的提升自己的机会。

5. 机关干部与专家循环上战场

《吕氏春秋》中写道：“流水不腐，户枢不蠹，动也。”意思是水要经常流动才可保持其新鲜，门轴要经常转动才不会腐蚀生锈。任正非认为企业管理也应该如此，要保持干部的循环流动，企业的生命力才能持久。于是华为要求机关干部和专家都能够循环上战场，在干部和专家积累工作能力的同时激活组织。

5.1 机关专家贴近客户，把握产业脉搏

任正非曾表示一个专家在机关待上一年可能就不再是专家了，因为每个业务项目今天的情况和昨天的情况可能千差万别，如果专家没有在具体的业务项目中摸爬滚打，长此以往他可能不能再解决新时期的项目问题。为此，华为提出机关专家要循环上战场，去战场上累积真正的实力，并且要深入一线，贴近客户，跟上项目变化的步伐，把握住产业脉搏。

2016 年，华为采取了大规模的专家和干部深入一线、贴近客户的行动，从研发团队集结了 2000 名高级专家及干部，并将他们派往一线攻克优质客户。这些拥有丰富研发经验的高级专家及干部，对技术有着深刻的理解，能够在一线的实践工作中了解客户的真正需求，提供更有竞争力的产品以及服务。此外，这些专家能够在作战过程中优化自己的技术能力，与其他项目组成员组成一支战斗力超强的队伍，把握住产业的脉搏，拿下关键的客户。

华为逐渐在全球 170 个国家建立了这样高素质的专家队伍，除了在传统增量市场安排大量“少将”“连长”为优质客户定制更贴合的产品之外，还在新的领域建立起了“将军”队伍，让高素质的专家队伍来攻克一线。任正非表示，华为将高级人才派往战场，是为了让他们能够适应市场新的需求，跟上产业发展的节奏，为华为下一阶段的进攻做好充足准备。同时，这些专家在一线的奋战过程中能够循环赋能，掌握最新的攻克一线的方法和技能，为华为拿下更多市场份额贡献出更大价值。

华为轮值 CEO 徐直军也表示，当前华为的一线只具备卖产品并完成交付的能力，但因为缺少专业知识和技能，无法像专家及干部一样真正把握住产业脉搏，没有解决大客户问题并帮助大客户获得商业成功的能力。但机关专家一旦在一线贴近客户，了解了客户的真实需求，并结合自己对产业的把握，就能够真正满足客户所需，为优质客户提供优质服务，进而促进公司的发展。

在华为看来，机关专家深入一线才能贴近客户，了解行业最新发展状况。所以华为鼓励专家到一线项目中成为项目一把手，真正把握时代变化的脉搏。除此之外，华为指出专家深入一线还要诊断出基层存在的一些问题，在此基础上，给一线的员工培训，给员工做业务指导。这样一来，专家不仅能重新给自己充电，也为别人指点了一条明路，对整个公司的循环进步也非常有价值。

5.2　在实战中，让能力获得质的提升

除了上文提到的给专业技能逐渐弱化的专家重新赋能之外，华为还存在另一种现象。20 世纪 90 年代末，华为进入高速发展期，在这个阶段很多没有管理经验的人被推上管理岗位，虽然在当时这些管理者撑起了公司的业务发展，但是随着华为的管理体系越发成熟，这些管理者因为不具备真正的作战经验，实际上在能力上是有所欠缺的，无法承担起重要的管理职责。

为此，华为提出要让这部分管理者去一线通过实战，让能力获得质的提升，任正非说："由于历史的原因，把你们推到了领导岗位，并不意味着你们具备了必需的才干。公司信任你们，你们必须努力学习。公司在迅猛发展，你们在管理技能上已出现差距，要下决心努力学习赶上来。"

2013 年 4 月，原本在机关管理岗位上的王明被派往一线，成为某个地铁项目的负责人。但是因为王明缺乏相关的行业知识，所以地铁项目进入商务谈判阶段之后，由于合同条款不明晰，无法确定罚款等条例细节，项目一度陷入僵局。

随着王明对项目情况的进一步了解，他发现当时业界的采购一般是项目经理采购制，但这个地铁项目组延续华为的传统，依然采用研发合作制处理企业业务，这也意味着决定中标对象的是没有参与项目的研发人员，这给项目造成了很多困难。比如这个地铁通信包项目中的信息指示牌采购没有选择当地的供应商，导致后续的交付、维护都存在一定的隐患。

后来王明做了大量功课。他先咨询了行业里的"明白人"并引入"外脑"，通过各种途径获取类似项目的合同文本，并逐一对比其中的条款，如果

是业界的统一标准，大家就达成一致；如果有个性化诉求，他们就争取沟通，弄明白为什么要这么写，考虑了哪些方面的原因。王明没有简单套用原有业务流程，而是立足于事实，打磨出一套适合新行业通信业务建设的方案。

就这样，王明在逐步的自我摸索中很好地处理企业业务并且在实践中优化工作方案，将地铁项目完成得非常好。王明的管理能力也在这样的“较真”中快速地提升，久居机关的“门外汉”终于踏踏实实地进到了门里。

事实上，很多企业都像华为一样存在不合适的人被推上管理岗位的情况，这些人缺乏时间的检验，也没有实践经验，难以胜任工作。要改变这一状况，就要将这部分人推向一线，让他们在实战中累积各方面的能力，增加他们对专业理解的宽度与深度，让他们在这个过程中积累经验并提升思考能力，以应对不断变化的市场和技术需求。

5.3 专家及干部到一线支撑业务作战

华为认为专家及干部如果一直待在机关后方，不可能了解一线的真实状况，对于华为的业务现状也将一头雾水。同时，专家及干部久居机关，会导致他们的专业技能丧失，在管理工作方面也难以跟上企业的发展节奏。

为了避免这样的状况，华为提出要让专家及干部深入一线，踏踏实实做项目，在实战中积累作战经验，贴近客户，真正理解客户的需求，解决客户的难题，从而提升自己的专业能力，同时了解一线的真实作战情况，使自己的管理工作做得更到位。

2015 年，在机关担任管理者的黄子健（化名）被华为派往南非约翰内斯堡的 MTN 系统部，回归专家身份到一线支撑业务作战。黄子健上岗的第一天，MTN 系统部的主管就向众人介绍道：“这是机关专家，目前项目交付的问题，肯定可以很快解决。”黄子健长期在机关后方工作，对于能否做好一线的业务支撑工作有些底气不足，但还是硬着头皮点了点头。

为了能够承担起专家的责任，黄子健很快就投入当地的工作之中。据他了解，当时由于土建欠料，正处于站点安装冲刺阶段的项目组工期被延误，导致华为的分包商不断投诉，供应商也埋怨库存积压现象严重、付款流程缓慢，客户也频繁联系项目组，质疑华为能否按期交付商用。

黄子健对于库存积压但土建仍然欠料一事疑惑不解，在多番询问本地采购无解的情况下，他只好自己从源头查起。于是，黄子健开始不停地打电话、发邮件，找相关工作人员询问物料到货路线、工作操作流程等“芝麻小事”，这对于长期指挥下属的黄子健来说是个新鲜事，但为了尽快解决问题，黄子健不得不深入一线现场，一点一滴地找问题的根源。

功夫不负有心人，多番努力之下，黄子健终于弄清楚了物料涉及的 14 家供应商、20 家分包商，虽然情况异常复杂，全球也没有现成的方案可参考，但黄子健没有任何怨言，而是自己找到 PM（项目经理）、TD（技术负责人）和网络规划等相关工作人员逐个沟通，找到问题的关键点在于物料的需求配置信息没有集成传递给供应链，供应链只好预估备货，直接导致了供需不匹配。发现问题关键之后，黄子健立即和 TD 一起将 700 多个站点的配置需求整理成物料型号，并与站点一一对应，匹配项目交付计划，最终解决了欠料问题。

解决了主要问题之后，交付很快就顺畅起来，黄子健也圆满完成了任务，没有毁了“专家”的名号。当他被调到其他地方支撑业务工作的时候，南非的这个项目组还把他的工位铭牌保留下来，以此来记录他为团队做出的突出贡献。

黄子健回忆起自己这段海外的作战经历时表示，深入一线的实战，不仅让他真正掌握了海外交付项目的运作流程，也让他重新找回了作为专家的自信，重新认定了自己的价值。

华为认为在新的业务形势之下，要让更多专家及干部像黄子健一样重回一线支撑业务，才能在帮助专家及干部转型的同时，最有效地发挥专家及干部的个人才能和价值，让他们为华为的发展做出更大贡献。

6. 干部走“之”字形成长道路

华为要求干部以“之”字形成长的目的之一就是让优秀的人才在循环流动过程中有所成长，成为华为最有力的战斗队伍。任正非表示：“干部一定要‘之’字形成长，我们公司要加强制度建设，坚持从成功实践中选拔优秀干部，干部流动是为了形成一个有力的作战群，选拔优秀人才上战场。”

6.1 加快干部流动，呈“之”字形成长

一般而言，人才“直线”成长存在一个弊端，就是横向的业务宽度不够。比如，生产部经理是从生产部门的基础岗位逐级提升的，那么，他将很难胜任生产部以外的同级职位，因为他的素养、经验都难以达标。所以，华为主张从基层干部选拔开始便采取“之”字形成长模式，一方面拓宽人才的能力宽度，为其奠定更坚实的能力基础；另一方面，可为企业培养一批纵深型人才。

以华为客户经理的“之”字形成长路线（图 7.1）为例。客户经理最初是一名独立贡献者，需要在工作中有突出的个人成就，提升专业能力，才能够进入“之”字形的下一个节点。成长为系统部主任之后，也就意味着客户经理成为一名基层干部，主要职责是为员工分配工作、评估员工绩效，以及及时激励并辅导员工工作，把员工情况反馈给公司。

而要进入“之”字形的下一个节点，需要基层干部跳出舒适区，向销售/行销副代表迈进。这也意味着这名员工从一名基层干部成长为一名中级干部，工作职责变为挑选并培养一批一线经理，并且给予员工信任，充分给下级授权。与此同时，中级干部还需了解自己不熟悉的业务，了解周边的工作情况，并且开阔自己的视野，培养自己的全局观。

由销售/行销副代表成为代表处代表之后，干部职责也将由培养一线经理变为管理经理人团队，管理不熟悉的功能组合，并把握好短期业绩与长期战

略之间的关系，做好两者的平衡工作。

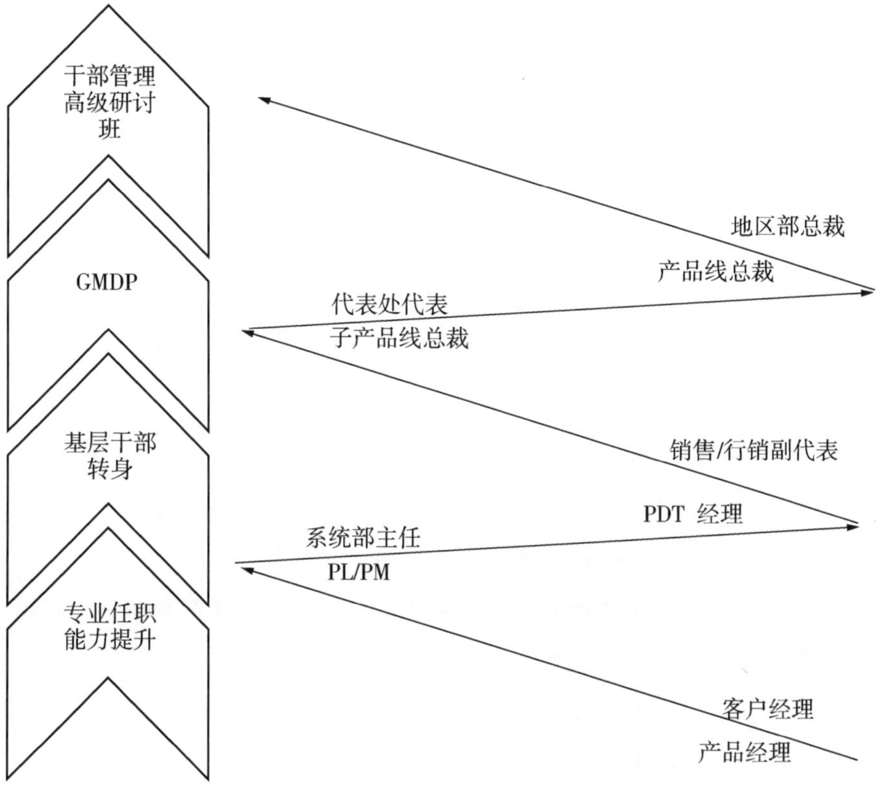

图 7.1　华为客户经理的“之”字形成长路线

代表处代表进入“之”字形的下一个节点之后，就成长为地区部总裁，也是华为的高级干部阶段。在这个阶段，干部要学习从公司的战略角度思考布局问题，并做好业务架构的搭建工作，做好公司长期发展的路标设计。

可以看出，华为干部经过“之”字形的发展通道之后，不仅能够培养出纵向的管理能力，也能够拓宽横向的管理能力。对此，任正非表示要加快干部的“之”字形成长，他说：“过去我们的干部都是‘直线’型成长，对于横向的业务什么都不明白，所以，现在我们要加快干部的‘之’字形成长。我们强调‘猛将必发于卒伍，宰相必取于州郡’。”

6.2 每个“阶梯”都要做实，才能提拔

在华为，不懂战争的人是不能指挥“战争”的，员工要想得到提拔，成为指挥战争的“将军”，要先去小国苦练基本功，把每个阶段的工作都踏踏实实做好。只有把基础工作做实了，公司才能看到员工身上的优点，才能从优秀员工中选拔出干部，并将他调整到合适的岗位上去。

1999 年，杨友桂毕业后加入了华为，随后他一直在华为中国区工作，到 2012 年，他已经在 4 个代表处和系统部历练过，其间他担任过客户经理、系统部主任、业务助理以及地区部代表等，积累了战略制定和实施、客户关系建立和维护、项目运作和团队管理的能力。

到 2012 年，杨友桂被调到联通系统部担任负责人，这意味着他迎来了事业的重要转折点。但能否真正做好项目运作工作，为组织创造价值，从而获取晋升机会，杨友桂对此毫无把握。虽然他有过一线的实践经验，但没有独立管理项目组的经验。他认为如果没有实实在在的独立管理经验，是不能真正做好下一个阶段的工作的。为此，杨友桂决定跳出舒适圈，去一线继续打磨自己，把这个环节做实，于是他主动申请去往海外小国。

2012 年 9 月，杨友桂到了沙特，因为宗教的原因，这个国家没有太多的娱乐项目，工作和生活环境都十分简单，能够聚焦工作。但是由于沙特的业务量特别大，STC 系统部沙特子网又是华为最重要的子网之一，竞争异常激烈，因此项目组压力非常大，杨友桂以及项目组成员几乎每天都熬到深夜，而且所有成员都长期处于战斗状态，经常片刻休息之后就要投入新一轮的业务之中。面对自然条件、业务压力和精神层面的三重挑战，杨友桂感受到从前在国内没有的紧迫感，但是他始终坚持带领团队以高标准、严要求踏踏实实完成工作事宜，始终保持“做实”的理念，追求更好的项目成果。

终于，杨友桂在 2014 年带领团队一次性拿回 × 亿美元的合同，他突然发现自己有能力把几乎不可能的事情变成百分之百的绝对事件，这也印证了他的确具备管理才能。果然，他在回国后不久，就被提拔为华为的高级干部。

可以看出，杨友桂在一线踏踏实实地工作，对最艰苦、最基础的业务都有实践经验，能够快速找到解决难题的办法，指挥队伍战斗并赢取最终的胜利，才最终被华为发现，被提拔为干部。

华为鼓励所有有志成为干部的奋斗者，要自发地去往艰苦地区积累基层经验，把每个阶段做实，做出成绩，这样才有机会指挥“战争”，成为“将军”。

6.3　每一次调动都要有所成长

任正非曾经在一次高层会议上问与会的华为高管：“我的水平为什么比你们高?”会议上没有人能回答出这个问题，于是任正非说：“因为我从每一件事情中，都能比你们多体悟一点点东西，事情做多了，水平自然就提高了。”

这也是华为为干部设计“之”字形成长通道的重要原因，华为需要通过不断提高管理水平和业务能力的干部来推动公司的发展，所以要求干部要能够在循环赋能的过程中不断提升自己的能力，在每一次工作调动时都能够有所成长。

2008 年，华为中标了客户瑞士电信的项目，正式成为瑞士电信传送网领域的独家供应商，这个项目对于华为而言意义非凡，是华为的网络产品在瑞士市场的首次突破。

杨志豪（化名）作为项目负责人，手下却只有六七个中标后才加入项目组的“新手”，但客户方的代表都非常熟悉项目流程，于是完成项目澄清和项目达标谈判基本上变成了杨志豪一个人的工作。

华为和客户方都非常看重这个项目，在谈判过程中，客户要求华为针对前后功能差异给出技术说明，并且要求华为就网络建设或运维成本带来的差异给出商务赔偿。面对客户的要求，上级要求项目组快速回应并给客户一个满意的答复。

于是，杨志豪开始 24 小时处于“备战状态”，在没有任何有经验的专家帮助的情况下，杨志豪独自完成了需要六七个人完成的工作。但在做项目澄清的当天，杨志豪被 7 个客户轮番“质询”，各种各样的质疑让杨志豪应接不暇，但杨志豪在4个小时的谈判过程中没有一丝松懈，终于赢得了客户的信任，项目也得以顺利开展。在杨志豪和项目组的共同努力下，瑞士电信项目交付的第一阶段圆满结束。

2010年9月，杨志豪又被调到意大利代表处担任固定网络解决方案销售部长。面对机会众多、空间巨大的意大利市场，杨志豪提出要把客户经理当客户，以此来处理解决方案销售队伍相对薄弱这个问题。

果然，项目组把客户经理当客户之后，每当项目组发现新的机会点就会用说服客户的信念去说服客户经理，对于客户经理提出的问题和要求，像响应客户一样及时响应。到2011年，杨志豪借助这个方法，帮助华为在意大利掀起了网络产品突破的一轮高潮，累积实现了17个网络项目的成功突破。

不管工作岗位如何变化，杨志豪都在不断改进自己的工作，不断追求更好的工作成果，也正是因为他在每一次工作调动时都能够始终如一地专注于自己的工作，他才能够完成公司指派的任务，被公司提拔重用。

实际上，华为给每一个干部都提供了“之”字形的成长机会，只要干部一步步完善自己的工作就有机会赢得更大的机会，成就更辉煌的事业。这也促使华为干部能够认真对待每一次工作调动，做好工作，持续成长。

7. 建立内部人才市场，避免人才板结

华为曾表示要保持组织的活力，必须建立一个“不断培植英雄，又不断地否定英雄、打掉英雄”的人才系统。在华为看来，华为的发展需要依靠英雄的力量，但是如果没有科学的人才体系帮助华为管理这些英雄，让这些英雄在组织中流动，那么华为很有可能因为人才板结而僵化。为此华为建立了内部人才市场，通过适当的人才流动，避免组织僵化。

7.1 人力资源政策朝着熵减的方向发展

华为引用了一个物理学概念“熵”来管理企业，这是热力学第二定律中

的一个概念，即一个孤立系统的熵一定会随时间增大，当熵达到极大值，系统达到平衡状态，整个系统就退化为毫无生气、死气沉沉的状态。

在华为看来，任何企业的发展都不可避免地会出现熵增，如果放任组织“循规蹈矩”不求突破地发展下去，那么这个企业极有可能因为积重难返导致熵增，最终走向瓦解和灭亡。

为了避免华为持续熵增，最终走向灭亡，华为提出人力资源政策要朝着熵减的方向发展，即要打破人力资源发展的平衡，使组织一直处于充满活力的状态。

任正非强调：“我们一定要加强中高级干部和专家的实践循环，在循环中扩大视野，增长见识，提高能力。这就是熵减。万物生长是熵减，战略预备队循环流动是熵减，干部增加实践知识是熵减，破格提拔干部也是熵减，合理的年龄退休也是熵减……

“各部门的循环赋能、干部的循环流动千万不能停，停下来就沉淀了，就不可能适应未来新的作战。预备队方式的漩涡越旋越大，把该卷进来的都激活一下。这种流动有利熵减，使公司不出现超稳态惰性。

“这么大的一次组织换血，这两千多名高级专家和干部作为种子，会激活整个公司组织结构的活力。同时，一定要把外籍员工卷进来，避免出现新的知识鸿沟，代表处的本地员工也要参与循环赋能。翻译部作为二线作战团队，扩招翻译，组建翻译连，背上同声翻译设备，一同走上战场，让外籍员工也理解高端的解决方案。不然会形成‘两张皮’，缺乏整体战斗力，最终走向瓦解。

“机关干部和国内研究所干部、专家要逐步地参加循环作战，在循环流动中成长起来。国内研究所一定级别以上的专家、干部，三年必须有半年参加基层实践，取得成功经历。还要限定某个级别以上的高级干部，一定要具备项目全流程的经验，在没有项目的混沌中厮杀出一个项目来，从项目的跟踪、发生、获得、交付到服务，全流程贯通，否则将来就是一批软兵。”

事实上，华为根据任正非所提出的观点，通过不断地开放边界，并与外界交换能量进行新陈代谢，建立起了华为独有的“耗散结构”。这一结构是由诺贝尔化学奖得主普利高津基于热力学第二定律的基础提出的，他表示处于平衡状态的开放系统，能够通过与外界环境交换物质与能量，使得系统总熵小于零，也就是说在耗散结构中，能避免熵死。

华为正是借助这一结构，通过不断的人才循环赋能，激发出华为人的生命活力和创造力，打破了组织由于熵增导致的平衡状态，从而使企业始终保持活力。

7.2 建立内部人才市场，灵活调配人力资源

《华为基本法》中明确指出华为要通过建立内部劳动力市场，实现内部劳动力市场和外部劳动力市场的人才置换，促进优秀人才的脱颖而出。同时，要在人力资源管理中引入竞争和选择机制，让职务和人才之间更加匹配，实现人力资源的合理配置并且以此来激活沉淀层，保证组织活力。

于是，华为很快落实了内部人才市场的建设工作，通过实现内部人力资源的有序流动，以及项目运行中组织、人才、技术、管理方法及经验的循环流动，发现更多优秀的干部和专家，从而优化配置人才资源、优化组织；同时充分调动员工的积极性，激发出组织活力。

华为内部人才市场的建立和完善实际上就是为了最大限度地促进员工流动而实施的管理措施，在华为的公司导向、管理机制以及运作流程上，虽然不能做到百分之百的自由，但员工在一个大的区域范围内，比如地区部内部和中国区内部是能够自由流动的。不过跨区域的员工流动有一定的限制，而绩效连续为 C 或者 D 的员工是没有机会自由流动的，也就是说，华为在有序管理的基础上已经做到了最大限度的自由，促使组织能够时刻保持活力。

华为的内部人才市场在操作上也有规定，符合条件和要求的优秀员工能够自由地在公司内部选择岗位和工作内容，只要其所选的岗位是空缺的，并且原部门同意放人，接收岗位也做好了相应的资格审查，那么华为内部的员工调配就可以顺利进行了。

除此之外，员工还能够通过公开透明的信息平台自由应聘公司的空缺岗

位。这一点和公司外部的招聘过程是一样的，但这种方式和内部人才市场的差别在于，内部员工还没离开原岗位就能够先联系目标岗位应聘，实际上是属于带薪应聘，甚至在没找到新工作前先离开了原岗位的员工，也能进入内部人才市场池内，华为会给他们一个月的转换时间，在这一个月的时间内他们都是带薪应聘的。

可见，内部人才市场这种模式能够让各级主管发现自己在人员管理上的不足，改变以往利用信息不对称或者利用管理权力简单管理团队的方式，在更为公平、合理地做好人才调度工作的同时，灵活调配人力资源。

更为重要的是，内部人才市场不仅极大地刺激了华为内部员工流动，解放了华为内部的生产力，使得内部员工的积极性和主动性被充分调动起来，最大限度发挥员工的贡献和价值，还让组织充满活力。正如任正非所说："促进内部人才市场的流动，不仅让员工寻找自己最适合发挥能量的岗位，也是促进各部门主管改进管理的措施，流动就焕发出生命力。"

7.3　消除组织发展中的"三大黑洞"

任何组织都是由人构成的，因此会带有人身上的病症，人性中的贪婪、懒惰、自私等给组织带来的负面影响，将逐渐腐蚀、侵蚀这个组织。这也是历史上许多企业因为放任内部的腐败、惰怠等现象，使得整个企业走向灭亡的原因。

华为将组织的惰怠现象、山头主义、腐败称为组织的"三大黑洞"，意思是组织中的这类现象类似宇宙中的"黑洞"，任何接近"黑洞"的物质与能量都会被瞬间吞没，组织的能量也会被这"三大黑洞"吞没，从而阻碍组织发展。组织必须远离这"三大黑洞"，为此华为首先提出了"华为管理惰怠行为 18 条"来应对"三大黑洞"中的惰怠现象。

华为管理惰怠行为 18 条：

（1）安于现状，不思进取。

（2）明哲保身，怕得罪人。

(3) 唯上，以领导为核心，不以客户为中心。

(4) 推卸责任，遇到问题不找自己的原因，只找周边的原因。

(5) 发现问题不找根因，头痛医头脚痛医脚。

(6) 只顾部门局部利益没有整体利益。

(7) 不敢淘汰惰怠员工，不敢拉开差距，搞“平均主义”。

(8) 经常抱怨流程有问题，从来不推动流程改进。

(9) 不敢接受新挑战，不愿意离开舒适区。

(10) 不敢为被冤枉的员工说话。

(11) 只做二传手，不做过滤器。

(12) 热衷于讨论存在的问题，从不去解决问题。

(13) 只顾指标不顾目标。

(14) 把成绩透支在本任期，把问题留给下一任。

(15) 只报喜不报忧，不敢暴露问题。

(16) 不开放进取，不主动学习，业务能力下降。

(17) 不敢决策，不当责，把责任推给公司。

(18) 只对过程负责，不对结果负责。

实际上，一个组织要保持阶段性的活力和激情是很容易的，但是要保证组织发展十年、二十年甚至百年是每一个组织的管理者必须应对的难题。华为提出的“华为管理惰怠行为18条”很好地引导组织成员积极工作，长期保持工作活力。

组织“三大黑洞”中还有一个就是山头主义，山头是人类心理、生理现象的必然产物，所以任何组织都不可避免地会出现山头、体系、派别。为了避免这一现象的扩散，华为多次围绕着“铲山头”进行组织变革。

“山头主义”现象在华为早期是非常严重的，最初华为以两万元人民币起家，活下去是唯一的使命，为此华为早期“英雄主义”盛行，谁能为华为拿下订单、签下合同，为公司拿到救命钱，谁就是公司的英雄，值得被华为其他员工学习跟随。但随着华为的规模渐大，这种英雄主义带来的山头主义越发严重。为此，华为提出要以团队的胜利代替个人的成功，不再号召个人英雄主义，而是推崇团队英雄。久而久之，山头主义现象渐渐减少。

任正非在《一江春水向东流》中提到华为如果一直山头林立，英雄情结所衍生的欲望、野心和利益集团很快就会把组织撕裂。但好在华为提倡团队精神和团队凝聚力之后，找准了方向，让华为上下一心共患难，削弱了组织中的山头主义。

第三个组织黑洞是腐败，腐败现象也是每个组织在发展过程中都不可避免的问题，像华为这类以财富增长为核心目标的功利性组织，腐败更是普遍存在的现象。

华为历史上的腐败现象层出不穷，十年前华为每年的销售额就高达五六百亿元人民币，五六百亿元人民币要靠大量的供应商支撑，于是这其中就产生了关联交易问题。也就是华为高层通过权力与供应商之间进行不合理的交易，从中偷窃华为的财产。2006年，华为召开了大规模的高层会议，专门讨论清理关联交易。从任正非开始，所有与华为高层有关联交易的亲戚朋友全部被华为清理干净。华为还在此基础上进行了从上到下的干部廉政宣誓活动，并且坚持至今。

任正非认为华为发展到十几万人的规模已经不再像最初几十人的时候，能够什么错都犯，一切都能从头再来。对于一个如此庞大的组织而言，“三大黑洞”中的任何一个黑洞都有可能使组织慢慢变得板结起来，为了避免组织丧失活力、走向灭亡，华为采取了一系列的手段和措施来消除组织发展过程中的“三大黑洞”，帮助华为平稳发展。

第8章 构建人才生态链

任正非说：『我们今天是利益共同体，明天是命运共同体，当我们建成内耗小、活力大的群体的时候，当我们跨过这个时机形成团结如一个的数以万人群体的时候，我们抗御风的能力就增强了，可以在国际市场的大风暴中去搏击。』

1. 发展一支高质量的人才储备队伍

人力资本时代来临，未来的企业竞争也是人才的竞争，能否成功建立起具有竞争力的人才队伍，是企业能否在未来的竞争中拔得头筹的关键。为此，华为提出要把握人才继任的关键要素，排除人才继任计划中存在的风险，选拔出真正符合企业需求的关键人才，发展一支高质量的人才储备队伍。

1.1 人才继任管理把握关键要素

为了发展一支高质量的领导人才储备队伍，华为提出必须把握人才管理的关键要素，确保有效进行继任管理。而如何找到合格的继任人，如何培养继任人，使其具备承担更重要角色的能力，又如何确保内部提升和外部引进的领导成功转型，并且保证合适的人才在正确的时间在合适的岗位上，是华为做好继任管理的关键要素。为此，华为提出要从组织战略和人才供给两个方面解决这些问题。

从图 8.1 可以看出，华为是根据公司业务发展需要和演变情况来吸收能够承担某岗位职责的人才的，同时考虑人才体系建设中的离职和人才供给的变化来确认人才梯队的建设。

总的来说，华为是通过准确理解人才供给与公司战略需要之间的关系，把握人才继任管理的关键要素来实现对公司岗位继任人的有效管理的。

1.2 解决继任计划的四个继任风险

华为认为有效的继任管理依赖于成功地管理四大继任风险，即组织必须确保建立有效的继任管理办法，解决任用人才时出现的空缺风险、准备度风险、过渡风险和任用风险。

要解决空缺风险，组织必须确保在继任管理过程中更有效地保护业务以避免核心人才离开带来的损失；对于准备度风险，继任管理必须给后备人才提供在关键经验方面快速发展的机会；要做好过渡风险的管理，就要缩短人

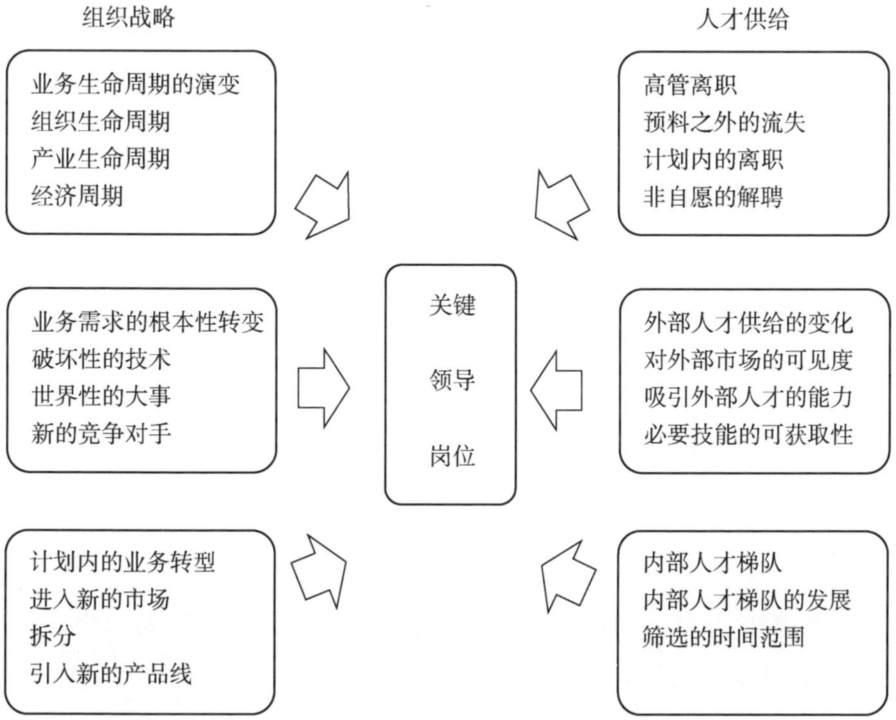

图 8.1　人才继任管理关键要素图

才到价值发挥峰值表现所需的时间，尽快使继任人融入新的组织，实现成功转型，避免脱轨；而任用风险的解决则需要继任管理采取一种全面的视角看待人才，不只是健康的人才供给，还要有效地部署人才。

空缺风险：如果企业迫于空缺岗位的压力，匆忙选择了错误的人选，从图 8.2 可以看出，短期来看，岗位空缺造成的相对高成本会促使企业草率地找到不合适的人填补空缺。但从长远来看，填补空缺的错误人选将会造成比岗位空缺更高的成本。

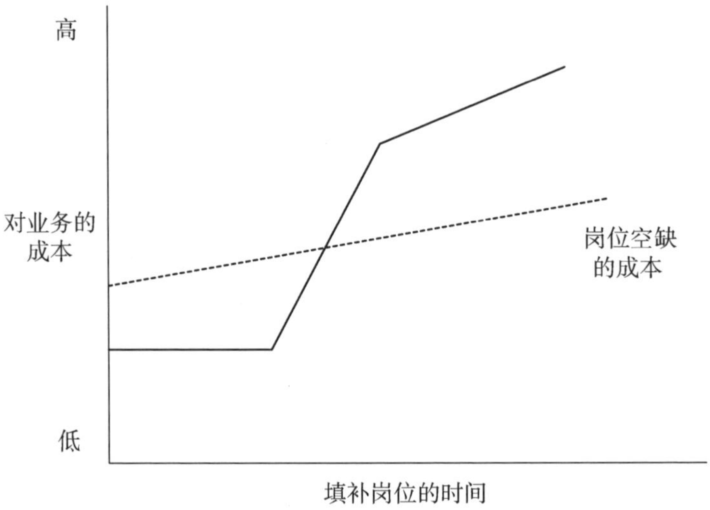

图 8.2　岗位空缺成本图

准备度风险：企业帮助继任人在关键经验方面快速发展，可以降低胜任差距带来的风险。如图 8.3 所示。

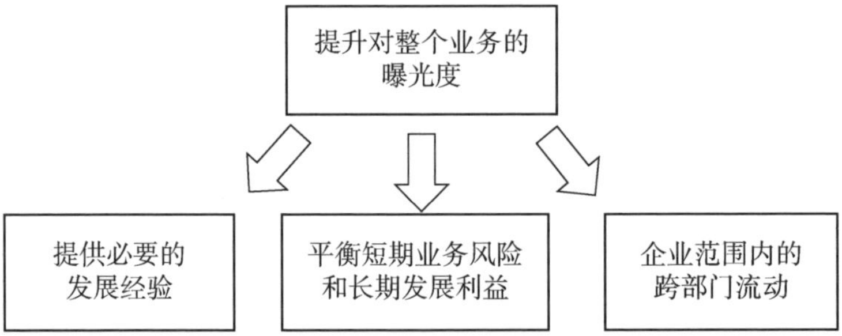

图 8.3　准备度风险图

过渡风险：企业设计相应的手段，能够帮助高层领导识别转型时必须做出的行为改变。如图 8.4 所示。

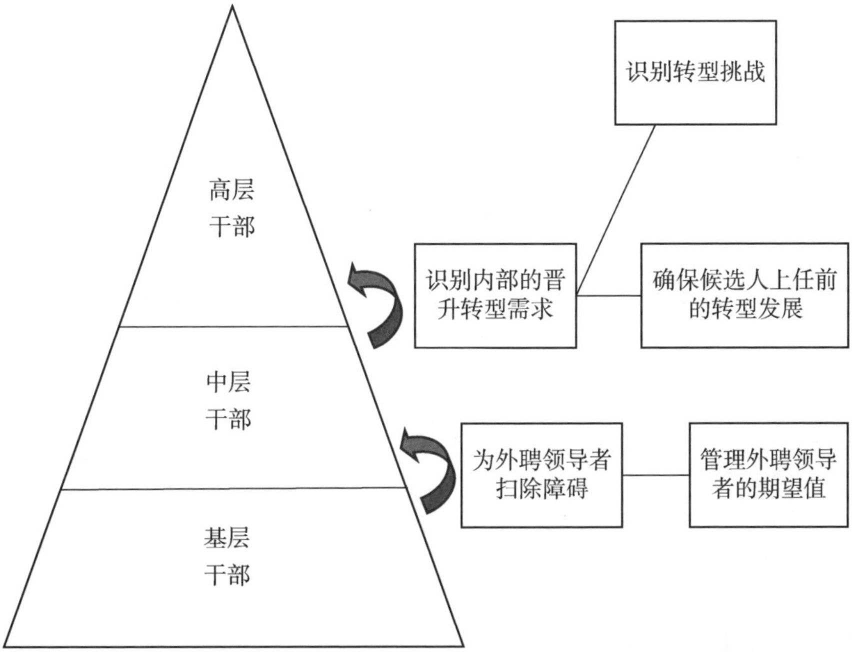

图 8.4　过渡风险图

任用风险：华为认为人事决策十分重要，很多组织都是因为在用人决策上没有效率，导致没有充分发挥人才的能力，无法满足岗位与个人需求，也导致组织未来的绩效不佳，因此必须十分慎重。

从上文可以看出，华为为了解决继任管理的四大风险，采取了一系列积极主动的干预及风险管理措施。华为首先识别出关键领导岗位，并慎重解决人岗匹配问题，避免关键岗位对组织业务发展造成的深远负面影响。并且在员工适应岗位的过程中，帮助继任人缩小与关键岗位所需能力和经验的差距，为继任人在职业生涯早期提供更多能够拥有不同关键经验的发展机会，鼓励他们跨部门人才流动。同时也会识别继任人的转型需求，在继任人上岗之前进行必要的指导，提供及时的反馈，防止领导者脱轨带来的风险。

1.3　识别关键岗位，推动继任干部流动

华为非常重视关键岗位的人岗匹配，因为关键岗位对企业经营目标和战略目标的贡献率远高于其他岗位，所以找到合适的干部做好关键岗位上的关

键工作关系企业下一个阶段的发展情况。

为此，华为提出要将一部分后备的精英人才加以识别和培养，并且在关键时刻将他们放到重要岗位，一方面起到补充岗位缺口、促进企业稳定运营的作用；另一方面则是以“训战结合”的方式促进人才成长，实现企业人才资源的生生不息。

在华为，区域总经理、大客户总经理等岗位是对华为业务运行和未来业务发展至关重要的岗位。这些岗位的人才流失会给业务造成重大影响。为此，华为针对重要岗位的干部继任情况推出了继任计划。华为的继任计划主要以推动各片区、地区部、系统部等业务单元对继任干部梯队的全面盘点为主，目的在于切实推动领导团队对继任干部梯队建设的深入思考。

在推行继任计划的时候，华为各地区部对领导人才队伍的建设进行了系统的思考：

（1）明确关键岗位；

（2）盘点各关键岗位的继任梯队；

（3）规划预期干部变动；

（4）可输出干部；

（5）讨论高潜质干部，明确培养措施；

（6）考虑高潜质本地干部的培养计划；

（7）继任计划总结。

可以看出，华为在推行继任计划的时候，明确了公司的整体战略和业务发展对干部梯队建设的需求，并且在这个基础上明确了干部梯队的特征，制订了地区部继任干部梯队建设的目标、整体策略和重点个体举措。

可以看出，华为结合关键岗位应具备的能力以及岗位创造价值大小，做好了核心干部和关键岗位的识别与匹配工作，确保了核心人才与关键岗位相互匹配。这样一来，华为就将关键岗位通过职责直接与实现组织目标的一系列活动联系起来，不仅提高了企业的管理效率，也发挥出人才和关键岗位的价值，推动了企业的发展。

2. 开放创新，　不盲目追求人才　“为我所有”

随着华为在全球布局能力中心全面铺开华为的事业版图，除了需要大量的人才以及技术来支撑各项业务的开展，在这个过程中华为也需要投入大量的资源、资金等成本来实现华为的战略目标。因此，所有的工作都要考虑成本的问题。为了降低成本，华为提出要以开放创新的方式利用好全球资源，而不盲目追求人才、技术为华为所有。

2.1　从人才我有，到人才我用

在华为的全球战略全面开启之际，华为提出了“开放创新，不盲目追求为我所有，多层次构建为我所知、为我所用、为我所有的能力组合”的口号，即华为不盲目追求将拥有技术研发能力的人才“捆绑”在华为，而是重视他们的才能，让他们的核心技术能力能够为华为所用就足够了。

举例来说，在华为需要用到某项技术或研发某个产品的过程中，不需要先培养内部人才掌握研发能力或是一定要在行业内招聘一个技术大拿，而是通过合作或购买的方式，借助业内人才的技术能力实现华为的目标。

华为作为一家专注创新的通信科技公司，在数十年的研发过程中，不盲目追求内部创新人才的数目，而是懂得“使用”内部人才和外部人才，发挥出人才的真正价值，并且懂得拿捏好“创新”的度，从而实现华为的创新目标。

比如华为的高端 DWDM（密集型光波复用）技术，这项技术处于世界领先水平，在光传输上，4600 多千米长光纤的中间不需要电中继。事实上，这项技术并不是华为研发出来的，而是从美国花了 400 万美元买的。美国泡沫经济破灭后，很多公司破产，一些科技公司的研发人才掌握着投入巨大的新技术，对于马上就能够有成果的新技术难以割舍，希望有个人或企业能够继续研究并将新技术投入使用。华为通过拍卖会获得了高端 DWDM 技术，花费金额只占原始研发金额1%的比例。

华为无疑是明智的，没有盲目追求“人才我有，技术我有”，而是将外部人才的研发成果为己所用，在关键时刻拿下外部人才研发的新技术，不仅仅节约了研发资金，更重要的是获得了自己短时间内无法掌握的重要技术资源。

可见华为采用开放的用人之道，不追求人才的解决方案及服务技术能力为我所有，而是重视在关键控制点让这些人才的技术、能力为我所用。用整合世界上最优秀的资源，和优秀人才结成合作伙伴关系的方式，代替一味埋头苦干，并且通过“人才我用”的方式帮助企业谋求更好的发展。

2.2 让专家在最佳时间做出最佳贡献

2017年，任正非在运营商三朵云2.0阶段进展汇报会上强调：“形成‘众筹、快闪’和‘传、帮、带’机制，让专家在最佳时间、最佳角色，做出最佳贡献，并将专家能力工具化、云化、微服务化。”

在任正非看来，华为在智能信息时代要改变传统的人才观念，不再追求专家、科学家将全部工作生命都贡献给华为，只需要他们在最佳时间承担最佳角色，为华为做出最佳贡献。也就是说，很可能在三五年内一个专家就能够将他宝贵的经验沉淀下来，以“传、帮、带”的方式将出色的工作技能留在华为。华为只需要借助智能工具将专家的能力工具化、云化，最后微服务化，就能够进一步借助专家力量实现华为的战略目标。

华为在设计新一代IP软件操作系统VRP 8时采取的就是让专家在最佳时间做出最佳贡献的方式。当时华为集结了21名架构师做架构设计，来自五湖四海的顶级专家在北京研究所共同探讨架构设计方案。最初，这些在各自领域都非常出色的专家各持己见，导致新一代IP软件整体方案讨论了很多次。但最终这些专家达成共识，并且在严格的论证后做出了慎重的决策，他们选择重新开发一套系统，支撑华为IP操作系统的未来发展。

这些专家在最初开启项目的时候就瞄准了IP网络操作系统性能第一的目标，秉持精益求精的工作态度，不断优化软件开发工作，最终达成了各项最高目标。

这个集结着众多专家智慧的VRP 8软件操作系统终于在万众瞩目的情况下在国内亮相，在全球第一个VRP 8商用局中稳定运行，成功开局，很快在国内市场大受欢迎。运营商的高端数据显示，华为的VRP 8软件操作系统在路由协议收敛性能、协议倒换时间这些历史上落后的性能项目比拼中取得了第一的成绩。

由此看来，华为在关键项目中会选择让专家团队在最佳时间做出最佳贡献，完成华为的关键任务，这也是华为在未来持续提倡的方式。总的来说，华为会整合资源，利用各专家所长，让他们在最佳时间发挥最大优势，并且通过与众人力量和智慧的碰撞获得最佳成果。

2.3 构建面向未来的人才结构

面对未知的未来，华为提出要从清晰化走向科学化，除了弄清楚以后要往什么方向走，还要更为科学地拿出数据来说明为什么要走这个方向，走这个方向有什么好处等。要实现更为科学化的管理，就需要构建面向未来的人才结构，通过吸收多学科的人才，让这些掌握不同领域知识的人才拼凑出一幅完整的发展版图，明确华为的发展方向。

任正非表示要瞄准未来发展需要，吸收多学科人才，构建面向未来的新的人才结构。他说："华为公司在建立一个新时代的时候，要构建未来新的人才结构，就要重视有理论素养的人才进入公司。因为懂理论的人转过来学技术很快，搞技术的人很难转到理论上。照抄只是反向学习，它不是一个最简捷的方法，你不知道构建这些东西的理论基础是什么，人才与技能是什么，知识结构是什么。前几年，GTS招聘了一批搞卫星遥感、遥测的测绘专业人员，现在对三朵云的贡献就能看出来。你看珠峰这个事情，如果让学测绘的人去做，他能把谷歌地图一套，就知道这个站点要翻过几座山。他把地图和我们的站点一重叠，就知道这个工程的难度有多大，就不会出现一个站点报价太离谱的问题。

“我们需要多种学科的人才，构筑对华为有长远影响的技术知识体系，不能只局限在对通信、电子工程类的招聘。公司可以招聘一些神经学、生物、化学、材料、理论物理、系统工程、控制论、统计学等专业学科的人才，甚至包括牙科专业的。你们知道，当年华为最早的电源团队的一个主力曾经是牙科医生。这些人只要愿意从事通信技术，到了我们的员工群体里面，他们的思想就会在周围有所发酵。”

实际上，当今企业之间的竞争日益激烈，对于人才素质的要求也越来越高。在任正非看来，只有集结多个领域、多个学科的顶尖人才，华为才能够借助这些来自不同领域，有创造性见解和多角度思考能力的人才实现突破，在未来竞争中独占鳌头。

3. 人才本土化， 构筑核心能力

随着智能信息时代的逼近，具备创新能力的人才成为推动企业发展的主要驱动力。为了能够实现华为的全球战略，华为表示要实现人才本土化，构筑核心能力，迎接新时代的冲击和挑战。

3.1 整合优质人才，为华为面向全球所用

华为作为全球领先的ICT企业，除了利用好行业内的ICT人才促进ICT领域的发展，还有意识地主动为ICT行业培养专业人才，整合世界各地的优质人才，让ICT行业涌现更多专家，为华为面向全球所用。

华为对于ICT行业人才的战略和需求，得到了世界各国的政府和高校的支持，因此华为在多个国家与当地政府和高校联合培养ICT行业人才，打造更为开放的产业生态，对当地就业做出贡献。

基于不但要广纳人才，还要发展更多行业人才的理念，华为和各国联合开展了“未来种子”项目。这个人才项目是华为在全球开展的企业社会

责任旗舰项目，主要负责为世界ICT行业培养更多ICT人才，提升STEM（科学、技术、工程和数学）领域优秀大学生的专业技能，增加其就业机会。

截至2016年，华为已经在全球80多个国家开展了“未来种子”项目，不仅为全球的潜力人才提供了接受行业顶尖专家提供的ICT技能培训的机会，还为这些参与项目的优秀学生提供了参观华为深圳总部的机会。在这个过程中，这些ICT行业的人才不仅能够了解ICT领域的发展情况，掌握ICT行业的专业技能，还能获得在华为工作的机会，更是大幅增加了他们在本国的就业机会。以英国为例，英国的“未来种子”项目开展以来，已有100余名学生从中受益。

2016年，华为在英国面向当地优秀学子招聘，有12名英国优秀大学毕业生加入了华为。在这12名优秀学子中，有2人曾是2015年华为的“未来种子”项目的学员，充分诠释了华为“培养STEM技能，促进STEM领域就业”的目标。

华为开展的研发合作和“未来种子”项目等推动了华为在欧洲的人才建设，也推动了华为面向全球的人才战略的实施，不仅为企业储备了大量的顶尖专家和行业人才，打造出行业内最具实力的高水平人才队伍，还为当地创造了大量的就业机会，为整个产业的发展做出了巨大贡献。

3.2 全方位培养本地高端人才队伍

为了能够实现人才本土化战略，构建华为在全球的核心能力，华为开放职业平台，帮助更多的海外顶尖人才获得更好的工作机会和发展机会，并根据他们的责任贡献进行评价，以他们的工作业绩作为提拔依据。

华为在全球各地广纳英才，依据以下两点全方位培养本地高端人才，建设本地人才队伍。

第一，和本地员工共享价值，不对本地员工的职业发展设置“天花板”。

任何国家的优秀人才加入华为之后，都按照华为人才为先的人才政策和人才共享价值，给人才提供最好的职业发展机会。以华为比利时代表 Pedro Ferreira 为例，2004 年 Pedro 在葡萄牙加入华为之后，成为华为的一名客户经理，工作一段时间之后，因为出色的业绩和组织管理能力，他快速扫除了职业发展的障碍，从客户经理被提拔为销售总监，随后又担任葡萄牙副代表，很快 Pedro 又因为表现突出，被提拔为华为比利时分公司的 CEO。

而华为的业务遍及全球 170 多个国家，全球员工数量超过 18 万，160 多种国籍的员工的海外本地化率超过 75%，可见 Pedro 不过是华为本地化战略的一个缩影。

第二，和国内采取的人才政策相同，对于海外员工，华为依然采取“英雄不问出处，贡献必有回报”的价值分配体系。

在华为，员工的年龄、工龄、资历、职称等都不是评价的关键要素，真正影响评价结果的只有唯一一个要素——责任结果。华为正是基于责任贡献评价人才，用全球机会和获取分享机制回报人才。据统计，华为市场体系担任 CEO 的职员中，41.4% 都是 30 岁出头的年轻人，他们管理的业务规模是 10 亿元到 100 亿元。在研发领域的专家中，70% 都是 80 后。这也印证了华为不以资历评价人才，仅凭个人责任贡献培养人才、提拔人才。

华为通过为本地优秀人才提供优质发展平台，制订高端人才的培养方案，在全球聚集了众多高端人才，不仅使得华为拥有强大的高端人才队伍，大幅提高了华为的全球核心竞争力，而且为全球的通信行业构建了更优质的人才生态链。

3.3 推行海外人才战略，共建和谐生态系统

随着云时代的到来，华为表示希望能够在欧洲与各个运营商以及合作伙伴共建和谐商业生态系统。为此，2016 年，华为在巴黎召开了华为欧洲生态大会，通过高峰论坛以及联合展台等多种方式展示了最新的开放生态成果和创新方案，希望能够实现华为的人才战略，并且能够在行业伙伴的共同努力下，构建和谐生态系统。

在华为欧洲生态大会上，华为和沃达丰集团联合宣布了围绕云业务的开放 API 和新的商业模式，将借助行业顶尖人才的帮助，聚焦企业、SME、无人机等领域。沃达丰集团首席系统架构师 Lester Thomas 指出："我们的目标是面向未来的海量市场，将开发者吸引到开放云基础平台上来，可以通过开放 API 构架和新商业模式创造新的收益。"

华为和博科通迅有限公司也达成了合作意向，双方表示面向未来 B2B 市场，要进行联合创新，充分发挥各自在业务领域的人才优势、资源优势和技术优势，实现双方共同的战略目标。博科 EMEA 大区首席技术官 Brian Levy 表示："企业和运营商致力于寻求利用软件来建设和编排网络基础设施，并希望通过现在开始部署 SDN 和虚拟化网络服务而获得无缝的未来发展路径。博科和华为携手开发开源平台，在 SDN 领域联合创新，满足客户对开放、敏捷、以软件为中心的网络的要求。"

同时，华为联合业界顶尖伙伴 Infoblox、Radware、Canonical 和 Fortinet 等一起展示了开放生态的合作成果，并表示将不断投入人才资源，通过开放合作充分实现优势互补，共同迎接 Cloud B2B 蓝海市场。

可以看出，华为已经与多个合作伙伴及组织建立了友好的合作关系，并且借助合作伙伴的帮助，发展了更丰富的新业务、拓宽了新领域，同时聚合了更多本地人才，有效推行了华为的海外人才战略。而华为也将持续借助人才战略，与行业伙伴共同构建开放和谐的生态系统。

4. 人才与资源在哪儿，华为就在哪儿

华为作为中国最成功的企业之一，与其他企业相比，在延揽人才、激励人才各尽其能方面的独到之处在于，懂得如何让人才在良性约束下自由发挥，创造出最大价值。这也就是华为所提出的"人才在哪儿，资源在哪儿，华为就在哪儿"。

4.1 坚持贴近人才建能力中心

随着智能时代的来临，电信行业对于人才的创新能力越来越重视。为此，华为高级副总裁陈黎芳明确指出要在人才聚集地建立能力中心。

华为在创新研发领域采取的是非常开放的人才战略，不是由公司指定固定的方向和固定的方式让人才按着指令研发创新，而是尽可能为全球人才提供合适的场景和最佳条件来激发创新。这一点，从华为坚持贴近人才建立能力中心就能窥见一斑。

2014 年，任正非在与德国副总理加布里尔会见时表示华为将在慕尼黑建立“德国工程能力中心”，届时将借助德国人才的力量帮助华为在德国全面开展业务活动，同时也为德国的繁荣做出贡献。

事实上，华为之所以选择在德国建立“德国工程能力中心”，是因为华为在与德国业界开展合作的时候，发现德国人才在整机及硅光制造、自动化与智能机器人、测试、实时供应链管理等领域的能力非常突出，有利于华为在这些领域的技术和研发等全面发展，提升华为在这些领域的竞争力，完善华为的全球创新布局。

比如，华为与德国电信联合创新时，德国人才提出要将以往的 ADSL 技术和最新的 4G 技术捆绑，让客户能够优先使用成本更低的 DSL 带宽，在 DSL 带宽不够用的时候再转用 LTE 带宽。这一想法让华为眼前一亮，因为这项技术不仅能够为用户节省成本，还能够满足客户对带宽的需求，未来还能够基于新技术实现“混合接入”，除了能够前瞻性地为客户考虑更多方面，提前解决更多问题外，华为在之后还能更为省时省力地开展工作。于是，华为贴近德国的优秀人才，在德国建立了能力中心。

围绕人才建立能力中心是华为人才战略中尤为重要的一条，目的是为全球科学家、专家提供一个平台，让科学技术在更好地推动华为发展的同时，推动整个行业的前进，为行业、为社会做出卓越贡献。

4.2　把能力中心放到战略资源聚集地

作为一家国际化企业，华为的下一个目标是成为一家全球化企业，而全球化企业就意味着不再像以往一样不断将国内的人才外派到世界各地去支持华为的业务，而是将能力中心建立在资源最多、能力最强的地方。这样一来，华为就能够实现业务遍及世界，并且能够快速调整能力中心的人力、技术等资源参与世界各个国家的激烈竞争，而不是把时间浪费在准备资源、调用资源和人力上。

2015 年 9 月 7 日，任正非在战略预备队誓师典礼暨优秀队员表彰大会上的讲话中指出："我们要把战略能力中心放到战略资源聚集地去。举一个例子，先问大家，软件哪个国家最厉害？美国。美国哪个地区最厉害？西雅图。如果终端软件能力中心没有建在西雅图，说我们的手机软件世界第一了，这是不可能的，所以现在要转变。既然要胸怀世界，就要能气吞山河，如果你都不敢把战略资源摆到那个地方去，就说我要称霸世界，那是不可能的。所以每一个系统，包括战略预备队都要重新审视自己，我们的能力中心放在哪里。"

从任正非的讲话中可以看出，华为之所以将能力中心放到战略资源聚集地，除了减少调用资源和人力的时间成本和运输成本之外，更重要的原因在于将能力中心放在战略资源聚集地，华为能够真正了解到某个领域的最新发展情况，并在全球顶级资源和优秀人才等战略资源最丰富的地方，借助这些资源快速追赶上这个领域最优秀的组织，形成自己的独特优势和竞争力。

4.3　全球化布局能力中心

英特尔创始人之一戈登·摩尔曾提出著名的摩尔定律，他指出当价格不变时，集成电路上可容纳的元器件的数目，每隔 18 ～24 个月就会增加一倍，性能也会提升一倍。也就是说，在短时间内，信息技术进步的速度是非常惊人的。

随着智能时代的来临，任正非表示信息技术的发展已经逼近摩尔定律的极限，这也意味着电信行业的格局将有很大可能被改变。要想在新时代仍占据行业优势地位，就要能够用好全球人才。为了贴近人才，实现华为与世界最顶尖的人才的交流，为华为构筑世界核心竞争力，华为已在全球范围内建立了多个能力中心。

到2016年，华为已经在全球建立了26个能力中心，其中欧洲部分是华为在海外的核心运营部分，所以华为也将欧洲当成主要的海外投资目的地以及全球能力中心。华为在欧洲构筑核心能力，并将欧洲先进的设计、创新、核心制造、营销、金融等方面的技术和资源整合到华为的全球价值创造链中。

以华为在欧洲建立的几个能力中心为例，华为在英国主要围绕ARM生态圈和光电领域布局建立能力中心；华为看重法国的数学（算法）、芯片、软件、ID设计和美学研究等方面，在法国建立了能力中心；而德国的工程技术和软件技术非常出色，华为在德国建立能力中心正是看重了这部分的资源。华为在欧洲各地建立能力中心的同时还成立了华为欧洲研究院，整合在欧洲各地的研发力量。

除此之外，华为还在亚洲、非洲、南美洲等各个地区多个国家资源和人才聚集地建立能力中心，让更多资源及技术能够为华为所用，支持华为在新时代的进一步发展。

华为本着开放的态度在全球建立能力中心，不仅打破了人才的组织边界，让华为内部人才能够与世界级专家、科学家以及国际组织、产业组织进行深入交流，还通过“贴近人才建能力中心”这种开放式创新的实施路径，帮助华为广泛吸收全球最顶尖的行业人才，打造出华为独有的高水平技术研发团队，借助这些优秀人才的力量，将华为打造成全球一流企业。

5. 构建人才产业链， 繁荣产业发展

华为的业务管理纲要明确指出：“企业管理关键是面向市场做要素整合，

只有强化与产业优质资源的战略合作，才能提高自身竞争力，在未来的竞争中获胜。”这段话表明华为重视产业链的整体建设，并将产业链的发展视作华为未来重要的竞争力之一。为此，华为通过一系列的手段，围绕产业链培养关键人才，促进产业整体繁荣。

5.1 借助运营商和华为各自人才优势，联合创新

随着全球运营商数字化转型加速，各大运营商对于行业人才的需求越发明显。培养行业人才、满足行业发展需求成为各大运营商面临的重大挑战。华为在这关键时期，为了进一步实现与运营商的链接，提出要借助各大运营商以及华为的人才优势，联合创新，构建优秀人才产业链，繁荣产业。

为此，华为提出要建立联合创新中心，与各大运营商以及合作伙伴一起做好通信技术、云计算等行业解决方案。经过十年的耕耘，华为已和全球客户及合作伙伴共同建立了36个联合创新中心。

2006年10月，华为和沃达丰集团在西班牙正式成立了移动联合创新中心，这是华为和客户企业共同构建的第一个联合创新中心，这也意味着华为和行业的各大运营商、客户的合作进入了一个崭新的阶段。

随着时间的推移，华为与合作伙伴建立的联合创新中心已不再局限于最初的无线领域，在通信业向“云”和“终端”延伸的行业趋势中，联合创新中心开始涉足云计算、业务支撑系统等各个主要领域。不管是运营商还是华为，双方都为了更好地发展，针对联合创新中心投入了各自最优秀的专家和资源。双方的战略想法、创意理念、技术研发等都集中在联合创新中心，充分碰撞，反复激荡，最终形成了创新型解决方案。双方一起做出的解决方案会在创新中心快速实践，并被及时投放到市场上，引领行业技术发展潮流。

华为已经和包括亚洲、欧洲、北美、中东及东南亚在内的全球多个地区的重量级电信运营商成功合作100多个重要创新课题。从以往的Single RAN、IP微波、融合计费平台等众多具有影响力的创新成果也可以看出，华为和众多运营商以及合作伙伴一起投入的联合创新中心取得了不俗的成绩。行业运营商能够借助研发成果节省大量网络成本，用户也能享受更好的通信服务，

华为也能得以快速发展，与客户建立友好的关系。

联合创新中心已经逐渐成为业界的主流部署模式，无论是移动宽带接入IP技术、云计算，还是传统语音与未来通信技术的融合、智能终端以及移动支付等，华为与各个合作伙伴共同建立的创新中心都有不同的专题聚焦领域，帮助运营商应对技术挑战，探索业务模式，实现高效运营。

实际上，华为与运营商共同建立了多个联合创新中心，通过与运营商的友好合作，充分借助双方在各自领域的人才优势和优质资源，强强联合，通过持续的商业模式探索和通信技术创新，为彼此创造更多效益，实现双赢。

因此，华为将联合创新中心视为业界的最佳合作实践之一，在全球范围内广泛建立了36个联合创新中心，和各大运营商共同推进联合创新的发展，实现互利共赢。

5.2 共建ICT中心，培养ICT人才

华为认为到2025年，数字经济将全面改变人们的工作和生活，届时全球将产生千亿连接，垂直行业的应用将会达到亿万级别，没有任何企业能够仅凭一已之力为所有行业提供差异化的应用服务。为此，作为ICT产业的领军企业，华为除了要不断推出满足用户需求的新产品，还要关注整个产业的发展，成为推动ICT产业创新的主力军，带动新生态系统的崛起。

华为向全球的同行发出邀请，表示愿意和ICT产业的伙伴携手共进，基于华为全面开放的ICT能力，与合作伙伴共同探索ICT行业的无限商机，构建合作共赢的生态环境。

2016年，华为与南非邮电部签署了ICT战略合作协议，宣布南非联合创新中心正式成立。这也就意味着华为将与非洲联合推进非洲ICT产业的发展，为非洲培养大量的ICT人才，助力非洲应对未来数字经济的冲击。

华为南非创新体验中心是非洲最领先的ICT业务体验平台，这个体验平台利用最新的云计算技术，为非洲推送全球最新的ICT解决方案，并且通过构建端到端的ICT解决方案环境，为非洲提供了掌握ICT先进技术、了解未

来趋势的平台。这样一来，非洲本地就能追上全球ICT技术的最新进展。

华为南非创新体验中心是华为推动ICT发展和创新的重要平台，目前已与约堡大学、德班理工大学、茨瓦尼理工大学、比陀开普理工大学签订了ICT合作协议，将在5年内为南非培养ICT人才1000余名。这也意味着华为和南非邮电部的ICT产业的合作将推动非洲本地ICT产业的发展，并为非洲培养大量的ICT人才，增加当地的就业机会。

华为东南非地区部总裁李鹏表示："创新体验中心的成立是华为加大对非洲区域投资的又一重要体现。中心将帮助政府、企业客户和合作伙伴更清晰、更直观地了解华为发展非洲数字经济的最新产品和技术方案，华为将基于此平台与非洲政府、科研机构、高校、运营商、企业等面向未来进行创新。华为长期投资ICT创新，厚积薄发，在过去的十年内，研发投入总计超过370亿美元。我们很高兴将这些成果通过创新体验中心引进非洲，帮助非洲消除数字鸿沟。"

南非前邮电部部长Siyabonga Cwele博士表示："非常感谢华为为南非的ICT发展做出的重要贡献，我们很高兴和华为加强合作，以实现南非数字化转型。今天ICT合作协议的签署是南非邮电部与华为合作，更好地消除南非数字鸿沟的新起点。"

实际上，除了南非创新体验中心，华为还在马来西亚与5所高校合作建设了ICT培训中心，助力拉美的西班牙电信公司实现转型，支持克罗地亚ICT发展……华为通过与全球的合作伙伴共同建立ICT中心，培养大量行业紧缺的ICT人才，提升ICT人才的综合能力。同时孵化出适合各个合作商的解决方案，共建ICT产业生态，推动整个ICT产业的发展。

5.3　对准标准和专利，培养关键人才

对于华为这样的技术研发型企业，研发和创新就是企业存亡的关键，是整个企业的核心。在以往华为专利很少的时候，华为只能通过向国际先进企业支付专利许可费来使用对方的专利技术。但很快华为就意识到，一直向其他企业购买专利，华为将对其他企业的技术有依赖心理，这也就意味着华为

将持续向这些企业支付高昂的专利费用。这样一来，能够分配给华为内部研发创新团队的资金就会减少，华为自己的研发团队的成长将受到限制，长此以往，华为将失去核心竞争力。

于是，华为提出要抓住研发这个核心领域，对准国际标准和专利要求，加大对内部人才的投入，形成华为的专利优势。华为在创造出高价值的专利之后，不仅能够形成自己的优势，还能通过与各大企业同等价值的专利互换来建设华为的研发能力。为此，华为多次表示要培养关键人才，做出华为自己的专利。

2015 年，华为在专利研发领域投入 380 亿美元，共申请与终端产品相关的发明专利 10000 多件，外观专利 1000 多件，消费者业务的专利申请量稳步增长。共获得国内专利授权 1600 余件，境外专利授权 500 余件。

到 2016 年，世界知识产权组织公布了全球知识产权活动报告，华为超过高通、三菱等以技术研发见长的国际企业，以 3692 件 PCT（专利合作协定）申请位居第二，这也是华为多年来加大对专利投入的成果。

华为之所以能在知识产权领域取得斐然成绩，是因为其坚持不懈地重视研发不断投入，并且广泛吸收、培养关键的专利人才，同时与业界主要厂商和专利权人签署了数十份知识产权交叉许可协议，实现了强大的专利布局。

2017 年，在华为全球分析师大会上，华为轮值 CEO 徐直军表示华为目前的研发投入累计达到 3100 亿元，在未来还将保持每年 200 亿美元的专利投入，让更多的关键人才对准国际标准，为华为拿下更多 PCT。

在互联互通的知识经济中，电信领域的各大企业为了保持在全球市场的竞争优势，对于知识产权的依赖程度越来越高。华为作为高度重视知识产权的科研型企业，已经逐步完成了由“华为制造”到“华为创造”的转型。正是因为华为对准国际标准、对准专利，培养关键人才，促进了华为的专利和商标申请数量逐步增长，华为才能够真正走向国际化。

6. 树立全球化用人理念， 用好全球优秀人才

一直以来，华为都高度重视人才工作，坚持把人才作为第一资源，将人才战略视为企业的重要战略来谋划和部署。面对新时代下的新形势和新挑战，华为更是坚定不移地推进人才战略，并且提出要树立全球化的用人理念，进一步拓展引才聚才的广度，用好全球人才，促进企业发展。

6.1　匹配战略，做到人尽其才，人才“倍”出

华为在 30 年的沉淀后，已经积累了非常好的平台优势、技术优势和人才优势，并且在各个产业均衡发展、相互协同的基础上取得了非凡成就。但是面对新时代的挑战，华为能否用好人才，做到人尽其才，是华为能否在未来持续平稳发展的关键。为此，华为提出要满足新时期人才匹配战略的需求，形成人尽其才、人才“倍”出的局面。

为了实现人才匹配战略，使得人尽其用，人才“倍”出，华为从三个方面入手：

（1）通盘考虑。

根据战略重点、业务目标及执行策略，思考组织和人才策略。

明确需要通盘考虑的关键岗位，包括一定层级以上的管理岗位和至关重要的业务岗位。

思考岗位对人才的需求。

通盘考虑每个关键岗位的若干潜在候选人。

（2）集中决策，最优配置。

先看岗位需求，选出最满足岗位需求的候选人。

候选人的弱点不是选择中的重点考量因素，除非其弱点是限制因素。

最终决策应该基于候选人的优势，只有运用其优势才能对组织绩效产生积极结果。

同时，考虑最佳配置是相对概念，重点在领导团队的深入沟通与共识。

把晋升和发展机会给最好的人才，将填补空缺岗位的讨论转变为专注于组织能力建设的积极研讨。

鼓励跨部门人才流动来提升组织协同。

基于事实坦诚讨论，避免印象和偏见影响决策。

(3) 跟踪使能。

充分准备高质量上岗谈话。

与周边干部沟通，持续跟踪，及时修正错误决策。

关键岗位新任人才转型期使能计划，帮助其度过90天过渡期，适应新环境，建立信任，成功转型。

任正非表示，华为不仅要做好公司内部的人才匹配工作，发挥出人才最大的价值，还要在全社会、全球选拔出具有全球化业务经验及视野的人才，将他们纳为己用，让他们能够胜任华为的关键岗位，用全球优秀人才的智慧和能力，打造出一个更好的华为。

6.2 把一些世界级的人物用起来

任正非曾多次表示自己什么也不懂，不懂技术，不懂管理，不懂财务，他的作用更像是“一桶胶水”，将十几万名华为优秀人才黏合在一起，形成一个整体的能力系统。这个系统中既包含技术能力、管理能力，又包含财务能力等，华为借助这个系统中的资源，实现迅猛发展。

在华为进一步向国际化企业发展的过程中，任正非提出华为必须整合世界上最优秀的资源，和世界级的优秀人才结成战略合作伙伴关系，借助更多顶级人才的力量，助力华为的发展。为了在全球范围内广泛吸收世界级人才，华为还在英国的The Shard大厦召开了华为首届人才峰会。

2016年12月2日夜，华为选择英国的The Shard大厦作为华为首届人才峰会的地址，借助这座欧洲第一高的大厦“山高人为峰”之意广邀行业人才汇聚一堂。当天，欧洲众多科学家以及技术大拿在华为的邀请下齐聚这座不封顶的玻璃金字塔内一起喝咖啡，在交流的过程中，科学家们交换想法，相互碰撞出激烈的智慧火花。

实际上，华为的这次人才峰会是华为招揽顶级人才的一次契机，任正非提出要用好世界级人才之后，华为就一直在寻找更多的“外脑”帮助华为实现华为的人才战略。选择The Shard，是因为这是一个真正炸开了塔尖的金字塔，其楼尖的设计和华为“吸收宇宙能量”的理念不谋而合，而楼尖互不接触的玻璃碎片又和华为要打破边界、打破规则、激发巨大的力量不谋而合。

The Shard通过不封顶的塔顶和宇宙对接交换能量，正如同华为坚持以开放的胸怀接纳更多世界级人才。同时，鼓励华为的人才积极与外部专家、科学家、国际组织、产业组织进行交流，从而实现“人才爆发”，让华为不断涌现出人才。

在这次人才峰会上，华为向世界各国的顶尖人才递出了橄榄枝，表现出其求贤若渴的态度，希望能够借The Shard这个“炸开的金字塔尖”广泛吸收世界级人才。华为也借此机会向外界表明华为正采用全球人才战略，希望世界各国的顶尖科学家、行业领军人物能够加入华为，共同创造更好的行业未来。

6.3　用好全球优秀人才，提升华为全球竞争力

华为高级副总裁陈黎芳在回顾华为的发展历史时，曾表示华为之所以能够度过艰难的初创时期，快速发展成为十几万员工规模的国际化大企业，最重要的一点就是华为不仅用好了中国人才，还能让全球的优秀人才都在共同的价值观下发挥创造力，进而提升华为在全球的竞争力。

陈黎芳表示华为用人的方式就如同拉斐尔的画作——《雅典学院》显示的那样，不同时代、不同学派、不同领域的科学家、天文学家、哲学家、艺术家汇聚在一起，创造了黄金时代。而华为也正是以自我变革应对内外变化，抓住机会，为全球人才提供了一个罗马广场，让全球优秀人才能够发挥价值，为华为的进步做出贡献，创造了华为的黄金时代。

华为自“炸开金字塔尖”以来，吸收了大量的国际专家和科学家助力华为的发展。在智能手机市场逐渐饱和，全球电信行业都将视线投放到 VR/AR 的消费电子技术方面之际，华为更是加大了在这一技术领域的投入和研发力度，广泛吸收相关领域的高新技术人才，借助全球顶尖人才的力量，为华为拿下更大的市场份额。

为此，华为邀请了前 Oculus 主任研究员、伊利诺伊大学香槟分校教授史蒂夫·拉瓦雷加盟华为，成为华为的 VR/AR/MR 首席科学家，全面负责华为在 VR/AR 领域的研发工作。

拉瓦雷也在 Facebook 上公布了这一消息，并称自己和华为在 VR/AR 领域的看法一致，都认为这一领域的技术前景非常可观，拉瓦雷在发布这一消息的同时还发了一张自己身穿华为工服的照片。

为了又快又好地实现智能手机的 VR/AR 技术，拉瓦雷提出要结合硬件、软件、人类感知以及神经科学等多个科学领域做好 VR/AR 的技术研究，再加上华为全球性的业务，来实现智能手机的 VR/AR 技术。同时，拉瓦雷拥有的降低 VR 设备迟滞、减少晕眩效应的预测追踪感知技术以及传感器校正技术为华为在 VR/AR 技术领域的腾飞提供了最大助力。

2017 年 4 月，在拉瓦雷等众多全球的行业专家、科学家的技术贡献下，华为在 VR/AR 技术领域有了突出表现，发布了自己的首款 VR 产品 HUAWEI VR，并且在市场上大获好评，这也意味着华为抢先占据了 VR/AR 技术的市场。

随着大数据超宽带时代的到来，能否抓住决定成败的关键时期，抢先占据市场制高点，占领市场的优势地位，决定了电信行业各个企业的存亡兴衰。作为创新型科技公司的华为越来越能够感受到紧迫感，为此华为提出要借助全球人才的力量来推动华为的前进，并表示要用好全球优秀人才，创造出世界一流的产品，构筑面向未来的技术优势，提升企业的全球竞争力。

参考文献

[1] 黄卫伟. 以奋斗者为本：华为公司人力资源管理纲要. 北京：中信出版社，2014.

[2] 黄卫伟. 以客户为中心：华为公司业务管理纲要. 北京：中信出版社，2016.

[3] 黄卫伟. 价值为纲：华为公司财经管理纲要. 北京：中信出版社，2017.

[4] 田涛，殷志峰. 枪林弹雨中成长. 北京：生活·读书·新知三联书店，2016.

[5] 田涛，殷志峰. 厚积薄发. 北京：生活·读书·新知三联书店，2017.

[6] 田涛，吴春波. 下一个倒下的会不会是华为. 北京：中信出版社，2017.

[7] 程东升，刘丽丽. 华为真相. 北京：当代中国出版社，2003.

[8] 汤圣平. 走出华为. 北京：中国社会科学出版社，2004.

[9] 张利华. 华为研发. 北京：机械工业出版社，2009.

[10] 程东升，陈海燕. 任正非管理日志. 北京：中信出版社，2008.

[11] 吴春波. 华为没有秘密. 北京：中信出版社，2014.

[12] 周留征. 华为哲学：任正非的企业之道. 北京：机械工业出版社，2015.

[13] 李玉琢. 一路直行：我的企业理想. 北京：当代中国出版社，2014.

[14] 刘劲松，胡必刚. 华为能，你也能：IPD 重构产品研发. 北京：北京大学出版社，2015.

[15] [美] 哈罗德·孔茨，海因茨·韦里克. 管理学：国际化与领导力的视角. 马春光，译. 北京：中国人民大学出版社，2014.

[16] 杨少龙. 华为靠什么：任正非创业史与华为成长揭秘. 北京：中信出版社，2014.

[17] [日] 大前研一. 专业主义. 2 版. 裴立杰，译. 北京：中信出版社，2010.

[18] [美] 斯蒂芬 · P. 罗宾斯，戴维 · A. 德森佐，罗伯特 · M. 沃尔特. 管理学. 7 版. 李自杰，刘畅，赵众一，译. 北京：机械工业出版社，2013.

[19] [美] 马歇尔 · 戈德史密斯，劳伦斯 · S. 莱昂斯，莎拉 · 麦克阿瑟. 领导力教练. 徐中，戴钊，胡金枫，译. 北京：机械工业出版社，2013.

[20] [美] 詹姆斯 · M. 库泽斯，巴里 · Z. 波斯纳. 领导力：如何在组织中成就卓越. 5 版. 徐中，周政，王俊杰，译. 北京：电子工业出版社，2013.

[21] [美] 大卫 · V. 戴，约翰 · 安东纳基斯. 领导力的本质. 2 版. 林嵩，徐中，译. 北京：北京大学出版社，2015.

[22] [美] 斯蒂芬 · P. 罗宾斯，玛丽 · 库尔特. 管理学. 11 版. 李原，孙健敏，黄小勇，译. 北京：中国人民大学出版社，2012.

[23] [美] 理查德 · L. 哈格斯，罗伯特 · C. 吉纳特，戈登 · 丁. 柯菲. 领导学：在实践中提升领导力. 朱舟，译. 北京：机械工业出版社，2012.

[24] [美] 彼得 · 德鲁克. 成果管理. 朱雁冰，译. 北京：机械工业出版社，2006.